江苏省高校哲学社会科学研究基金项目(编号:2018SJA1564)

江苏省高职院校教师专业带头人高端研修资助项目(编号:2020GRFX103)

盐城市政府社会科学基金项目(编号:21SKC167)

江苏省高等学校大学生创新创业训练计划指导项目(编号:201813752021T)

盐城工业职业技术学院2019年教育教学改革研究重点课题(编号:YGYJ201907)

盐城产教融合发展研究中心2021年智库开放课题(编号:2021CJRH006)。

# 盐城非物质文化遗产旅游研究

陈传亚 著

天津社会科学院出版社

图书在版编目(CIP)数据

盐城非物质文化遗产旅游研究 / 陈传亚著. -- 天津:
天津社会科学院出版社, 2021.10
ISBN 978-7-5563-0787-6

Ⅰ. ①盐… Ⅱ. ①陈… Ⅲ. ①非物质文化遗产-旅游资源开发-研究-盐城 Ⅳ. ①F592.753.3

中国版本图书馆 CIP 数据核字(2021)第 226511 号

盐城非物质文化遗产旅游研究
YANCHENG FEIWUZHI WENHUA YICHAN LVYOU YANJIU

出版发行: 天津社会科学院出版社
地　　址: 天津市南开区迎水道 7 号
邮　　编: 300191
电话/传真: (022)23360165(总编室)
(022)23075303(发行科)
网　　址: www.tass-tj.org.cn
印　　刷: 天津午阳印刷股份有限公司

开　　本: 787×1092 毫米　1/16
印　　张: 12.25
字　　数: 230 千字
版　　次: 2021 年 10 月第 1 版　2021 年 10 月第 1 次印刷
定　　价: 68.00 元

# 前　言

盐城拥有种类较多的非物质文化遗产资源，独具特色、历史悠久。这些非物质文化遗产为盐城旅游业的发展提供了丰富的旅游资源，极具开发价值。盐城非物质文化遗产的旅游开发、利用对增强盐城旅游资源的吸引力，提高盐城旅游业的知名度有着重要意义；同时也是使盐城旅游业保持独特个性，提升文化品位及效益的关键因素之一。确切地说，合理地开发和利用盐城的非物质文化遗产是盐城文化旅游业可持续发展的生命线。

该专著主要采用了田野调查法、文献研究法、演绎法和归纳法等研究方法，运用旅游学、民俗学、社会学等学科的相关原理与知识，从盐城非物质文化遗产的具体情况出发，对盐城非物质文化遗产旅游开发和利用从诸多方面进行研究和探讨。该研究的主要内容有：

第一，根据国内外学者对非物质文化遗产相关理论的研究，进一步概括、归纳了非物质文化遗产的概念、类别、特征和保护模式、功能与作用等。

第二，对盐城非物质文化遗产的基本情况进行了简要的概括，阐明了盐城非物质文化遗产的所属类型，分析了盐城非物质文化遗产具有资源级别高、单体数量多、无形性突出、完好性较强等特点，并对盐城非物质文化遗产旅游开发价值进行了阐述。

第三，针对近几年盐城旅游业的相关数据进行了分析，笔者总结了盐城旅游业发展的现状，并提炼出盐城旅游业开发相对缓慢的主要原因。笔者根据盐城非物质文化遗产的基本情况，分析了盐城非物质文化遗产的旅游开发现状。针对现阶段盐城非物质文化遗产旅游开发程度，探讨了盐城非物质文化遗产旅游开发利用中存在的问题。

在上述研究的基础上,该专著提出了盐城非物质文化遗产旅游资源开发利用的初步构想;在开发中应当遵循活态保护原则、以人为本原则、整体保护原则、原真性原则和持续保护原则;要将营造盐城“非遗”旅游环境、构筑盐城“非遗”特色旅游产品和培育盐城“非遗”旅游精品等思想贯彻到整个开发利用的过程中;针对盐城非物质文化遗产提出了具体的旅游开发思路。最后,笔者对盐城非物质文化遗产的旅游开发提出了切实可行的具体对策,并以江淮官话、淮剧文化、水浒文化、枯枝牡丹文化、海盐文化、民俗文化、杂技文化等为个案着重阐述了非物质文化遗产旅游开发模式。

# 目　录

# 绪　论

## 一、研究背景及意义

非物质文化遗产是相对于文物、遗址、古建筑等有形的物质类文化遗产而提出的。非物质文化遗产是民族传统文化的精髓，是人类文明的宝贵财富。它是人民生命创造力的高度展现，也是体现世界文化多样性，维护国家文化身份和文化主权的基本依据。然而，由于非物质文化遗产是十分脆弱的，在全球化和现代化进程中，世界的文化生态发生着巨大的变化，蕴涵民族精神的非物质文化遗产受到猛烈的冲击，有的甚至正面临着消亡。所以，科学地实施非物质文化遗产保护，是现代化国家弘扬民族精神、独立自主地可持续发展的必然的文化诉求，且正日益成为世界各国关注的焦点问题。

我国非物质文化遗产保护工作正蓬勃展开。2004 年 8 月，中国正式加入了联合国教科文组织《保护非物质文化遗产公约》。2005 年 3 月，国务院办公厅印发《关于加强我国非物质文化遗产保护工作的意见》，明确了我国非物质文化遗产保护工作的目标、方针、实施原则和保护措施，并要求建立国家非物质文化遗产名录，开展普查工作。2006 年初，国家文化和旅游部(原国家文化部)公示了我国包括春节、清明节等在内的 501 个第一批国家非物质文化遗产名录推荐项目。2006 年 2 月 12 日，由国家文化和旅游部(原国家文化部)、国家发展和改革委员会、国家教育部等 9 部门共同主办的中国非物质文化遗产保护成果展在国家博物馆正式开幕。2006 年 5 月，最终确定的我国首批 518 项国家级非物质文化遗产项目正式公布。2008 年 6 月，我国第二批 510 项国家级非物质文化遗产名录也已经正式问世。2011 年 6 月，第三批 191 项国家级非物质文化遗产项目正式公布。2014 年 7 月，我国第四批 153 项国家级非物质文化遗产名录也已经正式问世。2021 年 5 月，我国第五批 185 项国家级非物质文化遗产代表性项目名录正式问世。

近几年,非物质文化遗产的旅游开发和利用是一个热点问题,很多学者认为旅游开发和利用能够成为非物质文化遗产保护的有效途径之一,但是反对意见也同时存在,主要源于近年来一些旅游开发对于文化遗产造成的负面影响,但这不是发展旅游事业本身的错,开发者保护意识淡薄,急功近利思想严重,开发利用方式水平低,法规制度不太健全,政府监管力度不严等都使得人们对于旅游开发产生了片面的看法,然而在一些发达国家文化遗产的保护与旅游发展却形成了很好的互动机制。例如,日本、韩国积极发掘本国民俗文化资源,保护、恢复传统礼仪节庆仪式,以此吸引大批国内外游客,创造了可观的经济收入。日本最早提出了无形文化遗产的理念,对无形文化遗产传承人高度关注,并重视文化遗产的活用;韩国大胆借鉴了日本的模式,恰当地利用非物质文化遗产促进了旅游事业的发展。在意大利,文化遗产保护工作已不仅仅是单一的政府行为,而是一项全民的事业。在这个过程中,文化遗产产业化已经成为意大利文化遗产保护工作的基本走向,文化遗产已不再是死的文物,而是一种重要的旅游资源与文化资源。因此,对非物质文化遗产,既要保护又要发展,以保护带动开发,以开发促进保护。

非物质文化遗产与物质文化遗产共同承载着人类社会的文明,是世界文化多样性的体现。我国非物质文化遗产所蕴含的中华民族特有的精神价值、思维方式、想象力和文化意识,是维护我国文化身份和文化主权的基本依据[①]。加强非物质文化遗产保护,不仅是国家和民族发展的需要,也是国际社会文明对话和人类社会可持续发展的必然要求。因此,作为学者必须从思想上充分认识其保护的意义是什么,进而制定保护对策,才能够使那些过去的、现在的、将来的非物质文化遗产更好地为国家的政治、经济、精神文明建设服务,实现建设创新型国家的目的。

## 二、文献综述

非物质文化遗产,是人类通过口传心授,世代相传的、无形的、活态流变的文化遗产。由于这种无形的、活态流变的文化遗产深藏于民族民间,是一个民族古老的生命记忆和活态的文化基因,因此它体现着一个民族的智慧和精神。人类这一伟大的精神创造,其内容和内涵要比物质遗产更为多姿多彩,更加博大深厚。

我国幅员辽阔、历史悠久、民族众多,所拥有的非物质文化遗产确实是绚丽多姿、异彩纷呈。如何对其保护、保存、利用和传承,是摆在我们面前的一个重要课题。

---

①李星明,张春丽.非物质文化遗产概念研究述论[J].中华文化论坛,2007(2):137-140.

但同时我们必须看到,一方面非物质文化遗产保护的要求日益强烈,另一方面非物质文化遗产遭受破坏的事情亦大量存在,出现了保护和开发、传承和利用等方面的辨析和论争。

1972 年,非物质文化遗产概念首次出现在联合国教育、科学和文化组织会议文件中。在讨论《保护世界文化与自然遗产公约》时,出现了一份针对非物质文化遗产的提案,最终被否决了,但联合国教科文组织对此没有任何异议,这说明在当时,联合国教科文组织对此概念是不甚清楚的。

随着时间的推移,教科文组织逐步了解并接受了此概念。在第一个《中期规划(1977—1982)》中,联合国教科文组织承认文化遗产概念有所扩展,"从广泛的角度而言,文化遗产的概念涵盖的不单单是物质的和有形的遗产——特别是纪念物——也包括表达民族或国家精神的口头传说、音乐的和人学的遗产、民间文化,当然规则、习俗、以及生活方式也包含在内"。

第二个《中期规划(1984—1989)》,联合国教科文组织的态度更为明确,不仅给予"文化遗产"的扩展部分以"非物质文化遗产"正式命名,还着手进行非物质文化遗产概念及保护的研究:"文化遗产的定义已经显著地扩大到包括文化遗产的'物质的'和'非物质的'两个方面……"

2003 年 10 月 17 日,联合国教科文组织通过的《保护非物质文化遗产公约》首次以国际公约的形式全面对非物质文化遗产的概念、范畴作出界定。

"非物质文化遗产"指被各群体、团体,有时被个人视为其文化遗产的各种实践、表演、表现形式、知识和技能及其有关的工具、实物、工艺品和文化场所。各个群体和团体随着其所处环境、与自然界的相互关系和历史条件的变化不断使这种代代相传的非物质文化遗产得到创新,同时使他们自己具有一种认同感和历史感,从而促进了文化多样性和人类创造力的发展。包括:第一,口头传说和表述,包括作为非物质文化遗产媒介的语言;第二,表演艺术;第三,社会风俗、礼仪、节庆;第四,有关自然界和宇宙的知识和实践;第五,传统的手工艺技能。

联合国教科文组织对非物质文化遗产的定义虽然还有待实践的验证和补充,但基本上是当前国际通用的一种界定标准。

### (一)国内非物质文化遗产研究综述

自从联合国教科文组织公布第一批世界非物质文化遗产以来,国内逐渐出现了一股申遗热潮,与此同时对其理论的研究也进入了一个新阶段,2007 年出版的《非物质文化遗产概论》是从基础理论方面系统研究"非遗"及其保护的拓荒之作。

相关论文近年也较多,笔者主要从非物质遗产概念和价值的研究、非物质文化遗产保护问题的研究、非物质文化遗产开发问题的研究以及非物质文化遗产的保护利用原则和措施四个方面对部分学者的观点进行综述。

### 1.对非物质文化遗产概念和价值的研究

非物质文化遗产本身溯源于原始先民的文化创造，但关于该概念的历史渊源问题,国内学术界存在两种观点。

第一,白云驹认为该概念可上溯至两个起点:一个是1950年日本政府颁布的《文化财保护法》中涉及“无形文化财”的提法,另一个是1989年联合国教科文组织提出的《保护民间创作建议案》中关于“民间创作”的提法。

第二,杨怡认为该概念起源于1972年联合国教科文组织通过的《保护世界文化和自然遗产公约》。

非物质文化遗产的概念可追溯至1989年11月联合国教科文组织第25届大会通过的《保护民间创作建议案》,直到2003年10月,联合国教科文组织通过《保护非物质文化遗产公约》,以“非物质文化遗产”的新概念来代替“口头与非物质文化遗产”,并对基本内容作了比较权威的界定。

(1)非物质文化遗产的概念

连冕认为联合国教科文组织的关于口头和非物质文化遗产的定义本身存在重重的矛盾,不能指明方向。只有对口头和非物质文化遗产的渊源、概念和内涵理解得比较清楚,才能对口头和非物质文化遗产做到有效的保护。

宋俊华认为,非物质文化遗产概念从提出到确立经历了一个不断修正的过程,其术语内涵存在歧义甚至缺陷,为建构更加科学合理的非物质文化遗产理论体系,必须对这一概念进行诠释与重构。

(2)非物质文化遗产的内涵

白云驹对“非物质文化遗产”的内涵做了广义和狭义层面的深入研究。他认为,广义“非物质文化遗产”应包括前人创造并遗留下来的全部口头、非物质形态的文化遗产。狭义的则指联合国教科文组织所希望予以保护的范畴,这个范畴不是一成不变的,而是具备一定的概念和对象的弹性。

黄胜进认为,非物质文化遗产是一种传统文化和一种“个人知识”,又是“非物质”的,不能简单地说其是物质文化还是精神文化。从“文化资本”这个角度去考察非物质文化遗产具有重大的理论与现实意义。

刘玉清在列举了口头和非物质文化遗产的实例后，认为口头和非物质文化遗产应该包括两个大类:一类是形态文化;另一类是具有鲜明民族和地域特色的行为文化,以民俗的形式出现。

陈天培、万建中等学者则认为,非物质文化遗产与物质文化遗产之间有着非常紧密的联系。

结合我国非物质文化遗产保护的实践,王宁(2003)《界定:非物质文化遗产保护的第一步》、杨怡(2003)《非物质文化遗产概念的缘起、现状及相关问题》、白云驹(2004)《论"口头和非物质遗产"的概念与范畴》等文对"非遗"的概念、表现形式、特征等进行了进一步探讨;吴馨萍(2004)在《无形文化遗产概念初探》一文中以联合国教科文组织确立的遗产兑现演变为背景,介绍了"无形文化遗产"这一概念的由来、基本含义、表现形式及存在特征,并对这类遗产的本质和文化性做了初步分析和探讨;黄胜进(2006)认为,非物质文化遗产是文化资本,应加快从文化遗产到文化资本的转化;罗琳(2007)、张世(2007)都以我国少数民族非物质文化遗产为背景,分析了非物质文化遗产的诸多价值。韩基灿(2007)提出,非物质文化遗产具有十分重要的历史价值、文化价值、精神价值、科学价值、和谐价值、审美价值、教育价值和经济价值;高丙中(2007)在《非物质文化遗产:作为整合性的学术概念的成型》一文中认为非物质文化遗产的概念的确立是新近发生的，它把原先分散的对象整合在一个范畴里,成为一个新的研究领域,它作为整合性概念的提出正在被证明是一种推陈出新，并正在形成一个社会实践和学术活动的新领域；张春丽、李星明(2007)《非物质文化遗产概念研究述论》一文从非物质文化遗产概念的缘起、界定、内涵、外延等领域进行了详细论述,并对研究中尚存的问题进行了剖析。

在非物质文化遗产的价值方面，叶舒宪 (2005)《非物质经济与非物质文化遗产》、黄胜进(2006)《从"文化遗产"到"文化资本"——非物质文化遗产的内涵及其价值考察》等都肯定了"非遗"的经济价值;张鸿雁、于晔(2008)以赫哲族"乌日贡"大会为例,认为非物质文化遗产具有历史传承价值、审美艺术价值、经济开发价值、社会和谐价值。

(3)非物质文化遗产的特征

"非物质文化遗产"这一概念出现的时间比较短,内涵也不是非常清楚,我们对其具有的特征进行深刻地分析,会有助于对这一概念的理解。

A.无形性

宋俊华认为,非物质文化遗产是以一种变动的、抽象的和依赖于人的观念、精神存在的,是无形的,但其表现和传承方式是有形的。

路志峻、李金梅指出,非物质文化是指无须以物质形式为表现和传承的文化,具有非物质性特征。

B.活态性

宋俊华指出,"活态"性是非物质文化遗产的本然形态和生命线,也是非物质文化遗产的重要特征之一。

贺学君认为,特定的价值观、生存形态以及变化品格,造就了非物质文化的活态性特征,这是它的基本属性。无论出于何种原因,只要活态不再,其生命也便告终。

何星亮提出,非物质文化遗产是以活的形态出现的,与人本身是密不可分的,是以人为本的活态文化。其更注重的是技能和知识的传承,它是人类历史发展过程中各国或各民族的生活方式、智慧与情感的活的载体,是活态的文化财富。

C.传承性

宋俊华指出,非物质文化遗产的传承性,是指其具有被人类集体、群体或个体一代接一代享用、继承或发展的性质,这是由遗产的本质所决定的。

费安玲提出, 非物质文化遗产多以口头形式通过人们的视觉器官和听觉器官在成员内部集体性地传播、演绎与发展。因此,口头性和集体性是非物质文化遗产传承性特征的突出体现。

D.大众性

何星亮指出,非物质文化的载体是民族或族群,它属于该民族或该族群全体人们,是满足广大人民大众需要的文化,具有很强的大众性。

贺学君认为,非物质文化遗产是人类不同民族、社群的民众在历史的长河中自己创造和传承的,它既非单个人的行为,也非政府指令的行为,而是一种民间自主的行为。只有"民间"的主人——广大民众才是其创造(传承)的主体和生命的内驱力。如果限制或改变这种民间性,没有了民众的自主参与,它便失去了生命之源。

E.其他

王宁从保护口头和非物质文化遗产的难易度方面对其特点进行研究, 高度的个性化、传承的经验性、浓缩的民族性是他总结出的特点。

陈天培认为文化性是非物质文化遗产的本质性特征。

王巨山认为,非物质文化遗产除了具有无形性和活态性的基本特征以外,还具有可接受性、目的性和非孤立性的特征。

(4)非物质文化遗产的价值功能

A.文化价值功能

金晓妹、陈仰珊、钟志云指出,文化遗产虽然有遗产之称,但并不意味着随着时间流逝其价值已经失去,而只是说明其存在范围的缩减和影响力的减小,说明它当前属于非主流文化,未必已失去先进性和利用价值。

刘魁立从旅游者的角度出发认为,非物质文化遗产可以满足认知世界、认知历史、认知特色文化的需求。

B.经济价值功能

陈天培指出,非物质文化遗产是人类文明的宝贵结晶和财富,具有不可估量的多重价值。在各种不同的价值形式中,认真分析其经济价值的特点,高度重视其经济价值,对于非物质文化遗产资源异常丰富的我国,具有重要的理论和现实意义。

金晓妹、陈仰珊、钟志云指出,很多无形文化遗产具有潜在的经济价值,而有些价值甚至难以估量。包括无形文化遗产延伸的商品价值, 如无形文化遗产作为商标、品牌等所具备的价值;开发的服务价值,如利用无形文化遗产开发的人文景观旅游资源;用于生产建设的技术价值,如传统工艺;增加商品的附加价值,某些以文化内涵为组成部分的商品等。

C.历史传承价值功能

谷继建、何独明、李景国、颜珂指出,历史传承价值是非物质文化遗产价值体系的核心价值及价值准则,非物质文化遗产中深深蕴藏着所属民族的文化基因、精神特质,这些在长期的生产劳动、社会实践中积淀而成的民族精神,是世代相传积淀下来的民族的思想精髓、文化理念,包括民族的价值观念、心理结构、气质情感等在内的群体意识、群体精神,是民族的灵魂、民族文化的本质和核心。

D.审美/艺术价值功能

所谓审美/艺术价值,是指可以描述为某一文化遗产的设计构造、建筑情调带给人们精神上或情绪上的感染,或者是它所展示的特殊的设计、风格,艺术上的进步和高水准的技艺。

马自树提出:“非物质文化遗产不仅是经济增长的因素,还是个人和群体享有更加令人满意的智力、情感和道德精神生活的手段。”

E.其他

赵冬菊认为,非物质文化遗产反映着文化的多样性,传承和满足人们的多种心理需求、精神需求,同时还是衡量人们经济生活的一个重要标尺,也是平衡各种关系的杠杆。

朱祥贵认为非物质文化遗产的价值不只是工具性价值，应该在保护深层次内在价值的基础上,确认人对非物质文化遗产作为主体的生态义务和责任。

**2.对非物质文化遗产保护问题的研究**

这方面的研究成果非常多,包括:“非遗”保护的原则与方法,传承人问题、法律问题,国外经验的借鉴,博物馆、文化馆、档案馆、图书馆在“非遗”保护中的作用,以及在非物质文化遗产保护过程中政府所发挥的作用等。如吴海明(2007)在《非物质文化遗产保护要处理好“三对关系”》一文中认为非物质文化遗产保护要坚持以人为本,正确处理好活态保护与静态保护的关系,坚持和谐发展,正确处理好传承保护与开发利用的关系,坚持多元主体,正确处理好政府主导与社会参与的关系。董励华(2006)在《试论非物质文化遗产及其保护》一文中认为非物质文化遗产是中国文化事业的一部分,并从政府的角度分析了非物质文化遗产保护所应采取的策略、措施。谭启术(2007)在《政府该如何保护非物质文化遗产》一文中论述了在非物质文化遗产保护过程中政府所肩负的责任。李荣启(2006)在《浅论非物质文化遗产的分类保护》一文中认为非物质文化遗产的保护要因类而宜,不同种类的非物质文化遗产要采取不同的保护方法。金录明(2007)在《略说非物质文化遗产保护》一文中提出了保护非物质文化遗产应遵守的几个原则。关昕(2006)在《非物质文化遗产保护与博物馆发展新趋向》一文中通过非物质文化遗产与博物馆的关系及非物质文化遗产的特征,论述了博物馆在促进遗产传承中应采取“层次性”保护措施。张红灵(2007)在《非物质文化遗产保护与图书馆地方文献工作》一文中详细论述了图书馆在保护非物质文化遗产过程中所起的作用。汤静(2007)在《非物质文化遗产保护之法理视角》一文中从价值目标定位、立法指导思想、法律规范的整合三个方面来分析法律手段介入非物质文化遗产保护。张博(2007)在《非物质文化遗产的空间保护》一文中认为非物质文化遗产的保护应从遗产本身的文化空间入手,不仅要保护遗产本身,还应保护其生存与传承的文化空间,才能实现真正意义上的保护。

(1)流失严重

王巨山指出,我国的非物质文化遗产保护形势异常严峻,大量的非物质文化遗产正濒临灭绝。

贾银忠、乔晓光指出,中国作为世界非物质文化遗产大国,遗产的丰富性与消失的迅速,为抢救工作提出了极大的挑战。

(2)人力、人才匮乏

张瑛、高云指出,对非物质文化遗产进行搜集、记录、分类、编目等工作需要大量人力。非物质文化遗产的继承和发扬需要有优秀的人才将前人的优秀智慧的结晶继续作为活的文化传统去继承和发扬。

夏挽群、陈江风指出,抢救保护工作是近年提出的新课题,专家数量有限,专职人员不足,且大多数没有受到相应的专业培训,导致业务水平不高,工作质量不能得到保障。

孙家正指出,我国非物质文化遗产生存的文化生态环境急剧变化,资源流失情况严重,后继乏人,一些传统技艺已经濒临灭绝。

贾银忠指出,传承渠道不畅,原生态传承缺乏自觉,民俗流变冲击大;教育领域对非物质文化遗产缺乏重视和价值认知,教育和文化遗产保护、传承脱节;大学中非物质遗产相关学科极度缺乏,教育不能培养提供文化遗产所需社会人才,均是非物质文化遗产面临的挑战。

(3)普法力度仍需加强

张瑛、高云指出,对于破坏非物质文化遗产的尺度范围,以及破坏非物质文化遗产应该承担相应的法律责任。

《中华人民共和国非物质文化遗产法》已于2011年6月正式施行,许多有很高价值的非物质文化遗产项目也能依法受到保护,但对全民普法的任务依旧很重要,非物质文化遗产的保护难度较大。

王巨山认为,我国的非物质文化遗产保护形势异常严峻,如何切实依法保护祖国优秀的非物质文化遗产,努力创造条件传承非物质文化遗产,是摆在国人面前的一件重大事情,它关系到民族文化主权的维护、民族精神的延续以及文化和谐的构建。

(4)群众性保护非物质文化遗产的观念意识淡薄

孙家正指出,文化遗产保护的意识,特别是全民的保护意识有待提高。

夏挽群、陈江风指出,虽然近年国家对人类口头和非物质文化遗产抢救工作进行了一定程度的宣传,但是对全民而言,其保护理念还远远没有普及。对民族民间文化的绵延赓续与民族精神培育的关系,对民族民间文化在当代的政治价值、道德价值、教育价值、文化价值、文化产业价值的认识,在社会上尚没有得到真正的确立。

(5)相关部门之间的利益冲突

旅游业的发展牵涉部门较多,由于相关部门有着各自的利益需求,加之人员组成方面的主观约束，造成局部与整体、下级与上级等多重利益交织在一起，缺乏协调。

相关部门开展的“民间文化遗产抢救工程”与“人类口头和非物质文化遗产保护工程”可以进一步整合，避免工作的交叉和冲突，出现人力、物力的浪费。

(6)民俗文化旅游缺乏规划

乔晓光认为，相关部门缺乏对民族文化资源整体价值的评估，在民俗文化资源上对原生态文化价值认识肤浅，缺乏文化规划。

贾银忠指出，民俗旅游对民间原生态文化价值认知肤浅，缺乏文化规划。旅游市场对民间艺术遗产庸俗化、廉价开发，不仅对社会造成文化误导，还对原生态造成破坏。

林庆指出，各种民间、民族传统的庆典和娱乐仪式在被保护的同时，常常被看作是促进商业投资的潜在资源，它可能带来资助，同时带动当地的旅游产业，但是，它也可能被资助者操纵从而导致被破坏，变为专供旅游者消遣的表演项目等。

### 3.对非物质文化遗产旅游开发问题的研究

非物质文化遗产的旅游开发与保护是结合在一起的，关于开发与保护之间的关系，陈勤建(2005)在《民间文化遗产保护和开发的若干问题》一文中，根据自己二十余年来在国内外田野考察和研究中的感悟，对民间文化遗产保护和开发的原生性、综合性、现代性阐述了看法。曹保明(2005)在《民间文化遗产的抢救与开发》一文中认为非物质文化遗产的开发必须首先建立在抢救保护的基础之上，只有很好地抢救这种文化，保护非物质文化，从形态和特点上去认识民族民间文化的精神内容和实质内涵，才能获得其存在的可能。宋瑞(2007)在《非物质文化遗产的旅游之用——以武强年画为例》一文中认为非物质文化遗产只有突破僵化的博物馆式的保护和利用方式，回到现实生活、生产中，才能焕发出蓬勃的生命力，同时在开发过程中要保持原本的含义和韵味，避免造成失真和变异。刘建平、陈姣凤、林龙飞(2007)在《论旅游开发与非物质文化遗产保护》一文中认为非物质文化遗产是十分重要的旅游资源，旅游开发对非物质文化遗产保护既有积极作用，也有消极影响，政府和社会各界应引起重视、提高认识、科学管理，实现非物质文化遗产保护和旅游开发的双赢。刘玉清(2003)在《把非物质文化遗产推向休闲市场》一文中提出抢救非物质文化遗产的根本出路在于把它推向休闲市场，使之形成文化品牌效应，形成一种新兴文化产业,文化遗产一旦转化为文化产品,并将推动旅游等相关产业的发展,最终走向“以文养文、以文兴文”的良性循环。陈莉(2007)在《非物质文化遗产的保护与开发利用》一文中认为非物质文化遗产的保护工作是在科技和经济有了长足发展的背景下,人为地保护那些濒临消亡的文化遗产,对非物质文化遗产进行包装、改造,适合现代消费者的口味,适合划时代的需要,并带来经济效益;对非物质文化遗产而言,保护和开发利用可以并行不悖,但是开发利用代替不了原汁原味的保护和传承。

**4.关于非物质文化遗产的保护利用原则和措施**

(1)非物质文化遗产的保护利用原则

A.人本原则

肖正德认为,“人”是进行非物质文化遗产保护的核心因素,对非物质文化遗产的保护要坚持以人为本。保护“人”,特别是保护好那些创造、拥有和传承、研究非物质文化遗产的活生生的人,是做好非物质文化遗产保护工作的根本。

路志峻、李金梅认为,非物质文化遗产的保护,首先应该是对创造、享有和传承者的保护,同时也依赖创造、享有和传承这一文化遗产的群体对这一遗产的有效保护。

贺学君认为,以人为本原则有两重意思:一是必须关注和尊重人(相关民众)的现实需求。保护遗产绝不能以妨碍经济发展、降低人的生活质量为条件。二是必须相信,只有(特定民族社区的)人才是(特定)非物质文化遗产保护的无可替代的能动主体。

B.创新性原则

路志峻、李金梅认为,创新是非物质文化遗产自身生命在面对新的生存环境时,吐故纳新、顺应同化、自我调节变革的结果。积极创新,才能促使保护对象得以应时而变,推陈出新,生生不息。

贺学君认为,这是生命性原则的必然延伸。非物质文化遗产的变异有正负两个方向:其负向为畸变——走向扭曲变形,导致自身基因谱系的损伤乃至断裂;正向是创新——促使保护对象得以应时而变,推陈出新,生生不息。确保非物质文化遗产的生命力,就其自身而言,关键是要保护和激发它的创新能力。这样,保护才具有了本质性的意义。

C.整体性原则

路志峻、李金梅认为,整体性原则要求在对某一具体对象进行保护时,不能只顾及该对象本身,而必须连同与它的生命休戚与共的生态环境一起加以保护。

贺学君认为,一是生态整体,二是文化整体。一个具有悠久历史的民族(社群),其所创造的非物质文化,是多种多样、丰富多彩的,虽然在具体内涵、形式、功能上有所不同,但它们都是该民族精神情感的衍生物,具有内在的统一性,是同源共生、声气相通的文化共同体。

刘魁立指出,对于非物质文化遗产的保护应该有一个整体性的原则,从整体上加以认识,在整体上进行关注和保护。

D.生命性原则

路志峻、李金梅认为,任何非物质文化遗产,作为人类特殊的精神创造,都是一种生命存在,都有自己的基因、要素、结构、能量和生命链。因此,要切实维持和增强一种非物质文化遗产的生命力,就必须探寻它的基因谱系和生命之根,找到它的脉搏和文化身份,从而在源头和本质上准确认识,精心保护。

贺学君认为,只有守住了保护的生命之本,其他的保护措施才可能是积极的,有效的。倘若不顾于此,舍弃对核心价值观这一灵魂的发掘与保护,也就等于从根上肢解了它的有机生命,文化也就不再是活的文化,所谓抢救和保护,也就会徒具形式。

E.教育性原则

贺学君认为,必须对全社会尤其是青年人进行保护非物质文化遗产的教育,提高整个民族的保护意识,使人人都懂得保护的重要性,明白为什么要保护,以及如何保护,从而造成强大的社会舆论,让"保护"进入人们的日常生活,代代相继。另外,必须加强管理和科研人才的培养,努力提高他们相关的理论方法和技能方面的能力。这样才能兼顾普及与提高,形成上下互动的良性循环,促使非物质文化遗产保护在实践中不断扬长避短,走向科学和完善。

F.可持续发展原则

王巨山指出,非物质文化遗产的切实保护,需要坚持可持续发展原则,积极顺应时代发展的变化,同时非物质文化遗产的目的指向背后的功利性也需要得到一定程度的实现。

G.其他

宋丽娜分析了实施遗产保护开发利用的原则:法律、法规保护原则,政府协调、大众参与原则,保护与开发相结合的原则。

林庆提出非物质文化遗产的保护与开发应遵循原真性、适度性、多样性、发展性、协调性等原则。

李旭等认为，非物质文化遗产的保护与开发要遵循活态保护、开发与自然环境相协调，整体保护、开发，民间事民间办，精品保护、开发和声望性，濒危遗产的优先保护，保护与利用并举，经济效益和社会效益的可行性等原则。

刘永明从国际社会对非物质文化遗产保护工作性质及其理论基础的认识出发认为，权利原则和发展原则是非物质文化遗产保护的基本原则。

柴以华、傅娇灵、许慧宏、吴声怡指出，非物质文化遗产保护与经营要坚持整体性原则，开发、传承、创新原则，市场化原则，兼顾各方利益原则。

(2)非物质文化遗产保护措施

A.加强非物质文化遗产的档案工作

于宏敏指出，在非物质文化遗产保护的过程中，档案工作是重头戏，必须把档案工作放在特别重要的地位：注重已存文献的作用；对所搜集的非物质文化遗产的有关资料要加强文字的记录、整理和储存；逐步实现文献储存和流通的现代化；加强对非物质文化遗产保护过程中档案资料的研究。

彭毅指出，艺术档案工作者，应主动发挥艺术档案工作的作用，积极参与非物质文化遗产保护的工程：积极参与各级非物质文化遗产保护申报工作，为申遗工作提供强有力的档案支撑；积极参与抢救工程，做好遗产档案的归档、分类、整理工作；运用数字化多媒体等现代科技手段，建设遗产档案资源数据库。

王云庆、万启存指出，现代档案馆应积极地将保护非物质文化遗产纳入自己的社会职能中，本着“关照历史，着眼未来”的原则，发挥档案馆的优势力量，为非物质文化遗产的保护做出贡献。档案馆应与图书馆、博物馆等文化事业机构协调合作，通过网络、数字化等新技术，共同对非物质文化遗产进行保护，并把它化作公共文化信息资源以实现最大范围的资源共享。

朱江指出，文化行政部门、民间文化传承人和专家是主要力量，档案部门应积极参与非物质文化遗产保护工作，与他们良性互动。

云庆、赵亚敏对档案馆参与保护非物质文化遗产的方式进行了研究，指出档案馆对非物质文化遗产保护工作已有一些成功的尝试和举措，但仍需要加以进一步探索与研究，力求针对非物质文化遗产的活态性特点，将保护职责规范化。同时，要提供馆藏档案为申遗和遗产鉴定工作服务；为专项非物质文化遗产立档保存；确保有关档案的完整与安全并促进利用；主动参与非物质文化遗产的研究与调查工作。

侯采坪、王晓燕对如何做好非物质文化遗产档案的发掘搜集工作提出了建议：加强对非物质文化遗产档案工作的组织领导；促进非物质文化遗产档案工作在法治化的轨道；拓展非物质文化遗产档案的收集途径和方式。

B.做好非物质文化遗产的教育传承工作

孙凡指出，教育传承是联合国教科文组织和中国政府为了更好地保护和传承人类优秀的非物质文化遗产所倡导的一种途径。

张鹏、翁敏华认为，大学作为知识传承与创新基地，应当在文化遗产的人才培训、智能参与、信息传播和知识创新方面发挥积极重要的作用。

董素云提出，教育在其保护和传承中起着重要作用，国家和当地政府应尽可能地把非物质文化遗产的内容融入中小学以及高校课程中，让年轻一代也参与到保护非物质文化遗产的行动中来。

李荣启指出，当传统的传承方式在市场经济条件下遭遇到价值取向的冲击时，学校教育就成了传承和弘扬非物质文化遗产最有效的方式。他认为应把优秀的民间文学作品引入教材，在中小学进行一些民间文学艺术的启蒙教育，在高等院校的一些院、系开设民间文学课或相关的讲座。

陈孟昕、张昕认为，文化资源丰富地区的高等院校应当对当地文化遗产的保护与传承以及生产力的发展发挥积极的桥梁作用。

撖学文认为，高等院校担负教学、科研的双重任务，是文化遗产传承、发展的主体，在非物质文化遗产的研究、传承、发展方面有着不可替代的作用。

张瑛、高云指出，我国政府可在大中小学开设相关学科，通过在地方与高校联合召开学术研讨会、引入高层学者介入、发挥专家和学术机构的作用等形式，在政府引导下尽量扩大本地民众参与旅游中民族歌舞表演的范围。

张卫民、黄文伟认为，必须把非物质文化遗产的内容纳入教育体系，建立系统、科学、合理的教育机制，将教育导入非物质文化遗产保护和发展之域，从教育的视野研究非物质文化遗产的保护和发展问题，可以通过学校教育、社会教育和家庭教育三种形式实施。

C.建立健全非物质文化遗产保护与利用的法律法规

李顺德指出，在当前的思维框架下，以法律的手段特别是知识产权法的手段对保护对象进行调控，以何种方式保护、如何具有针对性和可操作性保护成为摆在法学工作者面前的亟待解决的课题。

朱祥贵撰文从生态法范式的视角指出，科学建构非物质文化遗产保护法的基本原则,是有效保护的关键,非物质文化遗产保护立法要遵循生态主体平等、生态利益公平、生态权利公平、生态秩序安全等基本原则,实现文化生态系统的完整、稳定、和谐。

陈庆云指出,应参照国内外保护非物质文化遗产的立法状况,认真分析我国非物质文化遗产保护中存在的法律问题,制定出有效保护与合理利用我国非物质文化遗产的法律对策。

费安玲认为,对非物质文化遗产的法律保护问题的思考,必须要建立在我国已有的法律体系和制度背景下。对非物质文化遗产法律救济机制的建构应当在非物质文化遗产的确认原则、法律救济方式与途径上有所建树。在建构非物质文化遗产保护法律机制时,还应注意协调如下几个关系:同已有法律的协调,同社会惯例的协调,同我国承诺的国际保护义务的协调。

D.处理好政府主导和社会参与的关系

董素云指出,非物质文化遗产是一项公益产品、公共产品,抢救和保护工作是国家和政府义不容辞的责任。一是应通过政府引导,把握保护工程的方向,进行指导和规范;二是政府主导立法,建立完善的保护体系;三是政府从财政上给予支持,并通过各种途径,积极引进社会资金用于非物质文化遗产的保护和开发;四是要保护那些掌握传统技艺和口头传说的人,通过对传统艺人的帮助与支持,把技艺传给后代,使遗产得以存活。

林庆、李旭指出,各级政府应坚持"政府主导,社会参与,明确职责,形成合力,长远规划,分步实施,点面结合,讲求实效"的工作方针,既要充分发挥政府在非物质文化遗产保护、开发工作中的主导作用,也要动员社会各界力量参与到保护、开发工作之中。

E.加大宣传,使社会形成自觉保护非物质文化的意识

刘茜指出,加大对保护非物质文化遗产的宣传力度,唤醒全社会对保护工作的自觉意识,是确保非物质文化资源免遭破坏,同时促进保护、发掘、抢救和合理利用非物质文化遗产的重要途径。

何星亮指出,目前许多单位和地区对保护非物质文化的重要性认识不足,有些人甚至认为没有必要保护。尤其是各级党政领导,如果不充分认识保护非物质文化遗产的重要意义,保护工作也就无从谈起,必须加大宣传。

周兴茂、周丹指出,我们认定非物质文化遗产的目的,不是将它们束之高阁,而是要一代接一代地传承下去,要弘扬和振兴。

孙家正指出,要通过各种媒体宣传非物质文化遗产保护工作,加大宣传力度。宣传并不是为了宣扬政绩，而是要把宣传的重点放在动员全社会认识非物质文化遗产保护断层。

F.正确处理非物质文化遗产的旅游与保护的关系

遗产保护和发展旅游之间存在怎样的一种关系，在现实中如何协调处理这种关系,两者能否取得双赢,如何有效合理地开展文化遗产旅游等问题一直是学术界关注的研究课题。

陈天培认为,非物质文化遗产的内容多样性是旅游资源的基础。高度重视、认真挖掘当地的非物质文化遗产这一重要的旅游资源，是进一步拓展当地旅游产业发展空间的关键所在。在开发利用非物质文化遗产发展旅游经济中,要以保护与开发并重、独特性与文化性互补、社会效益与经济效益双赢为原则。

刘茜认为,发展旅游事业与加强非物质文化遗产保护,既对立又统一。非物质文化遗产是人类文明的宝贵财富,是发展旅游业的重要资源,但对这一资源的开发、利用不能以破坏非物质文化遗产为代价,必须运用科学的和辩证的唯物主义观点,从实际出发,正确认识和处理好这对矛盾,使保护非物质文化遗产与发展旅游业相得益彰,互相促进。

李荣启认为,可开发与发展有特色的民俗旅游,促进优秀民俗文化的传承。应重视和利用民间艺术资源,发展旅游等文化产业,并吸取这方面取得成功的地区的经验。

张瑛、高云分析了旅游对非物质文化遗产的积极影响与消极影响,提出民营企业投资文化产业是一个新的课题,应制订短期和长期规划,指导民营企业进入文化市场,为他们提供政策上的扶持,创造一个宽松的发展环境,充分调动社会参与文化建设的积极性。

郝苏民指出,在无法保证和确认能处理好保护与开发关系、并可持续发展的所谓旅游开发或以“招商引资”来开发旅游,把文化遗产的保护权直接交给开发商;或无章可循的情况下交给旅游部门,致使经济利益驱动下的“旅游开发”,其结果常常是令人啼笑皆非的。

胡绍华、阚如良、曹诗图提出,对非物质文化遗产的旅游开发和利用,必须遵循国家相关的法律法规,坚持依法行政,强化执法管理。要避免和纠正旅游开发过度利用非物质文化遗产的行为,严格执行非物质文化遗产的旅游开发项目审批、核准和备案制度。

刘茜认为,应进一步优化政府对非物质文化遗产保护与旅游开发的监管机制和政策体系。应根据实际情况,对在旅游开发过程中利用非物质文化遗产资源的行为,采取从实际出发,分类指导、区别对待的政策,严格规范保护与开发利用的标准界线。同时,要将旅游开发中的非物质文化遗产保护的责任落实到人,对违反规定、造成破坏的行为,必须有法可依、有法必依,严肃处理与制裁。鼓励通过合理开发而取得经济效益的旅游机构,投入和支持文化保护工作的深入开展,以保证非物质文化的可持续发展和旅游业的良性循环。

G.其他

胡绍华、阚如良、曹诗图提出了目前非物质文化遗产的保护主要采取抢救式保存、博物馆保存、传习机构传承、学校教育传承、民间活态保护等五种方式。

刘玉清认为,保护和抢救非物质文化遗产包括考察现状、多方筹集资金、加强法治建设等诸多环节,但关键的是促使非物质文化产业走向产业化,使之形成文化品牌效应,成为一种新兴的文化产业,最终走向"以文养文,以文兴文"的良性循环道路。

李荣启提出,非物质文化遗产的保护要注意因类而宜,实施各不相同的分类保护方法。有针对性且措施得当的保护,才能达到预期的保护目的。

彭金山认为,非物质文化遗产的衰落是必然的,要做好保护工作,就要发掘其自身的生长要素,从而采取相宜的措施。

陈莉提出,在民间传统娱乐文化回归的今天,应当高度重视和处理好保护和开发利用之间的关系,对不同层次的非物质文化遗产应采用不同的保护措施。

刘锡诚呼吁,在保护非物质文化遗产已成为国策的今天,学术研究方面必须迎头赶上,要求在开展实地调查的基础上发展、深化理论研究,建立起具有中国特色的文化学理论体系。

## (二)国外非物质文化遗产研究综述

国外学者对非物质文化遗产的研究内容较多:Adobe Acrobat(2004)在《物质与非物质遗产》中对比物质和非物质文化遗产的定义、表现形式和特点,分析了其中的不同,提出保护中应该注意的问题;Harriet Deacon(2004)在《非物质遗产的保护管理》中介绍了非物质文化遗产保护的重要性,认为非物质文化遗产和非物质遗产一样应制订保护管理规划,并严格遵守;Rex Nettleford(2004)在《非物质遗产的迁移、传承和维持保护》中,针对非物质遗产迁移现象,分析在迁移中造成的遗产流失、衰亡现象以及在迁移中反而促进遗产传承和创新的现象，提出要针对此现象加强保护的观点；Kenji Yoshida(2004)在《博物馆和非物质文化遗产》一文中提出，通过物质载体在博物馆增强非物质文化遗产的价值和重要性，增强大众的保护意识；Richard Kurin(2004)主要分析了非物质文化遗产的本质、出现的问题、保护措施以及可持续发展的可行性。Nobuo ITO(2004)在介绍非物质文化遗产概念等的基础上，重点讲述了非物质文化遗产和物质文化遗产的关系；Vandiver.Pamela.B(2005)在《以乌兹别克斯坦的萨马尔汗地区的传统陶器制作手工艺为案例的非物质文化遗产中手工艺技术的研究》以及《恢复和再现手工艺技术》中，通过分析具体案例阐述手工技艺类非物质文化遗产的艺术价值，并提出通过恢复传统工艺，再现其艺术和文化魅力，从而促进遗产保护的观点；James Early 和 Peter Seitel(2005)讲述了联合国教科文组织召开会议重点加强对非物质文化遗产的保护。

虽然国外针对“非遗”研究内容比较丰富，但是主要集中在：“非遗”概念构建、非物质文化遗产与旅游业、非物质文化遗产保护等方面。

(1)非物质文化遗产的概念构建

与联合国教科文组织在 1989 年出台的《保护传统文化与民俗建议案》的软性法律相比，《保护非物质文化遗产公约》则认为对非物质文化遗产并不是简单地记录和保存，更重要的是非物质文化遗产的传承，而这中间非物质文化遗产传承人发挥着重要作用。提出要更加注重对非物质文化遗产传承人的尊重与认识，改变了以往仅仅把非物质文化遗产当作一个产品的理念，认为非物质文化遗产传承人与非物质文化遗产是密不可分的，在一定程度上非物质文化遗产传承人代表着非物质文化遗产文化。这种“活态性”的理解不仅反映在遗产工业的实际运作上，也体现在非物质文化遗产的知识表述与生产者的叙述过程中。

随着全球经济一体化进程的不断深化，国际工业化水平不断加深，非物质文化遗产的保护也越来越受重视，并在经济/文化、国家/地方、历史/现在/未来等视野中逐渐勾勒出复杂的生产关系。美国人类学家 Barbara Kirshenblatt-Gimblett(1995)以后工业化时代背景下，民俗学遭遇指示内容前后差异与构成真实性的现代学科危机为引子，认为回归传统问题的讨论并不是捍卫民俗学标准学科的地位，而是盛行地将民俗学“误解”作为现代实践遗产事实的一种指示，并达成了以下几方面的共识：第一，遗产是当今借助于过去的一种文化生产模式；第二，遗产是通过过去，展示差异以及某些可能本地化等价值附加成分而形成的一种“价值附加”产业；第三，依托旅游业，遗产生产地方感以输出产品；第四，遗产的特点集聚了其目标与器具之间充满问题的关系；第五，不管现实是否在场或缺席，遗产生产的关键在于它们的幻想：实际的目的地，幻想的地方。2004年，Barbara Kirshenblatt-Gimblett发表《作为元文化生产的非物质遗产》，进一步深化了遗产作为文化生产模式的理解，她从联合国教科文组织倡导的有形遗产、自然遗产到非物质遗产保护诉求与理念的变化立场以及《名录》系统化阐释出发，认为遗产是文化生产的一个模式。这个模式给予濒危的、过时的文化展示自我的第二次生命。这种生命力的获取，不仅基于人既是文化遗产保护客体也是保护主体的思考，同时也是文化变化内在属性的实在性所决定的。

遗产是连接过去与现在，并延伸至未来的纽带。作为历时性发展的见证物与连接点，遗产物与遗产承载体具有言说与表述的特质，Tom G.Svensson(2004)关于人与物的研究较好地表达了这一思想。他认为在物质文化研究中，人造物品与知识的联系是可辨别的。知识主要来自本地人的声音，为了阐明人与物的内在关系，强调叙述是非常重要的。基于这一理念，作者沿着家族传承谱系，以编织艺人的口述史与篮子编织传统的展现，强调关注知识生产过程的重要性。在这一生产过程中，有关语言的一体化包含了无形与有形遗产，使得物品自然成为文化的代言人。

作为遗产体系组成部分，有形与无形遗产(非物质文化遗产)并没有泾渭分明的界线。在国外从事遗产研究的学者从宏观视野上提出的遗产理论，对当前非物质文化遗产保护的理解与认识同样具有指导性意义。如Robert Hewison(1989)从遗产政治学的视角审视了遗产概念表述与被表述的问题，认为20世纪80年代“遗产工业”在掩盖遗产实践、学术与认同价值的同时，却悄然将遗产的所有权发生转移，附加了想象成分，使得遗产变成文化再生产的商品；Peter Howard(2003)从所有权与遗产主体的视点，将遗产与继承、继承物三者并置予以思考。由于受国家话语与政治权力的影响，遗产所有权会发生改变。因此对于个人遗产而言，其所有权在国家群体认同、家庭认同、个人认同这三者之间发生转换。在遗产归属权的研究中，David Harrison(2005)指出遗产的归属首先表现为个人的或家园的。其次遗产实践性特征决定了“真实性的遗产”是个人、群体与历史选择的结果。同样，这种选择性表现在遗产表述与被表述、解释与被解释的机制中，并深受主观性、权力话语、历史记忆、民族主义等方面因素的影响。

从概念到实践层面，非物质文化遗产以及保护体系日趋构型与完善，这种历时性研究理念的变化不仅折射出不同社会发展阶段主导性的文化理念，也为把握非物质文化遗产研究的清晰脉络提供了详尽的文献资料。Janet Blake(2000)从国际遗产法的发展历程，文化遗产与文化财产的区分，文化遗产的本质，文化遗产、文化意识与文化权利四个方面缕析文化遗产的定义,为非物质文化遗产保护体系的操作提供了一个历史性、渐变性与关系性的立体型概念体系。随着遗产保护运动的深化与认知程度的提升,非物质文化遗产概念与保护体系逐步得以完善与修正。Dawson Munjeri(2004)以《威尼斯宪章》到《奈良真实性文件》中真实性内涵转变为例,反映了无形与有形遗产从相斥到相互整合的过程。即从基于西方代表作概念上限于物质的真实性、手工的真实性、设计的真实性、环境的真实性等方面的狭窄定义,逐渐扩大到传统、技艺、精神、感情、历史与社会等方面的维度。Lourdes Arizpe(2004)在《非物质文化遗产:多样性与一致性》一文中评论了影响非物质文化遗产保护设置标准的几个因素,审视非物质文化遗产概念的演化。

2009 年,由 D.F.Ruggles,H.Silverman 主持合编的论文集《无形遗产的具体内涵》,较为全面系统地反映了当前国外非物质文化遗产研究的新趋向,系列文章通过对非物质文化遗产概念体系的历时性梳理、特殊案例研究与实践对比的共时性探讨,以及记录非物质文化遗产所导致政治性问题的思索与诘问,为理解、剖析与实践非物质文化遗产保护提供了历史性、现实性、反思性的理论视点。

(2)非物质文化遗产与旅游业

相关研究主要集中在非遗旅游商品的真实性与商品化、非遗旅游的政治性、非遗旅游影响和非遗旅游的动力机制等方面。

第一,非遗旅游商品的真实性与商品化。与其他旅游类型的旅游商品不同,基于非遗的旅游商品是以非物质文化遗产的文化内涵为基础创作的,具有一定的地域性与文化属性。其真实性与商品化是作为旅游纪念品的两个属性,就客体真实性而言,非遗商品的生产工艺及过程是其真实性的重要部分,Erik Cohen(1993)对泰国北部清迈地区的陶瓷生产工艺进行分析时发现,当地非物质文化遗产——陶瓷工艺的变化与创新,并不是由于本身陶瓷工艺的演变,而是旅游市场的推动行为,因为越来越多的旅游者进入该地区,为了吸引旅游者购买旅游商品而改变设计风格和外观,这些设计风格和外观的改变深受其他地区文化的影响,与本地并无太大关系。这种随着时间的推移,旅游商品在原有文化的基础上,为了迎合旅游市场而进行的改变,被学者们称为“渐进性真实(Emergent authenticity)”。Wantanee Suntikul(1993)以老挝世界文化遗产地琅勃拉邦为例,通过对琅勃拉邦的分析发现,旅游市场的发展导致整个古镇过度的商业化,进而影响了古镇的氛围,有形遗产的保护不力威胁到了无形遗产的生存,现代化的旅游生产方式影响了古镇居民传统的生活方式,从而破坏了遗产地的真实性与完整性。在非遗商品真实化与商品化的研究中,旅游者主题体验感受是很多学者研究的一个重点。Dan(2003)以本地和外来游客为研究对象,以苏格兰东北部地区的民谣为研究课题,通过对其研究发现,旅游者对旅游地的真实性诉求是复杂的,在不同的场景、不同的语境以及不同观众之间,对真实性的要求是在不断变化的。Miguel Vidal Gonzalez(2008)则比较了在西班牙旅游的中国游客和日本游客对古拉门戈舞的感知差异,对比分析了存在型非遗旅游者与休闲型旅游者对旅游商品真实性的要求差异,分析发现存在型非遗旅游者对旅游商品的真实性要求更高。

第二,非遗旅游的政治性。非遗旅游的政治属性一直是学界关注的问题,也是一个社会热点话题。非遗旅游有助于增进民族认同和国家统一,激发"非遗"旅游目的地的民族自豪感与文化认同感,有利于"非遗"传承人以及边缘群体的增权,但是在这中间也存在利益相关者之间的博弈与知识产权的竞争问题。首先,"非遗"与文化认同。由于非物质文化遗产是某一特定地区的文化类型,在一定层面上掌握非物质文化遗产有利于增加利益相关者的文化认同感。Janette Philp(2009)以缅甸佛教文化商品化为主题,考察了国家法律对旅游商品化的利用,通过研究发现,缅甸佛教文化遗产的保护和恢复已经成为军事政权的一种手段,用来昭示一种集体持有的国家观念,因此文化遗产的地域属性在重构历史中已经变成重要的符号。Sunny Jeong(2004)则是通过世界非物质文化遗产韩国江陵端午祭案例,分析了全球化、传统文化和地方认同的冲突问题,研究发现,有争议的地方会导致区域身份的构建,以及象征性身份重构,就韩国江陵端午祭为例,对 Taebaek Mountain(太白山脉)和东海的顶礼膜拜被视这一地方的共享历史,有助于区域认同的集体意识的形成。Hyung Park(2011)在对昌德宫进行分析时发现,作为有形遗产中的无形遗产,即共同的民族记忆和区域文化记忆,对于激励韩国侨民重新确认其身份,建立其与韩国民族文化之间的密切关系有着重要的意义。文化遗产已经成为一种符号,有利于其重新定义国家的归属感的概念,强调与朝鲜根深蒂固的原始关联性,从而增强民族认同感。其次,"非遗"与利益相关者之间的权利博弈。非物质文化遗产旅游作为一种市场化的行为,与多方的利益相挂钩,其中主要有国家、当地社区、文化传承人、旅游者、旅游开发商、旅游从业人员等,这些利益相关者在非遗文化的意义与重要性上具有一致性,但是在另外一些层面却具有一定的相异性。再次,非遗旅游与社区赋权。非遗旅游对于社区赋权主要体现在经济、心理、社会和政治四种类型上。Cynthia Abbott Cone(2018)通过对墨西哥两个玛雅传统文化的女手工艺传承人曼纽拉和帕斯夸里的生活考察发现,她们通过自己的方式将当地的手工艺品改造成适合旅游者的旅游商品，在这个改造过程中，她们充当着工匠和教师的身份，同时也扮演着商人的角色。她们通过民族工艺品的生产和销售，重新构建了自己的身份和生活故事，增强了自信感，使她们不仅走出了玛雅文化中妇女的从属地位，而且在旅游者和被旅游者的关系中建立了一个非比寻常的地位，并在这种关系中占有一定的主导地位。作者认为通过这种旅游行为，改善了女性在传统文化中的地位，使其获得了更多的权利。Stroma(2016)则通过对印度尼西亚 Ngadha 村民借助传统文化发展旅游的研究发现，通过这种旅游行为促使当地新的政治组织与潜在的政治经济蓬勃发展，并赋予它们新的机会，但是当地村民一直追求的都是认同感和自豪感。最后，非遗旅游与立法保护。虽然旅游对于非遗旅游地来源具有重大的经济价值，但是对非物质文化遗产也会产生一定的负面影响，比如非遗旅游地的权利被剥夺，尤其是一些民族文化遗产可能会面临损害，因此立法保护是一种重要的措施。Michal(2000)通过对澳大利亚北方领地土著人的传统文化在旅游语境下生存状况的分析，探讨了国际知识产权、本土文化、传统艺术、土著居民及其对旅游业的重要性之间的关系，提出通过保护性立法和案例法能够使非土著文化和遗产得到有效保护，同时，作者通过《伯尔尼公约》《土著人公约》和《版权修正案》等立法历史的考察，分析了土著传统文化立法演变的趋势，指出立法对保护艺术家作品的文化完整性，以及家族设计、符号、集体所有权具有重要的意义和价值。

第三，"非遗"旅游的影响。旅游对非物质文化遗产的影响是多方面的，甚至在一定程度上会呈现出对立性。其正向影响是促进传统文化的复兴和传承，吸引社会更多的人员对去关注传统文化，提高了传统文化手艺传承人的社会地位，促使更多的人去学习和了解传统文化，对传统文化在国际范围上的推广具有正向的促进作用。其负面影响则是可能导致传统文化的变异或同质化，如一些传统的歌舞，可能会随着旅游业的不断发展而失去其地域性特色，在更多的除"非遗"旅游地外的地方进行表演，甚至由于受旅游者带来的外来文化的影响，当地的文化可能出现变异。甚至为了迎合旅游者的兴趣，吸引更多的旅游者到"非遗"旅游地来，一些传统的文化可能会随之进行改变。国外学者针对旅游对非物质文化遗产的影响，主要是基于人类学的视角进行研究。Chris Ryan(2016)针对新西兰毛利人文化变迁与旅游发展之间的关系进行分析，通过其分析发现，旅游业能够促使当地旅游商品更加丰富，比如雕刻品已经生产出比毛利会堂现有的产品数量更多的较小物件，在旅游纪念品商店售卖的这些物件已经脱离了毛利人的会堂语境。此外，他还考察新西兰旅游局，发现旅游局以更加现代的形象创立了毛利人传统文化的展示方式，以期改变游客对其的刻板印象,这很可能产生歪曲、简单化、误传以及损及毛利人文化形象所有权。Rodrigo de Azeredo Grunewald(2018)认为,帕萨特印第安人将自己暴露在旅游场域中,为了迎合旅游者的需求,被迫不断地将自己塑造成一个新的组群——旅游印第安人,他们主要通过文化产品的生产来实现这种转变,换句话说,就是将自己原有的文化与现在的、外来的、旅游者文化相融合,形成新的文化符号,在这种文化生产过程中, 作为象征之物——流变的文化要素被采用而变成符号和所指的传统,因此,传统文化内容以一种语境或情境化的方式被周期性地构建或再构建,由于与外来文化的融合, 使得这种文化的内容是动态的、可变的。Hyung yu Park (2016)针对昌德宫的非物质文化遗产旅游进行分析,他认为旅游对推动非物质文化遗产的文化连续性具有重要的意义,昌德宫的非物质文化遗产在旅游体验中重构和再语境化使民族身份得到了维持,可以保持民族文化的连续性,虽然这种连续性存在领土变更及意识形态之间的冲突,但是对于民族的认同感和民族文化的传承具有重要的意义。

第四,"非遗"旅游动力机制。在非物质文化遗产与旅游业的融合发展过程中,有一些"中间人"起到了重要的作用。Erik Cohen(1993)通过泰国北部清迈的 Dan Kwien 陶瓷生产案例发现,局外人是陶瓷技艺革新和多样化的主要发起者,他们引进了新的种类和新的风格作为争取获得外来观众的创新者。由于新的旅游和出口市场的开放,导致针对不同细分市场的差异化产品出现。性别动力学也是学者们探讨非遗旅游发生的机制之一,Margaret B.Swain(2018)通过原住民 Sani 和 kuna 妇女民族文化商品化的比较数据分析文化复兴的共同主体, 形成了第四世界艺术品生产的性别动力,女性在非遗旅游目的地的旅游商品销售中更占优势,妇女零售商在采购、开发、生产和销售这些产品中起着重要的作用,而且由于女性亲和力较强,在维护当地与旅游者关系中也起着润滑剂的作用。经济利益的诉求是社区发展非物质文化旅游的主要动力。随着社会开放程度的不断加深,国家与国家之间、地区与地区之间的交流日益增多,区域之间的竞争也变大,追求经济利益成为社区发展的共同主题,而由于非物质文化遗产独特的区域性,使其对外来者具有较强的吸引力,基于一些利益相关者会根据自己的诉求,将非物质文化与旅游相结合,以促进当地经济发展,带动当地就业,提高地方知名度。在这些利益相关者中非遗传承人往往起着重要的作用,非遗传承人由于自己本身对非物质文化遗产较为了解,也明白其与其他文化的差异,更是对非遗文化具有一定的感情,基于此,其更希望能够通过旅游带动非物质文化遗产的发展,推动社会对非遗的关注,吸引更多的社会目光来提高非物质文化遗产在社会中的地位。此外,社区在推动非物质文化遗产旅游发展中也起着一定的作用,社区由于其独特的政治属性,对非物质文化遗产的宣传、包装和资源整合具有一定的优势,能够通过其与一些旅游企业建立联系,进而推动非物质文化遗产的旅游发展,将其纳入当地的旅游线路中。游客动机也是探讨非遗旅游发展动力学的重要视角之一。随着当今互联网信息技术的不断发展,各地交通不断完善,地区与地区之间的距离不断缩小,另外由于人们的收入水平不断增加,空余时间也越来越多,人们外出旅游的欲望也在不断增加,旅游者迫切希望离开常住地,前往陌生的地方进行旅游活动,非物质文化遗产因为其独特的地域属性、历史属性和文化属性,对旅游者具有一定的吸引力。很多非物质文化遗产旅游的发展起源于一部分游客的自发行为,这些游客的自发行为会对旅游目的地的社区、居民以及非遗文化传承人带来思考,思索如何通过旅游与非遗结合的形式来推动旅游目的地的发展,进而形成了非遗旅游。Alison J Mclntosh(2017)研究发现,游客前往非遗旅游目的地进行原住民文化体验是基于五个核心维度:凝视、生活方式、真实性、个人互动和非正式学习。其中凝视视角是指旅游者通过对非遗文化旅游地的仔细观察来发现非遗文化的特色。生活方式则是旅游者期望体验旅游目的地居民的生活方式,通过体验不一样的生活方式,让旅游者享受与其在日常居住地不一样的生活,从而增加旅游体验感。真实性则是与商品性对应,是指旅游者到非遗旅游目的地看到的旅游商品、旅游现象是否与非遗文化内核一致。个人互动是指旅游者到非遗文化旅游地,期望与非遗传承人、当地居民进行深入的交谈,通过这种交谈使其获得不一样的旅游体验与感受。另外,由于非物质文化遗产独特的文化属性,旅游者到非遗旅游目的地进行旅游的行为,可以视作一种非正式学习,通过这种旅游的形式,让他们对当地有更多的了解,对非遗文化有更深层次的认识。

(3)非物质文化遗产保护

第一,非遗保护体系的构建。在多元社会背景下,非物质文化遗产保护的实施涉及有形遗产、知识产权、文化权利等方面的关系性主题。如何保证公约实施的独立性与有效性,厘清上述关系性命题,众多学者从经验性研究中提出了相应的实施对策与保护意见。Gorges Condominas(2004)以口述文化与书写文化的历史遭遇与事实为例,阐述了研究与保护无形遗产的目的、困难、重要性以及研究者所应具备的一些意识、方法与技巧。Wend Wendland(2004)则从知识产权保护的意义、本地和其他文化社区有关知识产权的需要与期待、知识产权保护与文化遗产保护的关系、在文化多元主义与文化多样性挑战下,传统文化表达与知识产权的关系面临日渐复杂与考验的问题、目前知识产权组织运作的结果等五个方面的内容，翔实地表达了非物质文化遗产与知识产权的关系以及未来合作的领域。Wim van Zanten（2004）在《为非物质文化遗产建立新术语》一文中则呼吁随着非物质文化遗产公约的实施，一些必要的操作性概念需要修正与定义，如从人权的角度对非物质文化遗产概念的明确，非物质文化遗产定义的权力由谁主导的问题以及无形与有形紧密关系的确认等一系列操作过程面临的窘境，亟须建立新术语予以规范；而 Rex Nettleford（2003）面对非物质文化遗产迁移现象，分析在迁移中造成的遗产流失、衰亡以及促进遗产传承与创新的现象，提出针对以上情况加强保护的观点。这类建议性研究立足于保护非物质文化遗产的有效性与可行性的思路，网罗了以非物质文化遗产为节点的关系性问题，试图消除症结，理顺关系，寻求解决路径，补充与完善非物质文化遗产保护体系框架。

第二，非物质文化遗产的保护和管理经验。针对非物质文化遗产的保护和管理经验总结方面，许多学者采取案例分析的方法进行分析。微观层面上，Rudy Demotteyi（2004）以比利时的法国人社区为个案，从法律的层面探讨了国家有关非物质文化遗产的政策，其主要特色表现为无形遗产特殊待遇的落实与公众保护意识的提升。同样，Susan O.Keitumetse（2009）以社区的视角探讨了可持续发展与文化遗产管理对接的可能性。这种研究视角以具体而微的社区实践观照国家话语体系下非物质文化遗产实施错综复杂的关系，以保护主体的立场为他者实践提供经验性对策与策略上的参考。除了微型社区研究外，个人工作史的研究视点也成为窥视非物质文化遗产经验性研究的另一有效途径。如韩国国家博物馆原总指导 Hongnam Kim（2007）撰写的《我的有形与无形遗产保护历程》，以参与有形遗产与无形遗产保护的个人历程以及角色转换这一独特视角，从侧面反映了整个遗产保护理念的转变以及韩国在遗产保护方面的经验。宏观层面上，Yang Jongsung（2004）的《韩国文化保护法》、Londres.C（2005）的《非物质文化遗产的登记：巴西经验》、Ahmed Morsi（2005）的《关于非物质遗产研究与保护方案》等文章详细地介绍了韩国、巴西、埃及等国家在非物质文化遗产保护上所做的努力以及保护现状及其政策与措施。在巴西，非物质文化遗产的维护并不局限于文化领域，还包括环境管理、知识产权、正式与非正式教育等领域的问题。在制度建设上，巴西政府正逐步考虑建立一个非物质文化遗产动态性与程序性的合法机制，同时致力于社会利益知识评估和提升机制。而在韩国，突出对文化传承人现实性的关照是非物质文化遗产保护的特色与亮点，如政府或民间团体出资建立传系所，为传承人提供实质性的医疗与养老保险，同时加快民间技艺认定与制度性教育资历的对接等实惠性的措施与制度,以解决非物质文化遗产传承人的后顾之忧。

第三,非物质文化遗产的法律保护。针对非物质文化遗产的法律保护研究也是非遗保护的重要研究内容。比如日本不仅是东亚地区最早提出保护文化遗产的国家,还是世界上较早选择行政法模式保护非物质文化遗产的国家之一。从19世纪70年代起日本相继出台了3部与文化遗产有关的重要法律:《古器旧物保存法》(1871年)、《史迹名胜、天然纪念物保存法》(1919年)和《国宝保存法》(1929年)。在此基础上,1950年日本又通过了《文化财保护法》。在这部法中第一次提出“无形文化财”(也就是我们所称的非物质文化遗产)概念。而与日本一样同属于东亚儒家文化圈的韩国,在非物质文化遗产法律保护模式上受日本影响,也选择了行政法模式。韩国政府早在日本殖民统治时期就以学部令的形式颁布了《乡村财产管理章程》(1910年),它被韩国学者称为韩国文化遗产保护工作法律化建设的开始。之后,韩国政府又相继出台了一系列文化遗产保护的行政法律法令,如《古迹及遗物保存规则》(1916年)、《韩国宝物古迹名胜天然纪念物保存令》(1933年)以及1962年在全面系统引进日本《文化财保护法》的各种理念、原则与组织管理体系后,韩国政府也制订了本国的《文化财保护法》。1982年,韩国又对该法进行了全面的修订,进一步完善了韩国文化遗产保护的制度。与日本相比,韩国的行政法模式在保护利用非物质文化遗产方面颇具特色。首先,韩国政府颁布了一系列利用文化遗产的行政法律法令。例如,《文化产业振兴基本法》《文化财保护法施行令》《出版与印刷基本法》等,并逐渐健全与完善了本国民族文化遗产保护与利用的法律网络体系。其次,韩国政府高度重视本国文化遗产的产业化发展。1998年,韩国提出“文化立国”战略,把文化产业作为韩国21世纪经济发展的战略性支柱产业,对此制订并出台了诸多行政性政策予以支持,如《国民政府的新文化政策》(1998年)、《文化产业发展五年计划》(1999年)、《电影产业振兴综合计划》(2000年)、《文化韩国21世纪设想》(2001年)等。最后,在管理体制方面,韩国政府还形成了从中央到地方的一整套严格的管理系统。同时,2001年,韩国政府还专门成立了“文化产业振兴院”,下属韩国文化观光部,主要负责推动韩国“文化立国”战略的全面实施。与日韩不同的是,美国实行的是非物质文化遗产知识产权法模式。美国非物质文化遗产知识产权法模式主要体现在专利和商标法律保护方面。其中专利法保护方面,美国设立了特殊的规则,即IDS(Information Disclosure Statement)规则,也就是信息披露说明书规则。该规则要求专利申请人申请专利时必须提供有关专利信息的情况,用以审查该专利是否剽窃在先的技术,并以此判断该专利是否具有创造性和新颖性。根据该规则,在判断非物质文化遗产是否属于在先技术方面,美国使用了相对新颖性标准,即国外公开使用的非物质文化遗产不构成在先技术;书面公开的非物质文化遗产应构成在先技术。很明显,美国的这种标准客观上会存在非物质文化遗产被不当利用的风险。与美国不同,突尼斯的知识产权法模式主要体现在著作权法保护方面。1976年,突尼斯在联合国教科文组织与世界知识产权组织(WIPO)的共同协助下制订了《突尼斯版权示范法》。该法明确界定了"民间文学艺术"的定义和范围,将包括民间艺术在内的非物质文化遗产归入到著作权法保护范畴之中。即"民间文学艺术"是"在本国境内由被推定为本国国民的作者或种族团体创造的、世代相传并构成传统文化遗产的基本要素之一的所有文学、艺术和科学作品"。同时,该法第6条还明确规定,国家民间文学艺术作品除公共机构为非商业目的使用外,有关国家民间文学艺术作品的经济权利和部分精神权利由国家主管当局行使。国家民间文学艺术作品的保护不受任何期限限制等,大大降低了民间文学艺术类的非物质文化遗产被不当利用的可能性。

### (三)文献述评

总而言之,近些年有关非物质文化遗产的研究十分活跃,在基础理论层面,对非物质文化遗产概念、特征的认识以及非物质文化遗产保护的目的、机制、方法的探讨日趋深入。但由于"非物质文化遗产"毕竟是一个新生的概念,与国外非物质文化遗产研究较为成熟的地区相比,我国非物质文化遗产研究在方法与理念上仍存在一定的差距。尽管以往我国不乏对非物质文化遗产的大部分内容,以保护民间文化的名义予以观照与思考,但2003年《保护非物质文化遗产公约》的正式出台,开启了非物质文化遗产保护国际性行动,我国非物质文化遗产研究深度与广度亟需纵横并接。一是在研究理念上,随着守望民间文化到保护非物质文化遗产这一社会行动的转换,不仅仅昭示我国民间文化保护战略发展思路的转向,同时也涉及研究理念的转换,即随着保护民间文化国家主导层面的上移,非物质文化遗产不再是一个自律的体系,而是一个关系性的网络。过程性与互动性的观察视角将成为今后我国非物质文化遗产研究的重要视点。二是在研究方法上,在保护非物质文化遗产日益高涨的国际与国内背景的催化下,以往人类学、民族学、民俗学、社会学、艺术等学科长期驻足于民间文化研究取向亟须发生转换。尽管近年来非物质文化遗产与教育学、法学、经济学的联袂探讨,酝酿出一批较有现实意义的成果,但仍有待于契合非物质文化遗产保护实践,进一步深化学科理念、方法,强化学科联合研究。三是在研究内容上,由于非物质文化遗产保护现实性与时效性的特征,注定了非物质文化遗产研究主题需与保护行动紧密结合的特征,实践性探讨不置可否。从研究时效性而言,对民间文化纳入非物质文化遗产名录体系前后变化过程的动态性考察与思考,特别是名录体系的申报、代表性传承人的遴选、进入名录体系后地方保护实践对民间文化自身生存机制的影响等问题的分析,将成为未来非物质文化遗产研究内容的一个重要趋向,这些问题的探讨将直接关乎民间文化的延续性与遗产主体保护的自觉性。同时,在非物质文化遗产与旅游业融合研究和对非物质文化遗产保护的研究中,往往将旅游开发视为拦路虎,强调两者的矛盾面;而旅游研究者又通常着眼于如何将非物质文化遗产为旅游所用,对如何防范旅游开发的负面效应则一带而过。从战略高度探索保护与开发合一的发展模式应是解决这一对矛盾的关键所在。

## 三、研究方法和研究内容

### (一)研究方法

从盐城地区的非物质文化遗产的具体情况出发,对盐城的非物质文化遗产旅游开发进行研究和探讨,笔者主要采用了以下方法:

#### 1.田野调查法

田野调查又叫实地调查或现场研究,属于人类学范畴的概念。主要用于自然科学和社会科学的研究。笔者于 2019 年 3 月至 7 月深入盐城 9 个市、县、区进行实地考察,访谈当地专家、文化艺人、相关领导等对非物质文化遗产进行了详细的调查,获取了大量一手资料。

#### 2.文献研究法

文献研究法主要指搜集、鉴别、整理文献,并通过对文献的研究形成对事实的科学认识的方法。文献法是一种古老而又富有生命力的科学研究方法。笔者广泛查阅国内外对非物质文化遗产开发相关研究以及盐城旅游发展的二手资料,了解国内外最新研究动态。

#### 3.演绎法

所谓演绎法是指人们以一定的反映客观规律的理论认识为依据,重复从该认识的已知部分推知事物的未知部分的思维方法。这是一种由一般到个别的认识方法。演绎法是认识“隐性”知识的方法。本专著从一般的非物质文化遗产相关理论研究以及相关的省市(如江苏省、浙江省、上海市等)对非物质文化遗产的开发研究，进而推广到盐城非物质文化遗产的保护和旅游开发的个案研究，以充实文章理论研究的可行性。

#### 4.归纳法

所谓归纳法是在认识事物过程中所使用的思维方法,有时叫作归纳逻辑,是指人们以一系列经验事物或知识素材为依据,寻找出其服从的基本规律或共同规律,并假设同类事物中的其他事物也服从这些规律,从而将这些规律作为预测同类事物的其他事物的基本原理的一种认知方法。笔者将国内外对非物质文化遗产研究的成果进行分类归纳,广泛借鉴前人优秀成果,丰富本专著的研究。

### (二)研究内容

本专著研究内容主要围绕盐城非物质文化遗产旅游开发相关内容展开,全部内容分为六部分。

第一部分是绪论,主要从专著研究背景及意义、国内外关于非物质文化遗产的相关研究、文章的研究方法和研究内容、专著创新点四个方面着手。第二部分是非物质文化遗产研究概况,阐述了非物质文化遗产的概念、类型、特征、保护模式、功能与作用等。第三部分阐述了盐城非物质文化遗产的类别、特点及价值。第四部分是盐城非物质文化遗产旅游开发思路与对策,阐述了盐城非物质文化遗产旅游开发的现状、存在的问题、旅游开发原则、旅游开发设想及相关对策研究。第五部分以江淮官话、淮剧文化、水浒文化、枯枝牡丹文化、海盐文化等为个案着重阐述了非物质文化遗产旅游开发模式。第六部分是结语部分,得出本专著的研究结论、不足之处和未来展望。

## 四、创新点与存在不足

### (一)创新之处

我国非常重视文化遗产的研究,各领域学者也不断探求非物质文化遗产保护和传承的途径,但很少涉及非物质文化遗产旅游开发的价值评价。关于非物质文化遗产的旅游开发模式也未进行深入研究，针对个案的非物质文化遗产旅游开发研究大多数也只停留在理论的浅层面，较少地进行深层的开发研究。因此，笔者选择盐城为例，以盐城非物质文化遗产旅游开发研究为论题，对盐城非物质文化遗产进行价值评价，探寻盐城非物质文化遗产旅游开发的可行性模式，以期弥补盐城旅游业发展的不足，更好地促进盐城非物质文化遗产的保护传承以及旅游业的可持续发展。

### (二)不足之处

由于时间有限，笔者对盐城地区非物质文化遗产资源梳理得不够充分，对一些市级以下非物质文化遗产的开发价值“挖掘”得不深。笔者只是对盐城市级以上十余项非物质文化遗产进行了深度研究，从而提出了盐城非物质文化遗产旅游开发的对策。这些对策虽具有一般非物质文化遗产旅游开发的适用性，但由于笔者目前掌握的资料和本身的知识有限，有些观点还有待时间的检验和专家的斧正。

# 第一章

# 非物质文化遗产概况

## 第一节　非物质文化遗产概念及类型

非物质文化遗产概念的提法是“仁者见仁智者见智”，本节笔者提炼了部分学者对其概念的阐述观点，并就其类型进行了详细分类。

### 一、非物质文化遗产概念

当前，“非物质文化遗产”这个名词已经家喻户晓，但能准确解释其含义的却很少。为了更好地保护和传承非物质文化遗产，笔者总结了以下几种有代表性的观点：

2003 年 10 月 17 日，联合国教科文组织《保护非物质文化遗产公约》给“非物质文化遗产”下了这样的定义：“所谓非物质文化遗产，是指那些被各地人民群众或某些个人视为其文化财富重要组成部分的各种社会活动、讲述艺术、表演艺术、生产生活经验、各种手工艺技能以及在讲述、表演、实施这些技艺与技能的过程中所使用的各种工具、实物、制成品及相关场所。非物质文化遗产具有世代相承的特点，并会在与自己周边的人文环境、自然环境甚至是与已经逝去的历史的互动中不断创新，使广大人民群众产生认同，并激发起他们对文化多样性及人类创造力的尊重。”①

我国学术界对“非物质文化遗产”所作的表述，也基本上源于这个定义。如《中国民族民间文化保护工程普查工作手册》认为，“所谓非物质文化遗产，是指各民族

①联合国教科文组织.保护非物质文化遗产公章：第一章“总则”.2003.

人民世代相承的、与群众生活密切相关的各种传统文化表现形式(如民俗活动、表演艺术、传统知识和技能,以及与之相关的器具、实物、手工制品等)和文化空间(即定期举行传统文化活动或集中展现传统文化表现形式的场所、兼具时间性和空间性)”[①]。

《中华人民共和国非物质文化遗产法》则规定:非物质文化遗产是指各族人民世代相传并视为其文化遗产组成部分的各种传统文化表现形式,以及与传统文化表现形式相关的实物和场所。包括:传统口头文学以及作为其载体的语言;传统美术、书法、音乐、舞蹈、戏剧、曲艺和杂技;传统技艺、医药和历法;传统礼仪、节庆等民俗;传统体育和游艺;其他非物质文化遗产。属于非物质文化遗产组成部分的实物和场所,凡属文物的,适用《中华人民共和国文物保护法》的有关规定[②]。

应该说,上述定义已经触及了非物质文化遗产的核心内容,但在表述上仍有不尽完备之处,需要做进一步的补充、修正和发展。笔者认为,要想对非物质文化遗产做一个准确的学术定位,在界定“非物质文化遗产”这个全新概念时,至少要在传承主体、传承时限、传承形态、遗产价值、遗产涵盖范围等几个方面做出严格限定。为了更好地界定“非物质文化遗产”,笔者特列出以下常见误区:

第一,将各种“工具”“实物”及“制成品”等亦当成非物质文化遗产。此前,无论是联合国教科文组织,还是国内学术界,几乎都将“在讲述、表演、实施这些技艺与技能的过程中所使用的各种工具、实物、制成品及相关场所”统统列入非物质文化遗产范畴,这种做法值得商榷。所谓“非物质文化遗产”,是指那些人类在历史上创造并以活态方式传承至今,且具有重要历史价值、艺术价值、文化价值及科学价值的知识类、技术类与技能类传统文化事项。而那些“看得见”“摸得着”的各种“工具”“实物”“制成品”尽管对保护、传承非物质文化遗产具有特殊意义,也不能视之为非物质文化遗产,更不能一并列入非物质文化遗产保护名录。

第二,在联合国教科文组织颁布的《保护非物质文化遗产公约》中,联合国教科文组织也将“文化空间”一并列入非物质文化遗产保护名录。从理论上说,“文化空间”理念的提出,对于从整体上保护非物质文化遗产具有重要意义。因为只有将非

[①]梁保尔,马波.非物质文化遗产旅游资源研究—概念、分类、保护、利用[J].旅游科学,2008(2):7-14.

[②]张国君.法治视野下非物质文化遗产保护机制研究——以宁夏回族自治区为例[J].宁夏党校学报,2019,21(05):105-110.

物质文化遗产连同其所生存的外部环境一并保护起来，才有可能做到对非物质文化遗产的全面保护①。任何非物质文化遗产都生活在特定的文化空间之中，如果不顾及联合国教科文组织的固有分类，而将其中的某些项目以“文化空间”的名义单独申报，势必会造成分类上的混乱，这也是分类学理论所不容的。那么，在申报非物质文化遗产代表作过程中，是不是就不能使用“文化空间”此概念呢？当然不是。从联合国教科文组织已经公布的前三批《人类口头及非物质文化遗产代表作名录》来看，联合国教科文组织虽然不提倡单项遗产（如歌舞表演）作为“文化空间”申报，但并不反对那些具有综合特点的非物质文化遗产以“文化空间”的名义单独申报。在这种情况下，如某一地区或某一村寨的文化遗产种类异常丰富，而彼此间的关联度又很强，单独申报哪一项都不利于对这里的非物质文化遗产实施整体保护时，就可以考虑将这里的各种非物质文化遗产打包成一个整体，并以一个完整的“文化空间”的名义独立申报。但需要注意的是这种“文化空间”不宜过大，最好能以村镇为单位，这样保护起来相对容易，也更具可操作性。

综上所述，笔者认为非物质文化遗产可以这样界定：所谓“非物质文化遗产”，是指那些人类特别是那些具有特殊知识、技艺与技能的人们在历史上创造并以活态的形式传承至今的，具有重要历史价值、艺术价值、文化价值与科学价值，足以代表一方地域文化并为当地民众、社会所认可，且具传承价值的知识类、技术类与技能类传统文化事象。这类遗产主要分布在民间文学、表演艺术、传统工艺技术（含文物修复技术）、传统节日、传统仪式、生产知识、生活知识以及含有大量非物质文化遗产表现形式之文化空间等几个方面。

## 二、非物质文化遗产类型

### （一）按级别划分

根据联合国教科文组织对非物质文化遗产的定义和申报标准，已经申报成功或符合条件正在申报的非物质文化遗产，属于世界级；已经入选或符合国家级申报标准，具有特殊价值和代表性的非物质文化遗产，属于国家级。另外，各省市的非物质文化遗产的普查和申报工作已陆续展开，按级别还可分为省、市县级非物质文化遗产。

①张博.非物质文化遗产的文化空间保护[J].青海社会科学，2007(1)：33—36.

## （二）按表现形式划分

2003年联合国教科文组织第三十二届会议正式通过《保护非物质文化遗产公约》。作为国际非物质文化遗产保护领域迄今为止最有权威、影响最大并且最具法律效力的联合国教科文组织文件，它总结和概括了此前有关传统民间创作和口头与非物质遗产的研究成果，同时对1998年的《宣布人类口头和非物质遗产代表作条例》中有关“口头与非物质遗产”的定义作了修正，并在其新的定义中对“人类非物质文化遗产”进行了新的分类。这一分类便是目前在各国广泛使用的把人类非物质文化遗产划分为五大类的分类方法，如表1–1所列。

在结合我国民族民间文化艺术研究和保护的既有学术传统和非物质文化遗产保护的特殊实践经验对非物质遗产的分类进行探讨的过程中，我国民俗学者、民族民间文化艺术研究者曾做过许多十分有益的尝试。其中，在探索有中国特色的非物质文化遗产分类体系的过程中，在总结了我国以往民族民间文化艺术调查研究和保护的宝贵经验的基础上，集中了众多专家学者集体的智慧，采用了当代先进的科学编码方法，由中国民族民间文化保护工程国家中心编写的《中国民族民间文化保护工程普查工作手册》第二部分“非物质文化遗产分类代码”[①]，是非物质文化遗产分类体系研究的一项重要成果，具有一定的科学价值和较强的操作性，如表1–2所列。

2006年5月20日，中华人民共和国国务院发出《关于公布第一批国家级非物质文化遗产名录的通知》，批准国家文化和旅游部确定的第一批国家级非物质文化遗产名录（共计518项），并予以正式公布。正式公布的《第一批国家级非物质文化

**表1–1　非物质文化遗产分类表**

| 类型 | 表现形式 |
|---|---|
| 口头传统和表现形式类 | 语言文字、方言口语、口头传说等 |
| 表演艺术类 | 戏剧、音乐、舞蹈等 |
| 社会实践、礼仪、节庆活动类 | 民俗、祭祀、传统习俗等 |
| 知识实践类 | 有关自然界和宇宙的知识和实践 |
| 传统手工艺类 | 制作工艺、烹饪技艺、其他技能等 |

①中国艺术研究院中国民族民间文化保护工程国家中心.中国民族民间文化保护工程普查工作手册[M].北京：文化艺术出版社，2005.

**表 1-2　非物质文化遗产分类代码表**

| | | | |
|---|---|---|---|
| (一) | | (六) | |
| 民族语言 | 01 | 戏曲 | 06 |
| (二) | | 曲牌体制的戏曲剧种 | 061 |
| 民间文学(口头文学) | 02 | 板腔体制的戏曲剧种 | 062 |
| 神话 | 021 | 曲牌板腔综合体制的戏曲剧种 | 063 |
| 传说 | 022 | 少数民族的戏曲剧种 | 064 |
| 故事 | 023 | 民间小戏剧种 | 065 |
| 歌谣 | 024 | 傩及祭祀仪式性的戏曲剧种 | 066 |
| 史诗 | 025 | 傀儡戏曲剧种 | 067 |
| 长诗 | 026 | 其他 | 069 |
| 谚语 | 027 | (七) | |
| 谜语 | 028 | 曲艺 | 07 |
| 其他 | 029 | 说书 | 071 |
| (三) | | 唱曲 | 072 |
| 民间美术 | 03 | 谐谑 | 073 |
| 绘画 | 031 | 其他 | 079 |
| 雕塑 | 032 | (八) | |
| 工艺 | 033 | 民间杂技 | 08 |
| 建筑 | 034 | 杂技 | 081 |
| 其他 | 039 | 魔术 | 082 |
| (四) | | 马戏 | 083 |
| 民间音乐 | 04 | 乔妆戏 | 084 |
| 民歌 | 041 | 滑稽 | 085 |
| 器乐 | 042 | 其他 | 089 |
| 舞蹈音乐 | 043 | (九) | |
| 戏曲音乐 | 044 | 民间手工技艺 | 09 |
| 曲艺音乐 | 045 | 工具和机械制作 | 091 |
| 其他 | 049 | 农畜产品加工 | 092 |
| (五)民间舞蹈 | 05 | 烧造 | 093 |
| 生活习俗舞蹈 | 051 | 织染缝纫 | 094 |
| 岁时节令习俗舞蹈 | 052 | 金属工艺 | 095 |
| 人生礼仪舞蹈 | 053 | 编织扎制 | 096 |
| 宗教信仰舞蹈 | 054 | 髹漆 | 097 |
| 生产习俗舞蹈 | 055 | 造纸、印刷和装帧 | 098 |
| 其他 | 059 | 其他 | 099 |

续表

| | | | |
|---|---|---|---|
| (十) | | 少数民族节日 | 132 |
| 生产商贸习俗 | 10 | 其他 | 139 |
| 农业 | 101 | (十四) | |
| 林业 | 102 | 民间信仰 | 14 |
| 渔业 | 103 | 原始信仰 | 141 |
| 狩猎 | 104 | 俗神信仰 | 142 |
| 饲养和牧畜业 | 105 | 祖先信仰 | 143 |
| 商贸 | 106 | 庙会 | 144 |
| 副业 | 107 | 巫术与禁忌 | 145 |
| 其他 | 109 | 其他 | 149 |
| (十一) | | (十五) | |
| 消费习俗 | 11 | 民间知识 | 15 |
| 服饰 | 111 | 医药卫生 | 151 |
| 饮食 | 112 | 物候天象 | 152 |
| 居住 | 113 | 灾害 | 153 |
| 交通 | 114 | 数理知识 | 154 |
| 其他 | 119 | 测量 | 155 |
| (十二) | | 纪事 | 156 |
| 人生礼俗 | 12 | 营造 | 157 |
| 妊娠 | 121 | 其他 | 159 |
| 分娩 | 122 | (十六) | |
| 诞生、命名 | 123 | 游艺、传统体育与竞技 | 16 |
| 满月、百日、周岁 | 124 | 室内游戏 | 161 |
| 成年礼 | 125 | 庭院游戏 | 162 |
| 婚礼 | 126 | 智能游戏 | 163 |
| 寿诞礼 | 127 | 助兴游戏 | 164 |
| 葬礼 | 128 | 博弈游戏 | 165 |
| 其他 | 129 | 赛力竞技 | 166 |
| (十三) | | 技巧竞赛 | 167 |
| 岁时节令 | 13 | 杂耍(艺)竞技 | 168 |
| 汉族节日 | 131 | 其他 | 169 |

遗产名录》将我国非物质文化遗产划分为十大类,即民间文学(31 项)、民间音乐(72 项)、民间舞蹈(41 项)、传统戏剧(92 项)、曲艺(46 项)、杂技与竞技(17 项)、传统手工技艺(89 项)、民间美术(51 项)、传统医药(9 项)和民俗(70 项)。

综上所述,笔者在《第一批国家级非物质文化遗产名录》所划分的非物质遗产十大类别的基础上做一些修正和调整,归纳概括出一个更加全面、合理的非物质文化遗产分类体系,如表1–3所列。

表1–3　非物质文化新的分类体系

| 序号 | 内容 |
| --- | --- |
| 一 | 语言(民族语言、方言等) |
| 二 | 民间文学 |
| 三 | 传统音乐 |
| 四 | 传统舞蹈 |
| 五 | 传统戏剧 |
| 六 | 曲艺 |
| 七 | 杂技 |
| 八 | 传统武术、体育与竞技 |
| 九 | 民间美术、工艺美术 |
| 十 | 传统手工技艺及其他工艺技术 |
| 十一 | 传统医学和医药 |
| 十二 | 民俗 |
| 十三 | 文化空间 |

通过这样一个非物质文化遗产分类体系的划分，仍然不能解决非物质文化遗产分类中的所有问题，它在具体的普查和保护的实践中仍然会面临诸多难以详尽解释和完全解决的难题,仍然需要根据现实情况、实践需要和认识发展而加以进一步修正、调整和完善。

# 第二节　非物质文化遗产特征与保护模式

## 一、非物质文化遗产特征

物质文化遗产具有实体性、唯一性和不可再生性;与其相比,非物质文化遗产具有自身的特征。

### (一)民间性

非物质文化产生于民间,也主要在民间流行,与由官府和文化精英创造、居于统治地位的主流文化有显著区别。以民俗为例,仅从字面上就可以知道,它是指官方以外的有某种共同社会关系的群体，主要是直接创造物质财富和精神财富的中下层民众,在社会生活中世代传承、相沿成习的生活方式,是一个社会群体的语言、行为和心理上的集体习惯,其中并不包括官方的法律规章制度,也不包括上层社会中特有的生活习惯,尽管两者对民间风俗都会产生或多或少的影响。非物质文化遗产这种明显的民间色彩给人留下了深刻的印象，以至于现在仍有许多人将其称为民间文化艺术,称这类传承人为民间艺人。此外,如广东汉乐是一千多年前,客家先民南迁时带来的中原古乐,在于当地的民间音乐融合发展而来,现已经成为广东三大乐器之一。其主要流传于广东梅州、深圳、韶关、惠阳一带,是一种比较常见的客家音乐形式,往往在客家聚集地进行演唱,其自身无穷的艺术魅力和特殊风采世代流传,经久不衰,享誉中外。

### (二)区域性

与大一统的主流文化风格不同,非物质文化遗产带有深深的民族和地域烙印。以民俗的民族性和地域性为例,如果说民俗的民族性获得,是受民族居住地自然条件、社会生活以及语言、心理、信仰等文化传统制约的结果,那么,民俗的地域性更是与其所形成的区域环境,包括自然资源、生产生活方式以及价值观、审美观的特点密切相关。所谓“千里不同风,百里不同俗”,就是对民俗的区域特点的生动概括。再以民间曲艺和民间故事来看,内容大多取材于当地民间生活,说唱语言、审美情趣都带有浓郁的地方特色。如蒙古族马头琴音乐是蒙古族音乐文化的典型代表,无论是马头琴的造型、制作材料,还是音质音色、音乐表现风格、演奏方式,均体现着蒙古族的性格内涵,反映了蒙古族游牧生活的历史形态,反映了蒙古族居民历代以来与大自然和谐相处的场景,也体现了蒙古族特有的粗犷奔放的性格,表达着蒙古族对自然宇宙哲学的思考和体悟,是蒙古族地区特有的一种音乐形态。

### (三)变异性

非物质文化遗产一般由集体创作,并通过民间艺人口传心授的方式流传,具有高度的变异性。如在民间文学中,同一个题材的民间故事,不同的讲述人,不同的地区,不同的时代,故事情节便不一样,甚至同一个讲述者,每一次的讲述也不完全相同。这种变异，有的是传承人在即兴讲述中加入了自己的认识、情感和表述风格；有的则是传承人为了适应不同地区、不同社会、不同时代的听众，刻意作出的改变。无论如何，非物质文化遗产的变异性与传承人的民族、区域文化背景有着千丝万缕的联系。变异性体现在非物质文化遗产在传承、传播过程中的变异与创新，非物质文化遗产不管经历多少年和多少代人，都不会脱离人民群众的生活生产方式，但随着时代的发展，人们的生活方式发生了较大的变化。非物质文化遗产以口头或动作方式相传，并创新出新的内容，一代一代传承下来，具有一定的可塑性。也就是说，非物质文化遗产是通过人的智慧创造出来的，这一代人通过对上一代的文化进行记忆，在此基础上可以凭借个人及集体的力量与智慧加以创新发展。

### (四)活态性

如果说传承性是其历时性的延续，那么，传播则是其在空间上的扩布，两者是同一过程。要满足非物质文化遗产传承性和传播性的需要，前提是要使其在民众中得到认可和遵从，以活的形态存在于现实社会生活当中。否则，即使将其物质载体与别的文物一样送进博物馆保藏起来，也像风干的木乃伊，形虽在，生命已经终结，已不能算作真正意义上的非物质文化遗产。非物质文化遗产的这种活态性在表演艺术、社会风俗、礼仪节庆以及传统工艺技术等遗产中表现尤为突出，如我国人民众所周知的春节，作为我国古代文化的一种形式，是我国重要的节庆活动，其在传播过程中是通过一些习俗的形式进行传承的，在当今北方春节时期仍然流行着“二十三祭灶王、二十四扫房子、二十五去打鼓、二十六去割肉”等习俗，通过这些习俗的传承，我国春节更富有文化气息和内涵，也使整个春节文化更加立体形象与生动。

### (五)综合性

非物质文化遗产的大部分形态，如音乐、舞蹈、戏剧、曲艺、杂技、节庆以及婚丧习俗等，无论从形式、功能抑或是参与者来说，都是综合性的而非单一性的。如那坡壮族民歌。那坡壮族民歌是广西那坡地区黑衣壮族人民历代演唱的民歌，在历史的长河中，黑衣壮至今仍然保存着古朴、完整、多姿多彩的民间歌谣，被誉为广西民族音乐富矿和壮族民歌的活化石。黑衣壮族人不仅能歌，而且善舞。在那坡县的一些黑衣壮聚集的村屯，从三岁小孩儿到古稀老人，都能伴着古韵翩翩起舞，而且舞蹈种类颇多，如迎宾舞、黑枪舞、婚礼舞等。作为一种非物质文化遗产，那坡壮族民歌通常与舞蹈相结合，壮族人民载歌载舞，一起在欢声笑语中传承文化。

### (六)集体性

非物质文化遗产的形成及传承都是靠集体完成的,如说唱表演艺术,其创作、表演与传习都不是单凭个人完成的。民俗的形成和保持,更要在一群人、一个行业、一个民族或一个区域中才有可能。如川北薅草锣鼓,是一种广泛流传于四川北部山区农村的群众性传统民间文化,俗称打锣鼓草,一般在每年的七八月份,大伙在一起,除玉米草、黄豆草时演唱的一种山歌。薅草锣鼓,不仅能保证除草的进度和质量,还可使繁重的体力劳动在笑声中变得轻松,让劳动者充分享受到劳动的愉悦和快乐,其演唱通常不是一个人进行的,而是在田间地头,一群人相互配合演唱。

### (七)无形性

非物质文化遗产是相对于物质文化遗产而言的,物质文化是实体的,是客观存在的,是人们可以看得见、摸得着、有形的,而非物质文化遗产是无形的、是不存在实物的,往往看不见也摸不着,但是它与物质文化遗产有着不可分割的联系,物质文化是非物质文化遗产的载体,非物质文化的文化遗产的内涵,需要通过物质文化进行展现。如果说非物质文化是因,物质文化则是果。以梁祝传说为例,梁祝传说主要讲述梁山伯与祝英台之间凄婉动人的爱情故事,无论是在文学性、艺术性和思想上而言,梁祝传说都在我国各类民族传说之首,是中国最具影响力的口头传承艺术,也是唯一在世界上产生重大影响的中国古代民间传说,并且数次在国际大型舞台上进行表演,与《罗密欧与朱丽叶》齐名。梁祝传说内容是口头相传的,是无形的,而我们通常在影视作品、舞台剧中观看到的关于梁山伯与祝英台的演出则是有形的,无形的文化通过有形的表演方式进行传承。

### (八)传承性

所谓传承性,就是指非物质文化遗产具有被人类以集体群体或个体的方式,一代又一代享用、继承和发展的过程,非物质文化遗产的传承性是由非物质文化遗产的本质所决定的,换而言之,就是我们的祖辈在长期的劳动过程中,经过一代代劳动人民的积累和改编,并以师徒或团体的形式流传下来,逐渐形成今天的技能或习俗。它是我国劳动人民智慧的象征,是我们祖先汗水的结晶,因此说,非物质文化遗产大多没有具体的、单一的创作者,是一代又一代传承人在先人的基础上进行加工和创新而来。以苗族古歌为例,苗族古歌是历代苗族人民在生活过程中总结而来的,并以口头的形式代代相传,其内容比较丰富,既包含有宇宙诞生、人类起源、开天辟地，又有苗族的生产方式和日常生活等，随着苗族人民生活方式的改变，其内容也会发生一定的变化，这种内容的非物质文化遗产是没有具体的创作者的，是经过一代又一代苗族人民的演唱而保留至今。

### (九)口头性

非物质文化遗产往往是由师傅带徒弟的形式进行传授，而师傅通常是靠口传心授，言传身教，来保证传输内容的准确性。我国目前较多的非物质文化遗产都在农村，由于以前农村人民较少懂得识字、书写，为了保证这些非物质文化遗产能够流传下去，则是通过口头的方式进行表述。正是由于非物质文化遗产传承的口头性，导致我国一些地区的非物质文化遗产流失，尤其是少数民族地区，由于以前还没有实行普通话，语言上不通畅，再加上本族内学习物质文化遗产的人员减少，进入而导致其面临濒危的局面。如缂丝技术，缂丝是中国丝绸艺术的精华所在，是中国丝绸业中最传统的一种挑经显纬，极具欣赏性和艺术性，是宋元以来皇家御用制品制造工艺之一，常用来制造帝后服饰，其制造过程极为精细，再加上学习人员减少，因此面临濒危的境地。

## 二、非物质文化遗产的保护模式

非物质文化遗产属于知识形态领域中的精神产品，因此，知识产权制度也可以用来保护非物质文化遗产资源。对于非物质文化遗产的知识产权保护，笔者认为可以采取以下的模式：

### (一)著作权保护模式

非物质文化遗产资源中有许多是古老的民间文学艺术，对于这些民间文学艺术，可以通过著作权制度来加以保护。《保护文学艺术作品的伯尔尼公约》《突尼斯文学艺术产权法》和《多哥版权、民间与邻接权法》都主张给予民间文学艺术以保护。对于非物质文化遗产资源中的一些口头传说和表述，包括作为非物质文化遗产媒介的语言，可以用文字、摄影、电影等方式固定下来，同时赋予它们以著作权保护。我国《中华人民共和国著作权法》对口述作品、表演艺术等都给予了保护。

### (二)商标权保护模式

非物质文化遗产资源的种类很多，单靠著作权制度是无法全面保护非物质文化遗产资源的。鉴于非物质文化遗产资源具有民族性和区域性,不妨考虑利用商标权制度赋予某些具有地方特色的文化遗产以地理标志,通过注明商标或集体商标来进行保护。例如,盐城"藕粉圆子"就可以作为一个地理标志,可以通过商标制度来进行保护。现实中,我国有许多非物质文化遗产资源已经采用了这一保护模式。例如,2008 年 6 月 17 日,国家商标总局核准了中山市注册"菊城"商标的申请①。运用商标模式进行保护,在一定程度上可以充分发掘某些非物质文化遗产的经济价值,通过市场的运作把文化遗产资源转化为经济效益。经济效益的提高又可以促使文化遗产资源的拥有人积极保护非物质文化遗产资源。

## (三)商业秘密保护模式

对于非物质文化遗产资源而言,它包括了传统的手工艺技能。这种手工艺技能往往是一个民族、地区或者家族所独有的,是一代一代传承下来的,而且只传内不传外,具有保密性。如板鸭中的"南京官礼板鸭",它的口味必定与其他板鸭不同,这种不同之处来自工艺的不同。这种与众不同的工艺就是一种商业秘密。当消费者选择"南京官礼板鸭"时,喜欢的就是它的独特口味。如果"南京官礼板鸭"的制作工艺被别人所获悉,那么"南京官礼板鸭"的独特性就不复存在。这些独特手工艺技能具有商业秘密的性质,对它们可以给予商业秘密的保护。固然,一些非物质文化遗产的保护既可以采取商标保护模式,又可以采用专利保护模式。但笔者认为,商业秘密保护模式在某些场合具有自身的优点。采取商业秘密保护模式,只要保密措施到位就可以将独特的工艺永远保密下去,不用担心专利保护模式中最后需要强制公开专利的局限性。

## (四)专利保护模式

如上所述,非物质文化遗产资源中有很多独特的手工艺技能,这些手工艺技能当然也可以采取专利制度进行保护。但笔者认为,由于专利制度的一些局限性,在某些场合,专利保护模式不一定优于商业秘密保护模式。

笔者看来,其实对于非物质文化遗产资源的保护不一定只采取单一的保护模式。在很多时候,双重或多重的保护模式也许更有利于保护非物质文化遗产资源。比如,对"建湖藕粉圆"手工技艺的保护,采取商标加商业秘密或加专利的保护模式未尝不可。

---

①徐赣丽.非物质文化遗产的开发式保护框架[J].广西民族研究,2005(4):173-180.

此外，由于非物质文化遗产传承人在非物质文化遗产的传播与发展中扮演着重要角色，因此要针对非物质文化遗产传承人进行保护。首先，静态保护。静态保护主要是指通过各种保护性措施延续非物质文化遗产传承人的传承生命，以抢救性策略，用现代高科技工具和科学的方法，通过录像、录音、照片拍摄、文字记录等方式，以及声像、图书、网络、信息库、数字化多媒体等手段，对传承人所传承的非物质文化遗产资料进行持续的、完整的、真实的、系统的跟踪记录，在保持其真实面貌的基础上，制作成文件，建立起完整的档案，便于人们广泛使用，从而达到信息共享，起到学习、研究、传承、发展、弘扬的作用。其目的主要包括以下两个方面：1.延续传承人的传承生命。非物质文化遗产的最大特征是以人的个体或群体世代相承的活动而传承，一旦人的个体或群体活动终止，它也就消失。因此，对于非物质文化遗产的抢救性保护与对传承人生命的保护是同步的。2.抢救传承人的文化遗产。传承人掌握并承载着比常人更多、更丰富、更全面、更系统的非物质文化遗产的知识和技艺，他们既是非物质文化遗产"活"的宝库，又是非物质文化遗产代代相传的代表性人物。对传承人传承的非物质文化遗产进行抢救与保护是当前非物质文化遗产保护工作的重点。其次，活态保护模式。芬兰著名学者劳·航柯说："把活生生的民间文学保持在它的某一自然状态使之不发生变化的企图从一开始便注定要失败。可能被滥用或被适当地加以保存和保护的，不是民间文学说唱表演，而是说唱表演的记录……民间文学财产的'第二次生命'的标志是人们想利用它们……也许可以这样说，只有对做成文件的民间文学，即'从民间文学衍生出的作品'，才能够实施有效的保护，而活生生的民间文学，传承人心目中的、在演唱过程中以千变万化的方式表现出来的主题和思想是无法直接保护的。因为它随着个人的社会生活而存在、变化和消亡，而其方式又不能从外界加以控制。"非物质文化遗产保护必须是活态的保护，而活态保护的关键是文化传承的生态环境的保护。因此，保护非物质文化遗产传承人还必须特别注意按照文化生态的要求，让他们能在适宜的文化环境中进行传承。最后，生产性保护模式。非物质文化遗产生产性保护是指在具有生产性质的实践过程中，以保持非遗的真实性、整体性和传承性为核心，以有效传承非物质文化遗产为前提，借助生产、流通、销售等手段，将非物质文化遗产资源转化为文化产品的保护方式。对于非物质文化遗产传承人来说，主要是沿袭传统，保守家法，将过去留下来的文化财富传承下去，这是传承人的根本的义务。然而，一种文化现象如果失去了生命力，就算予以特殊保护，其前景也是可悲的。许多非遗的濒危和灭绝，要么由于其不适应自然和社会文化环境的变化，要么由于其赖以存活的特定的社会文化环境已经巨变乃至消失。客观地看，非物质文化遗产总是在变化发展中传承的。现在我们保护的许多所谓“原生态”项目，其中不少并不是本真意义上的“原生态”，而是我们在今天的历史横断面上认定的“原生态”，因为我们不可能阻止现代生活的改变，也很难保留非物质文化遗产的原生语境。我们应当看到，不是社会文化环境要去适应非物质文化遗产，使其得以传承，而是非物质文化遗产保护要适应不断变化着的社会文化环境而得以传承。对非物质文化遗产来说一成不变的保护只是一种理想，它既不切实际，也不符合文化演化的规律，文化创新才是保护非遗的根本出路。总而言之，对于非物质文化遗产传承人来说，坚守传统是第一位的，同时也可作符合逻辑的渐进式演化的尝试，也可以根据不同情况适当进行生产性开发利用。如果不顾非物质文化遗产的特点，盲目地将非物质文化遗产推向市场，很容易把原生态的非物质文化遗产撕成碎片，势必导致糟蹋其本质，从而有可能加快珍贵文化遗产的消亡速度。近些年，我国许多地方在保护非物质文化遗产时，将其作为旅游资源来开发，如把大量民族民间艺术表演形式开发成旅游项目和产品，确实取得了很好的社会和经济效益。但是由于非物质文化遗产的实际情况非常复杂，只有一部分可以进行生产性保护，因此一定要区别清楚，更不要让非遗项目为了迎合市场而“变味”，陷入“商业化”“产业化”的误区。以民歌为例，许多文化工作者花大力气去寻找民间歌手，记录他们原生态的歌曲和唱腔，结果凡是唱得好的民歌手都进了旅游区，之后几年以后不断异化，这些源自生活的艺术形式最后与实际生活距离越来越远。在保护工作还不够完善时，就将其盲目地推向市场进行开发利用，实际上等于把原生态的非物质文化遗产撕成碎片，这无疑违背了保护的初衷。非物质文化遗产生产性保护一定要坚持正确的方向，在坚持真实性、整体性、传承性的基础上，进行开发利用，积极地推动它走向社会，为当代人服务，为社会做更多的贡献。

## 第三节　非物质文化遗产功能与作用

非物质文化遗产因其内容广泛、形式多样，除具有扩大城市知名度、提升文化审美空间等诸多功能外，还具有不同的作用，具体表现在以下五方面。

### 一、形成旅游资源

文化是旅游资源的重要内涵，是旅游业的依托。非物质文化遗产与旅游业的融合主要体现在两个方面:一方面,利用新的旅游资源,促使形成新的旅游目的地;另一方面,创新旅游商品。无形的非物质文化遗产和有形的物质文化遗产一样既有着重要的历史、艺术和科学价值,对传承民族文化起着至关重要的作用,同时也是珍贵的旅游资源,具有重要的经济价值。如我国的京剧、昆曲、黄梅戏、节庆庙会、少数民族歌舞和习俗等都是重要的旅游吸引物,其丰富的内容有着提升旅游产品档次、形成新的旅游线路和延长游客逗留时间的重要内涵。一些富有地方特色和传统文化内涵的手工艺品(如剪纸、泥塑、雕刻等)则是重要的旅游商品。实践证明,文化遗产保护得越好,其利用价值也就越大,旅游业和其他相关产业才会得到进一步发展,非物质文化遗产与旅游业的融合发展,不仅有利于提高非物质文化遗产传承人的社会地位,提高非物质文化遗产的国内和国际知名度,而且有利于给当地老百姓带来新的就业机会,增加社区的收入,提高地方的整体经济水平。由于非物质文化遗产独特的地域性,促使其形成的旅游资源也具有一定的地域特色,与其他区域的旅游资源具有较大的差异,从而避免了同质化的竞争,对推动旅游目的地发展具有非常重要的意义。一旦传统文化因过度开发或保护不力而丧失殆尽,旅游业和其他相关产业的发展便成了无源之水,无本之木。因此,保护和利用好非物质文化遗产,对发展我国的旅游业起着举足轻重的作用。

## 二、加强保护意识

我国是四大文明古国之一,不仅历史悠久,而且民族文化丰厚,非物质文化遗产类型也较多,然而由于以前非物质文化遗产没有得到足够的重视,部分非物质文化遗产已经濒临消失。自提出非物质文化遗产这一概念以来,其受到社会和学界的关注,越来越多的人开始重视对非物质文化遗产的保护与开发。非物质文化遗产的利益相关者也开始通过各种渠道加强对其保护。传承人由于与非物质文化遗产在情感上的紧密联系,对非物质文化遗产的内容和表现方式较为了解,因此注重对其传承与保护。非物质文化遗产是旅游开发的重要内容,旅游者对民族歌舞的欣赏、赞叹,唤起了当地人对自己民族文化的自豪感,唤醒了当地居民保护与传承民族歌舞这种非物质文化遗产的自觉意识。旅游可以为当地的居民带来可观的收入,而经济收入也将会带动当地居民对非物质文化遗产的重视和保护,因而在一定程度上可以说旅游为非物质文化的保护培养了群众基础。丽江旅游业的发展,就使当地居民进一步意识到“以民族文化为内核的旅游业需要绚丽多彩的民族文化”“纳西人要走向世界,是以一个纳西人的形象,而不是西装革履、旗袍短裙”的形象展现,这种形式加强了当地少数民族对自身文化的认识、保护与传播。另外,由于非物质文化遗产独特的文化内涵,其不仅能给当地社区带来经济利益,更能提高社区在社会上的关注度,因此社区也开始注重对其保护。站在国家层面,非物质文化遗产是国家历史文化的重要组成部分,其保护与传承,有利于国家历史的传承,使人们对自己国家的过去有一定的了解,因此也受到国家层面的重视。

## 三、促进文化传承

非物质文化遗产是一种活态传承的文化。因此,除了通过记录、复制等出版手段将非物质文化遗产物质形态化以外,更重要的是通过教育、传承手段使之在群体、区域或社会中得到现实的延续和传承,如《保护非物质文化遗产公约》中提到的“向公众,尤其向青年进行宣传和传播信息的教育计划”“有关群体和团体的具体的教育和培训计划”和“非正规的知识传播手段”等。

非物质文化遗产中蕴藏着丰富的文化内容和文化知识,承载着广大民众生活制度和行为规范的内涵,是民族价值观和民族精神的反映,是中国传统文化教育内容的宝库。就传统节日文化遗产而言,作为一种精神文明,如饮食文化、服饰文化、民间艺术、节日仪式、伦理教化等,在文化体系经受外来文化冲击和挑战的历史时期,能增进人际关系,增进文化认同,有利于增强民族自尊心、民族自信心和民族凝聚力。随着社会各界对非物质文化遗产的日益关注,其保护也成为社会的热点话题,如何通过法律手段保护非物质文化遗产,并使之能够一代又一代继续传承下去已成为各个部门思考的问题。同时,随着非物质文化遗产在国内越来越受重视,传承人的地位也日益提高,现在年轻一代中越来越多的当地人和外来人愿意参加到非物质文化遗产的学习队伍中,这对于非物质文化遗产的传承具有重大的意义与作用。尤其是一些国家级的非物质文化遗产,能够在国家甚至国际舞台上得到宣传,会吸引一定的资金用于其保护与传承上,这对于非物质文化遗产的保护具有重要意义,传承人可以利用这些资金把自己所了解到的关于非遗的知识编写成书,使其更好地保存,避免因为口头表达而引起的传达错误和遗漏。

## 四、提高育人功能

充分挖掘非物质文化遗产的良好育人因素,可以培养正确的人生观,树立远大理想。结合《保护非物质文化遗产公约》中"非物质文化遗产"的含义，本书作者认为，非物质文化遗产的表现形式多种多样，构成不可拆解的文化综合体。以我国的古琴艺术为例，作为非物质文化遗产的价值不只在于古琴这种乐器本身，也不限于古琴曲目和弹奏技术，更重要的在于以古琴为聚合点而构建的传统美学特质及哲学意味，并且这种美学特质和哲学意味贯穿于中华雅文化的发展当中。比如由于钟子期和俞伯牙高山流水的故事是以古琴为依托的，所以不仅深邃感人，而且历久弥新。可以说，知音意识和获得知音的愉悦成为雅士阶层不可分割的一种人生内容，于是音乐境界与生命境界、乐品与诗品之间互相沟通，遵循"大音希声"的哲学原理①。古琴艺术又将儒家的中正平和、道家的清静淡远融汇于乐曲之中，每一项真正符合标准的非物质文化遗产都不可能以一个物质符号(比如古琴乐器本身)而独立存在。显然，学习非物质文化遗产发展史，可以增强民族自豪感和自信心，激发爱国主义情怀，树立报效国家的宏伟志向，为形成正确的人生观提供了良好的保证。另外，在我国民谣文化遗产中，其内容比较广泛，既涉及古代传说又有描述人们日常生活的画面，其内容一般比较朴实，通过比较质朴的语言表达出人们对于美好生活的向往与热爱，这些对于提高年轻一代的生活幸福指数具有重要意义，而且有利于提高学生的情商和为人处世的能力。

## 五、促建和谐社会

非物质文化遗产是文化表现形式和文化空间的再现，是民间传统文化的历史聚合体，是民族精神的文化内涵，具有文化的继承性和民族性。民族精神是以爱国主义为核心的，尽管不同历史时期的爱国主义的表现形式和要求不同，但是爱国主义却成为传统文化在继承、发展中永恒的主题。非物质文化遗产是爱国主义精神的载体，它以多元化的表现形式将不同历史时期的爱国主义凝聚起来、积淀下来，从而构成了和谐文化的基础，并且对和谐社会文化层面的建设具有重要的现实意义。

我国的很多非物质文化遗产都蕴含着深厚的爱国主义情感痕迹和象征。这些痕迹和象征承载着厚重的历史，记录了各族人民的荣辱兴衰，也记录了众多历史人物的爱国情怀和忧患意识。比如，"端午节"时人们吃粽子、赛龙舟、挂香袋的习俗，既是为了祭奠忧国忧民的伟大诗人屈原，也是对其"路漫漫其修远兮，吾将上下而

①张博.非物质文化遗产的文化空间保护[J].青海社会科学，2007(1):33-36.

求索”的爱国情怀的缅怀。正是这些历代文人志士以“天下兴亡,匹夫有责”的豪情壮志,以“先天下之忧而忧,后天下之乐而乐”的伟大胸襟,谱写了永恒的爱国诗篇。诸多的文化形式和文化空间凝聚了中华民族几千年来积淀下来的爱国主义精神,对于现今的精神文明建设无疑是一笔巨大的无形财富,也是建设和谐文化的重要思想基础。

## 六、加深对历史的了解

与物质类文化遗产一样,非物质文化遗产也同样具有重要的历史认识价值。所不同的是,物质类文化遗产是以物化的固态的方式来展现其历史认识价值,而非物质文化遗产主要是通过活态传承的方式来实现其历史认识价值和意义。可以说,任何一种传统文化事项都具有历史认识价值,都会从不同的角度给人类以启迪。我国各族人民在长期生产生活实践中创造的丰富多彩的非物质文化遗产,是中华民族智慧与文明的结晶,是联结民族情感的纽带和维系国家统一的基础。保护和利用好我国非物质文化遗产,对实现经济社会的全面、协调、可持续发展具有重要意义。我国非物质文化遗产内容丰富,涵盖的种类也比较多,这些非物质文化遗产会从不同角度向我们讲述中国的历史,如通过对我国传统节庆活动——中秋节、元宵节、春节等的了解,可以进一步探究古代人民的生活方式,了解我国古代人民的生活日常,借古思今,通过对当今和过去的生活方式的对比,让人们更加明白当今幸福生活来之不易。

## 七、保护文化多样性的需要

正如《保护和促进文化表现形式多样性公约》所说,文化“多样性创造了一个多姿多彩的世界,它使人类有了更多的选择,得以提高自己的能力和形成价值观,并因此成为各社区、各民族和各国可持续发展的一般主要推动力,以及在民主、宽容、社会公正、各民族和各文化间相互尊重的环境中繁荣发展起来的文化多样性对于地方、国家和国际层面的和平与安全是不可或缺的”。人类非物质文化遗产本身就是文化多样性的表现与体现,一定程度上说,保护非物质文化遗产也就是保护人类文化的多样性,通过对世界各地、各民族非物质文化遗产的保护,可以使后人见到不同地区在民谣、工艺等方面的差异,从而实现文化的多样性。

## 八、促进国际的合作与交流

联合国教科文组织《伊斯坦布尔宣言》认为，文化作为多种表现形式，从主要方面体现了各民族和社会的文化特性，不仅是一个国家和民族历史成就的标志，也是许多民族群体社区的基本识别标志，另一方面文化又具有普遍性，它是不同文明之间增进沟通交流的重要途径。同时，非物质文化遗产对于人类社会应对各种现代化危机具有一定的意义。全球化和现代化给我们的世界带来巨大变化，同时也带来了许多问题和危机，不断加剧的贫困、日渐扩大的收入差距等，这些危机和问题遍布人类社会生活的方方面面，非物质文化遗产作为一种文化手段，在文化传承和创新的同时，努力寻找和利用其所蕴含的智慧以及资源，来解决经济全球化所不能解决的人类和谐生存可持续发展的问题。

# 第二章
# 盐城非物质文化遗产的类型及开发价值

## 第一节 盐城非物质文化遗产的类型

### 一、盐城非物质文化遗产分类

2011 年 6 月 1 日正式施行的《中华人民共和国非物质文化遗产法》所指非物质文化遗产，是指各族人民世代相传并视为其文化遗产组成部分的各种传统文化表现形式，以及与传统文化表现形式相关的实物和场所。包括：传统口头文学以及作为其载体的语言；传统美术、书法、音乐、舞蹈、戏剧、曲艺和杂技；传统技艺、医药和历法；传统礼仪、节庆等民俗；传统体育和游艺；其他非物质文化遗产。笔者将盐城市市级以上 160 余项非物质文化遗产大致分为如下十类，见表 2-1 所列。

表 2-1 盐城主要非物质文化遗产

| 名称 | 主要内容 | | |
|---|---|---|---|
| | 国家级(5 项) | 省级(29 项) | 市级(129 项) |
| 民间文学(20 项) | 董永传说 | 沈拱山传说、施耐庵与《水浒》传说等(5 项) | 枯枝牡丹传说、马良传说等(14 项) |
| 传统技艺(66 项) | | 八桅立式大风车制作技艺、建湖花炮制作技艺等 (10 项) | 藕粉圆制作技艺、大纵湖醉蟹等(56 项) |
| 传统美术(29 项) | 发绣(东台发绣)、瓷刻(大丰瓷刻) | 盐城老虎鞋、麦秆剪贴(大丰麦秆剪贴)等 (7 项) | 剪纸、时堰木雕等(20 项) |

续表

| 名称 | 主要内容 | | |
| --- | --- | --- | --- |
| | 国家级(5项) | 省级(29项) | 市级(129项) |
| 传统体育、游艺与杂技(6项) | 建湖杂技 | 建湖“十八团”杂技 | 许河杂技、抖空竹等(4项) |
| 传统舞蹈(13项) | | | 义丰龙舞、九狮图等(13项) |
| 传统戏剧(5项) | 淮剧 | 淮剧 | 南派淮海戏、淮剧(建湖淮剧)扩展等(3项) |
| 传统医药(11项) | | 膏药制作技艺扩展(吴氏膏药) | 梅氏骨科、戚氏膏药等(10项) |
| 传统音乐(5项) | | 渔民号子(弶港渔民号子)扩展、民歌(牛歌)扩展等(3项) | 江淮口哨、渔鼓道情等(2项) |
| 民俗(3项) | | | 打春牛、时堰庙会等(3项) |
| 曲艺(5项) | | 工鼓锣扩展 | 建湖方言、射阳评书等(4项) |

根据以上分类,盐城地区非物质文化遗产的分布情况可以适用以下图示:

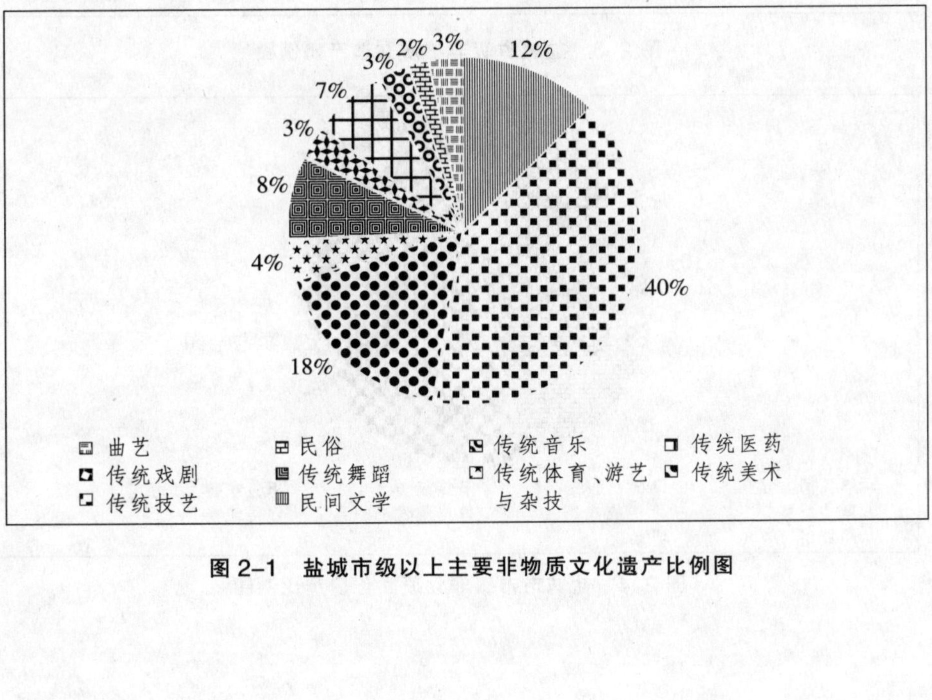


图 2-1 盐城市级以上主要非物质文化遗产比例图

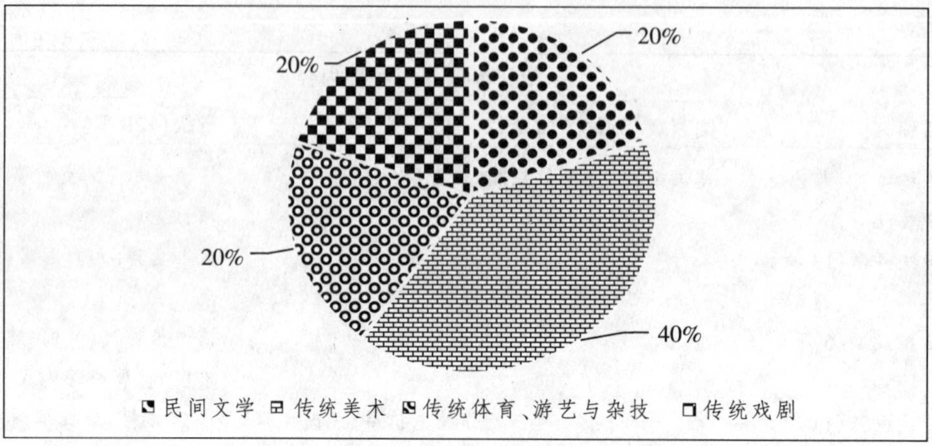


图 2-2　盐城国家级非物质文化遗产比例图

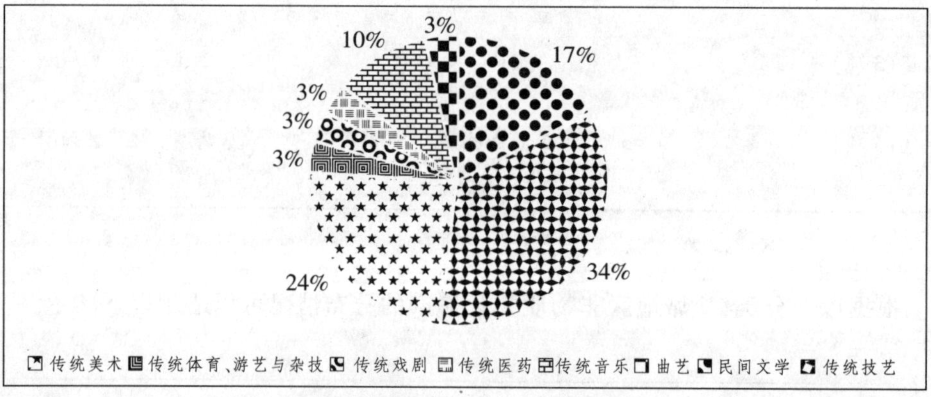


图 2-3　盐城省级非物质文遗产比例图

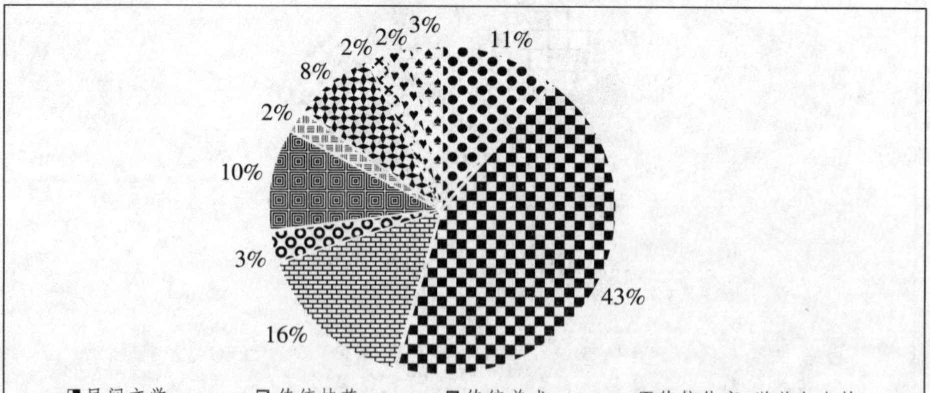


图 2-4　盐城市市级非物质文化遗产比例图

## 二、盐城国家级非物质文化遗产简介

### (一)董永传说

#### 1.内容概要①

董永传说是中国古代第五大爱情传奇,第五大民间传说。最早载于西汉刘向的《孝子传(图)》。此后三国曹植的《灵芝篇》和东晋干宝的《搜神记》也都有相关记载。干宝的记载因主题突出(行孝)、情节完整("鹿车载父""卖身葬父"与天女适嫁"助君偿债")而在盐城农村地区广泛流传,盐城东台市有董家舍,南宋《方舆胜览》即记载这里为"孝子董永故居"等,其成为两千多年来故事嬗变和文学移植的母本,对后世影响深远。2006 年董永传说被国务院列入第一批国家级非物质文化遗产名录。由于董永与七仙女的故事是一则既有教化作用又有爱情色彩的民间传说,其教化内容同中国民众长治久安的大众心理需求相适应,爱情故事又契

图 2–5　董永七仙女农乐图

①摘于中国非物质文化遗产网站,网址:http://www.ihchina.cn/main.jsp.

合了民众追求婚姻幸福的内在感情，所以它的神奇幻想同人间现实巧妙融合的艺术特色深受民众喜爱。该传说在长期口耳相传的过程中，因地、因时、因人而异，不断演变，在发展流变过程中具有了向爱情故事演变的趋势，但主题和“母体”并没有大的变化。董永传说在两千多年的漫长流传过程中，不断与各地的民众生活相结合。由于民众情感的渗透和口碑的附会，产生了富有地方特色的传说，留下相沿而成的风俗及与董永身世有关的文物、碑碣、村落、地名等遗迹。20世纪以来的一百多年间，董永故事一直成为拥有广大受众的俗文学(如说唱、戏曲)以及后起的影视文学创作追逐的题材，出现了淮剧电影《天仙配》等影响广远的作品。

#### 2.开发作用

“董永传说”起源于江苏东台，但在两千多年的漫长流传过程中，不断与各地的民众生活相结合。董永传说蕴含的内容对研究我国各个历史时期社会、经济、政治、文化，特别是文学艺术等方面的研究都有一定的价值。董永传说的教化功能对当今建设社会主义精神文明具有一定的现实意义。

### (二)淮剧

#### 1.内容概要[①]

淮剧，别名江淮戏、盐城戏、江北小戏等。淮剧的声腔属古傩腔，唱腔属板腔体。江苏是淮剧的起源地和初生成长之地，上海是淮剧成熟和发展创新之地。

淮剧，酝酿于盐城境内古时民间的原始歌舞图腾，是古“傩”遗响，源于香火戏，相继经历了门叹词、盐淮小戏、“徽夹可”和“皮夹可”等艺术成长时期。

淮剧在中华人民共和国成立后，得到了很大的发展。1950年11月，著名淮剧演员马麟童首先在戏单上打出标准的“淮剧”字样。由此，“江北戏”“江淮戏”等各种不同称呼逐步向“淮剧”统一。1952年10月，上海市人民淮剧团出席全国第一届戏曲观摩演出大会，“淮剧”其名被正式载入国家级文件档案。1953年，经由周恩来提议，国家将这个剧种正式命名为淮剧。同年，盐城专区实验淮剧团1956年改称江苏省淮剧团成立后，曾集中了一批著名演员和琴师，许多专事于编剧、作曲、导演、美术的新文艺工作者也加入了淮剧行列。此后，剧本制逐渐代替幕表戏，导演制逐

---

① 丁和根.淮剧的发生及其文化背景——淮剧文化考察之一[J].艺术百家，1997(2)：56.

图 2-6 盐城淮剧《太阳花》剧照图

渐代替说戏制，淮剧成为有一定艺术水准的地方戏曲。

淮剧是“生、旦、净、末、丑”角色行当完备的艺术体系，同时也是“唱、念、做、打、舞”表演技艺和“手、眼、身、法、步”戏曲舞台程式完备的地方大戏。

淮剧是盐城、上海两地戏曲工作者共同抚育的一株并蒂双生的花朵，是盐城人民群众须臾不可或缺的民族传统戏曲项目。2008 年 6 月，上海淮剧团、江苏省盐城市申报的淮剧，经国务院批准列入第二批国家级非物质文化遗产名录。 2011 年 5 月，江苏省淮安市、泰州市联合申报的淮剧，经国务院批准被扩展入第三批国家级非物质文化遗产名录。2015 年 1 月，扬州市宝应县经江苏省政府批准入选江苏省第四批非物质文化遗产名录。

## 2.开发作用

笔者认为，应当加强对淮剧资料的发掘、研究，加大对淮剧开发的投入，加快淮剧旅游的产品化，以适应时代的需要。淮剧中大量的民间习俗、风物传说和人物故事，可以帮助旅游者充实历史、地理、文化、生活等各方面的知识。旅游者通过参与淮剧活动，既可考察盐城的文化和生活方式，了解盐城的历史，也可扩大旅游者的视野，丰富其文化生活，增加旅游的兴趣与愉悦感，实现审美与自我完善的旅游目的。

## (三)建湖杂技

### 1.内容概要[①]

江苏省盐城市建湖县庆丰镇所属的十八个村庄,统称为“十八团”。这里的杂技艺术源远流长。它和河北吴桥、山东聊城齐名为我国杂技艺术三大发祥地,其以具有独特的民族风格和精湛的艺术技巧而享誉中外。现在的江苏省杂技团、盐城市杂技团均源于“建湖十八团”。

中国杂技有南、北两派之说,建湖的杂技具有南派的特点。十八团的沃土培育了大批出类拔萃、堪与世界同行媲美的杂技人才。新一代杂技艺人继承和发扬了十八团的传统技艺,在“百花齐放、百家争鸣”“古为今用”以及“洋为中用”的方针指导下,博采体操、戏剧艺术和国内外同行之精华,对传统剧目进行了整理,积极改革、锐意创新,使杂技事业出现了崭新的局面,成为当今杂技的中坚。他们不仅在国内很有名气,曾多次参加省、华东地区及全国的杂技比赛,均获奖励;而且经常出国访

图 2-7 建湖杂技在加拿大演出

① 摘于建湖文化网,网址:http://www.jhwh.gov.cn/.

问,使中国传统的杂技艺术冲出亚洲,跻身于世界艺术之林,丰富了世界艺术宝库,给人以其他艺术形式所不能代替的、独特的艺术享受。

“建湖十八团”继承了民族杂技的优良传统,吸取了现代舞蹈、艺术体操等艺术门类的精华,形成了独特的南派杂技风格,以精湛的艺术技巧,排练出一批批新颖高雅的杂技节目。近年来,“建湖十八团”先后多次赴日本、加拿大、斯里兰卡、孟加拉国、波兰、新加坡等国家访问演出或参加国际杂技艺术交流活动。

建湖杂技在其长期发展过程中逐步形成了独特的艺术风格。首先,在节目的类型上,建湖杂技以技巧型、柔韧型节目为主。这类节目最适合在舞台上演出,其内容也源于江淮人民的生活,只是经过了一番艺术的加工与提炼罢了。如《走索》《串芦席》《抛球》《蹬技》《手技》《钻桶》《耍花坛》等,无一不是从生产、生活中提炼而来。以《顶碗》为例,《顶碗》起初只是对俏皮青年茶余饭后将碗顶在头上作耍的简单模仿,现今已从一人顶发展为双人顶,再发展为多人顶与多人叠罗汉顶;碗也从一只发展为一叠;不只是在头上顶,而是脚、手、口(通过器械)都能顶了。这类节目因为源于生活,贴近生活,又需要高难的技巧,令人叹为观止。其次,在节目的表演上,讲究细腻柔美,力求把高、准、险的杂技动作糅进轻松快捷的表演之中,让观众从演员的表演上体味生活的情趣。例如,《转碟》原是简单的转盘子表演,经过不断创新,加进了转身、下腰、踢腿等优美的肢体语言和叠罗汉的惊险造型,便成了十分叫好的节目。最后,在综合艺术上,注重音、舞、光、技的完美结合,努力打造高、新、美的艺术境界。杂技艺术发展到今天,原生态的硬功、气功和各种肢体技巧已经远远不能满足广大观众的观赏需求。盐城市杂技团在向广州、上海、武汉等兄弟团体学习、不断创新节目的过程中,十分重视服装、道具的设计与运用,注意把音、舞、光、技巧妙结合起来,以提高杂技节目的艺术性、观赏性。2008 年,建湖杂技入选中国第二批国家级非物质文化遗产名录。

### 2.开发作用

建湖杂技历史悠久,源于草根文化,有突出的盐城地方特色。通过开发,其一定能以个性魅力吸引旅游者。笔者认为,对于盐城旅游而言,将建湖杂技文化注入盐城旅游中,创建“建湖杂技”品牌,弘扬杂技文化。杂技文化可以作为一种具有鲜明盐城地区特点的观赏项目,让所有来盐城的游客,体会到建湖杂技这个盐城“草根”的快乐,品味到富有浓郁盐城乡土气息的杂技文化,使杂技艺术成为盐城独具特色的文化品牌,而且也可带来良好的经济效益和社会效益。

## (四)发绣(东台发绣)

### 1.内容概要①

东台发绣亦称“墨绣”,是用妙龄少女的秀发绣成的传统工艺美术品,流布于盐城东台市,距今已有千年历史,系第五批国家级非物质文化遗产代表性名录之传统美术类拓展项目。

今东台市东台镇为唐代海陵西溪镇,系全国最大的盐场之一,盐业发达,佛教兴盛。时兴信女以己之青丝在绸绢上绣上观音、如来像,以表达侍佛之虔诚,是为发绣工艺之肇端。清末,发绣工艺渐趋式微。20世纪70年代初,东台县工艺品总厂邀请苏州刺绣名家顾文霞等指导东台绣娘试制第一幅发绣《秋风纨扇图》获得成功,使发绣这一古老民间绝艺得以再现。

发绣与其他刺绣工艺品相比,用料独具,不腐、不蛀、不褪色,其风格古朴典雅、苍润秀丽。工艺涉及书、画、印、绣、刻等诸多领域,集中体现了我国传统美术深厚的美学内涵,并具有鲜明的地域文化特色和价值。经过不断传承、创新,东台发绣已由原来的“单色墨绣”发展到“润色绣”“双面绣”“双面异色绣”,以及发绣长卷、胎毛绣、微发绣等品种。为了丰富发绣作品的表现力,绣娘在继承传统针法的基础上,拓展了滚、旋、缠、套等多种针法,视不同作品灵活运用,使作品的浓淡、干湿、远近、深浅饶有笔意。

东台发绣作品题材丰富,精品迭出。代表作发绣长卷《姑苏繁华图》,高39厘米,长1241厘米,上绣人物1.2万余个,屋舍2140余栋,桥梁50余座,船只、竹筏400余只,商号招牌200余块,“细若蚊睫,侔于鬼工”,堪称中华传统文化艺术一绝。

### 2.开发作用

产品是品牌的市场,在刺绣市场上,遍布大街小巷的刺绣产品同质化现象非常严重,不是样式相同就是画面相同,家家都在生产相同的“发绣”产品。如何建立自己的品牌,目前就发绣从业人员的整体状况看,单纯靠自己的力量还难以做到,这就需要政府部门进行有效的引导和积极的扶持。东台市在文化产业的建设方面已

---

①摘于江苏非物质文化遗产网,网址:http://www.jsfybh.com/#/homePage.

经取得了不少的成就和宝贵的经验，如何能够在传统工艺美术产业发展上取得突破，则需要专门的部门和人员来进行具体的工作，因此建议相关职能部门附设一个“发绣文化促进会”，以政府引导的方式，整合各方资源，借助来自高校、企业和民间的人力和物力，有效地推动东台发绣产业的发展。

### (五)瓷刻(大丰瓷刻)

#### 1.内容概要①

大丰瓷刻是独特的地方性传统美术项目，其主要分布区域为江苏省盐城市的大丰区全境，至今已有一百余年的历史，系第五批国家级非物质文化遗产代表性项目名录之传统美术类项目。

在大丰的小海、南团、西团等地，自古就有每逢百姓家庭举办红白大事，向邻居或亲友借碗、盅的习俗。为区别碗、盅所属，各家在其碗、盅底部凿刻姓氏或特殊记号以便于归还。其后发展到有人在碗盅壁面凿刻花草、动物以及人像，自此大丰瓷刻得以萌生、流传。清末，状元张謇来此“废灶兴垦”，由此孕育的盐垦文明和集镇文化，进一步推动和兴盛了大丰瓷刻技艺的发展，并随着代际相续传承至今。

大丰瓷刻是以瓷件为载体，以钢凿、铁锤为主要工具，充分利用瓷件本身特有的质地和凿刻后产生的崩瓷效果，注重点线面结合、多层次刻画，将作品的物象肌理生动再现于瓷件表面的一门集版画、国画、油画、书法、篆刻等艺术于一体的综合美术技艺。作品既有洒脱的书画笔墨之韵，又有浓烈的金石雕刻之趣。一件精美的瓷刻艺术作品极为难得，在制作过程中，稍有不慎，整件作品会因崩裂而前功尽弃。其工艺流程由设计、渡稿、雕刻(分阴刻与阳刻)、赋色、整理和装饰等环节组成。

项目传承人除传承传统的技法外，还通过创新探索，研究出更具科学性的新技法，开发出更高品质的系列产品，以拓展市场，扩大就业，从而使大丰瓷刻成为当地推动乡村振兴、带动百姓致富的优质传统文化品牌项目。

#### 2.开发作用

大丰瓷刻是我国瓷刻艺术中的重要组成部分，随着社会及科学技术的不断进步，在重视大丰瓷刻艺术发展的同时，要结合新时代发展的特点，将新时代的工艺技

① 摘于江苏非物质文化遗产网，网址：http://www.jsfybh.com/#/homePage.

术与审美观念同大丰瓷刻技艺相结合，从而促进大丰瓷刻艺术在新时代的发展，促使大丰瓷刻传统技法得到相应的传承与创新，使传统文化艺术在新时代仍然能够彰显其鲜活的生命力。从大丰瓷刻艺术的角度出发，大丰瓷刻艺术的传统技艺精湛，传统文化内涵深厚，笔者认为在新时代将大丰瓷刻艺术同现代时尚相交融，以促进大丰瓷刻艺术的传承与发展，使大丰瓷刻艺术保持其鲜活的生命力及艺术性。

## 第二节　盐城非物质文化遗产的特点

盐城地区的非物质文化遗产除了具备一般非物质文化遗产的综合性、活态性、集体性、变异性、传承性、口头性等特征外，还具有以下特点：

### 一、重点突出，资源级别高

根据《盐城市级以上主要非物质文化遗产分类比例图》(图 2-1)，可以清晰看出盐城非物质文化遗产以传统技艺类和传统美术为主，所占比例分别为 40%和 18%。但在盐城非物质文化遗产中，董永传说、盐城淮剧、建湖杂技、发绣(东台发绣)和瓷刻(大丰瓷刻)，因其独特的魅力和艺术价值成为国家级非物质文化遗产，其中董永传说更是在 2019 年 11 月入选国家级非物质文化遗产代表性项目保护单位名单，受到来自国内外各界的关注；沈拱山传说、施耐庵与《水浒》传说、盐城老虎鞋、东台发绣、大丰麦秆剪贴、海盐晒制技艺、八桅立式大风车制作技艺、东台陈皮酒酿造技艺等 29 项成为江苏省级非物质文化遗产，其中施耐庵与《水浒》传说由于具有众多的影视和文学爱好者作为基础，其在全国范围内具有广泛的知名度。盐城 163 项市级以上主要非物质文化遗产，列入国家级和省级的项目总计 34 项，占 20.86%，这充分说明盐城非物质文化遗产级别很高。

### 二、单体数量多，流传范围广

盐城所辖 9 个县(市、区)现已公布的各类非物质文化遗产共计 163 项，其中有民间音乐类、民间文学类、传统戏剧类、民间舞蹈类、曲艺类、杂技与竞技类、传统手工技艺类等多种类别，可谓种类齐全、覆盖面广。从地域来看，盐城所辖的各个县、区都有流传，并且呈现出相对集中的特征。此特征说明，在盐城进行旅游资源利用过程中,可以充分利用非物质文化遗产的优势,结合盐城的地域特征,开发适合市场需求的旅游产品,从而实现盐城非物质文化遗产的全面利用和保护的目标。

## 三、"文学类"显著,无形性突出

盐城非物质文化民间文学类显著,其资源分属于国家级、省级以及市县级,其无形性强调的是一种知识、过程、技艺、思想、观念。在市级以上非物质文化遗产资源中,民间文学类有董永传说、沈拱山传说、施耐庵与《水浒》传说和枯枝牡丹传说等,这些内容是不能直接描述为某种具体的物质形态的东西,但是这些却是形成某种具体物质形态的东西的前提条件,或者说是指导创造某种物质的思想和知识离开了这些无形的内容,是不能创造出具体的物质形态的东西,换而言之,这些传说是文化演绎形式的核心。并且从文化传承的角度来看,一旦拥有了这无形的知识、观念后,在不同的历史时期,人们都可以按照相应的要求,再创造出具体的物质形态的文化。因此,保护盐城非物质文化就是要保护这种作为文化创造之源的无形知识和观念。当然,需要说明的是,盐城非物质文化遗产的无形性,只是一种相对于物质文化而言的,并不是一种与物质文化决然对立的形态,即使是各种无形的东西,往往还是要借助于一定的物的形态来表现出来,才能够为人们所认识。

## 四、原真性保护较为完好

盐城地处苏北平原中部,经济发展较南方城市相对落后,现代化速度相对较慢。正是因为这样,相对于旅游发展较好的地方,较少有旅游者到当地进行旅游活动,当地的非物质文化遗产较少受到外来文化的冲击而得到很好的保护,许多遗产还鲜活地存在于盐阜人民的日常生活当中,遗产赖以生存的文化空间得到完整的保护。另外,盐城自然环境良好,生态条件优越,盐阜地区民风淳朴,人们的生活习惯依然在一定程度上延续以前的生活方式,非物质文化遗产有着广泛的民众基础。这一特点说明,盐城非物质文化遗产的旅游利用有着良好的物质基础和社会环境。笔者认为盐城应当利用这一优势,抓住机遇,尽快制订旅游利用方案,加大投资开发力度,使这一宝贵的资源转化为新的经济增长点。

## 第三节　盐城非物质文化遗产旅游开发价值

盐城非物质文化遗产具有多方面的重要价值，它们不是单一、静止的，而是多样、动态、系统的，构成了一个多维、立体的价值体系。盐城非物质文化遗产能够作为旅游资源，其主要的旅游开发价值如下文所述。

### 一、审美愉悦价值

发展旅游业，资源是基础，吸引力是关键。有吸引力的旅游资源应具备的特点是：独特性、艺术性、民族性和区位性。毋庸置疑，非物质文化遗产是吸引游客的重要元素，地域特色越明显、民族风情越浓郁，越会受到旅游者的欢迎和追捧。非物质文化遗产是旅游目的地可持续发展的财富和动力，是其参与未来竞争的金字名片，有助于丰富盐城市地方旅游形象的内涵。当今社会是一个快速发展的社会，讲究品牌和形象战略，非物质文化遗产孕育扎根于盐城特定的地域，成为区域旅游文化形象的重要元素和支撑。盐城市在塑造树立自己的旅游形象，进行旅游策划、旅游宣传和促销活动时，若能够将本区域独具魅力的非物质文化遗产的相关因素有效融合，定能够收到意想不到的效果。

非物质文化遗产保存完好、特色鲜明，是进行旅游开发和利用的基础和前提。盐城市非物质文化遗产中的民间舞蹈形式、各类手工技艺以及淮剧和各式民间音乐中的服饰搭配等，都是盐城人民劳动和智慧的结晶，它们展示了盐城地方社会的生活风貌，彰显了盐阜人民的艺术创造力和审美情趣，蕴含着浓厚的地方风格和鲜明特色，是盐城市旅游资源不可或缺的组成部分。笔者认为，将非物质文化遗产融入盐城有形的特色旅游资源中，可以进一步提升旅游者的审美情趣。

### 二、文化艺术价值

经济是血肉，文化是灵魂。无形的非物质文化遗产和有形的物质文化遗产一样，有着重要的历史、艺术和科学价值，对民族文化起着至关重要的作用。非物质文化遗产承载着民族的文化基因，体现特定地域内人们适应自然、乐观生活的智慧与独特的审美情趣。通过对非物质文化遗产的欣赏和理解，可以最大限度地领略盐城地方民间文化精华，把握地方文脉，深入体验地方文化。同时，非物质文化遗产作为地方传统文化的重要组成部分，可以满足旅游者“求异”“体验文化”的需求，因而是非常宝贵的旅游资源。

非物质文化的艺术价值是多方面的，体现着劳动人民在生活中升华出的勇于战胜各种困难的乐观精神。如盐城淮剧所呈现的大都体现文化艺术价值，在《祥林嫂》一剧中，祥林嫂是一个富有复杂性格的人物。她的一生是对中国吃人的封建社会的血泪控诉。淮剧青年表演艺术家、“梅花奖”得主陈澄凭借着扎实的舞台表演功底，成功塑造和演绎了祥林嫂悲苦的人生。淮剧把生活的内蕴融入妙趣横生的戏剧场面，使观众在开怀大笑中得到生活的启迪。演员一招一式、一嗔一笑都会引起观众较强烈的反响。淮剧来自盐阜地区，体现着人们在日常行为上、口头上、心理上的百姓习尚，散发出悠悠的俚俗味。笔者认为，盐城应利用淮剧打造盐城的文化名片，让所有来到盐城的人，游盐城景点，看盐城淮剧，品盐城非物质文化。

## 三、历史文化价值

非物质文化遗产凝结着一个民族和地域的历史记忆、共同情感和经验智慧，是民族精神家园的重要源泉，以其为典型代表的中国优秀传统文化，是中华民族共同的精神家园，是我们的根与魂。特色鲜明的非物质文化遗产是重要的旅游吸引物，将其引入旅游开发中，使非物质文化遗产得到更多观众的欣赏和了解，更加贴近生活、贴近民众，为人们认识非物质文化遗产的价值提供最直接、最有效的途径，进而提高民众对非物质文化遗产背后所蕴含的历史文化的关注，促使非物质文化遗产得到丰富和发扬。非物质文化遗产大多历史悠久，是以前各时代流传下来的历史财富。盐城市非物质文化遗产中的民间文学类，如董永传说、枯枝牡丹传说，以及水城放灯节等民俗活动，盐城划龙舟、轧神仙等杂技和竞技比赛，对旅游者具有相当大的吸引力。旅游者也可以在旅游中动态地了解盐城文化、认识盐城历史，更好地了解盐城市独具特色的非物质文化。

## 四、科考教育价值

非物质文化遗产作为历史的产物，是后人获取科技信息的源泉。随着非物质文化遗产保护运动和旅游在全国的兴起，全国各地的教育机构进行了非遗进校园、进教室、进教材的实践和探索，并取得了一批重要的成果。中小学探索了校本课程，职业院校则由国家设立了教育试点,高等学校也进行了有益的初步的探索。盐城市的非物质文化遗产,如民间文学、舞蹈曲艺、竞技杂技以及建湖九龙口等文化空间,都为盐城地方史、专门史、社会史、经济史、文化史等的研究提供了完整详细的资料,这对于认识盐城社会发展变迁具有重要的参考价值。同时,这些非物质文化遗产中包含的历史知识、科学知识和艺术精品,也是进行教育的重要来源,可以对旅游者起到良好的教育作用。

## 五、经济社会价值

非物质文化遗产凭借其独特性、不可再生性、唯一性而更显珍贵,更受旅游者的欢迎,并能带来巨大的旅游效应和经济效益,蕴涵着巨大的经济价值[①]。在盐城市的非物质文化遗产中,一些传统的手工技艺,如盐城老虎鞋、东台发绣、大丰麦秆剪贴、东台陈皮酒、建湖藕粉圆等,对其进行设计包装,开发成为旅游商品,能够对盐城当地产生巨大的经济效益。传统的音乐、舞蹈、曲艺等是对盐城民间艺术真实的重演,水城放灯节等活动也是对民俗文化的一种再现,对其进行旅游开发和设计,能够更好地提高盐城的知名度,同样可以突显经济价值和社会价值。反之,旅游业的发展则为非物质文化遗产的保护提供了经济基础。抢救与保护非物质文化遗产是一项系统而又庞大的工程,需要耗费大量的人力、物力、财力,经济的支撑非常重要。旅游开发中,开发者挖掘非物质文化遗产的文化内涵,提供合乎需求的旅游产品,以实现向旅游的转化,获得经济收益,既体现了非物质文化遗产的经济价值,又为其深入保护工作的开展提供了必要的经济来源。

---

[①]我国少数民族非物质文化遗产的价值[J].西南民族大学学报(人文社科版),2007(7):137-140.

# 第三章

# 盐城非物质文化遗产旅游开发的思路与对策

盐城,地处江苏沿海地区,早在汉武帝时因产盐得名,是我国唯一一座以盐命名的城市。通过建设百万人口大市和创建中国优秀旅游城市,盐城的城市面貌焕然一新,城市的功能不断完善,旅游业的发展也取得了一定的进步。纵观盐城旅游资源的开发现状,大致有以下几方面的情形:

**1.东部沿海滩涂自然风光**

滩涂,是海滩、河滩和湖滩的总称,指沿海大潮高潮位与低潮位之间的潮浸地带,河流湖泊常水位至洪水位间的滩地,时令湖、河洪水位以下的滩地,水库、坑塘的正常蓄水位与最大洪水位间的滩地面积。在地貌学上称为"潮间带"。由于潮汐的作用,滩涂有时被水淹没,有时又出露水面,其上部经常露出水面,其下部则经常被水淹没。

东部沿海滩涂湿地生态资源是盐城最独特、最珍贵的旅游资源,在全国乃至世界都占有重要的地位,盐城海岸线绵延 582 公里,占全省海岸线长度的 61%,其中沿海滩涂长达 444 公里,为中国最长,滩涂面积达到 683 万亩,相当于南京城区的 20 多倍。由于淤涨速度较快,滩涂人口较少,所以对环境破坏较少,有江苏盐城沿海滩涂珍禽国家级自然保护区、江苏大丰麋鹿国家级自然保护区,区内珍稀濒危野生动物很多。区内河流众多,沼泽湿地发育,生物资源丰富,核心区的生态系统基本处于原始状态。鸟类有 315 种,其中属国家一级保护的 9 种,二级保护的 33 种。每年在此越冬的丹顶鹤有 800 只左右,为全世界最大的丹顶鹤越冬地,也是国际濒危物种黑嘴鸥的重要繁殖地。区内还分布着众多的国家二级保护动物河鹿,数量之多为全国之最。盐城保护区的建立对丹顶鹤等迁徙性珍禽的保护和研究具有特殊重要意义。鉴于此,东部沿海滩涂自然景观的开发和建设理当放在首要位置之上,盐城素来以"东方湿地、水绿盐城"的生态旅游形象招徕游客。

### 2.历史文化遗迹

盐城在这方面的开发利用相对薄弱,但亦已取得了初步成绩,郝柏村故里与郑板桥读书处、新四军纪念馆、新四军重建军部旧址、陆公祠、大丰草堰古镇、施耐庵纪念馆、便仓枯枝牡丹园、朦胧宝塔等都曾在一定程度上作为旅游资源开发整理,供旅游参观利用,创造了一定的经济效益和社会效益。其中,盐城新四军纪念馆是全国唯一的专业性新四军纪念馆。该馆的展览大厅是一座现代化的建筑物,醒目的蓝白相间的“N4A”臂章图案,镶嵌在展厅正门上方,两侧旗形的花岗石阴雕画,艺术地再现了新四军与八路军在白驹狮子口胜利会师和皖南事变后新四军在盐城重建军部的历史场面。陆公祠是盐城籍民族英雄南宋丞相陆秀夫的纪念馆。江苏陆公祠坐落在江苏省盐城市亭湖区儒学街,是盐城人民为了纪念陆秀夫这位爱国民族英雄,于明代嘉靖十年(1531)在盐城儒学街西侧建造了“宋丞相陆公祠”。初建为“三进两厢”和“一坊一亭”。即一进为门厅,二进为仰止堂,三进为正祠堂。施耐庵纪念馆,坐落在大丰区白驹镇(曾隶属兴化)西郊花家垛上,传为施耐庵当年著书之所。此处四周环水,芦苇茂密,有着浓郁的“水浒”气息,游人到此,会疑心真的到了梁山水泊蓼儿洼。纪念馆位于花家垛中央,为前后三进、东西两厢徽式青砖小瓦古民居建筑,四周有粉墙,第一进为门厅,朱漆大门上方是书法大师启功手书“施耐庵纪念馆”匾额。

便仓枯枝牡丹园位于盐城市南,这里人口少,却以“枯枝牡丹”的独特秀色,享誉古今。便仓枯枝牡丹最称奇的一点,据李汝珍《镜花缘》第五回所述:“无论何时,将其枝梗摘下,放入火中,如干柴一般,登时就可烧着。”每逢花盛时节,这园中的鲜花恰似胭脂凝成,美艳润泽,芬芳馥郁;那繁密厚实的叶片,也青翠欲滴。然而其枝梗却如摇曳在寒风中的枯枝,憔悴欲朽,若折取一枝,划根火柴即可燃。

### 3.水乡民俗风情

盐城西部里下河水乡地区,民俗风情淳朴浓郁,作为参与性、观赏性较强的旅游项目,对繁荣盐城旅游起到了一定的促进作用。此外,盐城民俗旅游资源丰富,其中三月踏青、端午节吃红萝卜和祭张王等比较具有本地特色。

三月踏青——农历三月,平原水乡已是草长莺飞,水和土柔。丽日春风之下,桃花绿水之间,经过了严冬的人们纷纷来到郊外田野,嬉戏闲游,踏青漫步。三月三,晋化称上巳节。《周礼春官》载:“女巫掌岁时,祓除衅浴。”衅浴,就是用香草熏汤沐浴。春秋时，郑国于三月上旬之“巳”日，男女偕同来水边，执兰招魂，戏谑恋慕。到汉朝，官吏定于上巳之日，“皆禊于东流水上，日洗濯祓除，去宿垢疾”。上巳节由此而形成。晋代以后，这一节日改为固定日期，“多用三月三日，不复用巳日”。过去，三月三这天，平原水乡的百姓们，无论男女老幼均可携手至河边举柳枝洒水嬉戏。有的带着风筝去郊外放飞，或在乡间野外拔茅针、采野花、挖荠菜。尽情娱乐一天之后，夕阳西下时人们才带着大地的芬芳返回家门。如今三月三踏青的习俗虽已部分消失，但人们在三月三前后去郊外春游的却日益增多。春日郊游已成为人们日常生活的一大乐事了。美丽的三月三，源远流长，令人神往。

端午节吃红萝卜——东台民间有端午节吃红萝卜的习俗。相传，此俗源于清同治元年的端午节农民起义。同治元年(1862)，李鸿章收编了原太平军林凤翔部下的一支叛军，其中有一个叫詹以安的七品武官，自恃降叛有功，到处横行无忌，军纪极坏。同治二年，李鸿章派他带领200多人，分乘10余条船到东台大丰一带收购军粮，船只停泊在“三昧寺”码头。这些镇压太平天国的刽子手，所到之处，无恶不作。东台地方官也畏之如虎，小心恭维，不敢有一点怠慢。东台知县高风清，泰州盐运分司(驻东台)萧风孙，都不敢受理控告詹军的案件，老百姓讽刺他们叫“高(风清)枕无忧，萧(风孙)遥自在”。詹军因此更加肆无忌惮。一天，詹以安在东台十字街游荡，瞧见“沈记”熟食店有个姑娘长得美丽俊俏，顿时心生歹念，命其爪牙将沈姑娘抢上船，肆意蹂躏。沈老汉与詹贼理论，惨遭毒打，一命归天。沈女悲愤交加，趁清兵不备，纵身投河自尽。沈女的母亲见状，痛不欲生，一头撞向三昧寺石碑。这家四口人，只剩一个14岁的女儿。她来到县衙击鼓鸣冤，知县官官相护，非但不主持公道，反将她投入监牢，这起冤案，激起了东台人民的强烈反抗。他们相约在五月初五端阳节这天，以“关帝显灵”为掩护，数十万民众，一手拿钉耙大锹，一手举着红萝卜头为起义标志，纵火焚烧詹军的兵船。这次起义，詹以安被起义军打死，兵船全被焚尽，知县吓得望风而逃，人们打开监狱，救出了告状的女子。为了纪念这次起义的胜利，每年五月初五，东台民间都要吃红萝卜，此俗至今仍然存在。

祭张王——元末，大丰白驹场的盐民起义领袖张士诚率领起义军，起义军所到之处，对民众秋毫无犯。每攻下一座城府，起义军便开仓济赈，除留军需之外，其余财物均分发给贫苦的农民，因此民间流传有“死不怨泰州(士诚)，生不谢宝应杨(完者)”的民谣。后来，朱元璋打败了张士诚，建立了明朝。但是张士诚在百姓心中的形象是抹不掉的，人们想方设法纪念他，为掩人耳目，西团、白驹、草埝一带民间将历史上沿袭的七月三十祭地藏王的习俗，改为明祭“王”暗祭“张王”。这一天晚，家家户户的门槛外摆一张祭桌，上置一盏用蛤蜊壳做成的香油灯，内浸几根灯芯，两边各置一支蜡烛，前面点香。一时光影摇曳，香烟萦红，男女老少磕头跪拜。祈祷："惩奸除恶，普度众生，家家祭祀，张王安康。"祭祀完毕，人们便相约来到一处预先搭好的圆门下，手持枝蔓芦柴，在顶端缚上一炷香，香的末端系上一束鞭炮，待香慢慢燃尽后点着鞭炮，须臾间，火花四溅，像夜空繁星闪烁。据说，这便是"张王睁眼观察人世"。

围绕上述旅游资源的利用，盐城现有的旅游产品主要集中在湿地生态旅游、红色旅游、休闲度假旅游、观光旅游和城市旅游，上述旅游产品相对简单，且文化内涵挖掘不够，文化品位不高。

虽然盐城旅游业已经取得了长足的发展，"十三五"期间，全市游客接待量和旅游总收入均较"十二五"末翻了一番；4A级以上景区数量增长了三倍，中华麋鹿园在苏北率先创成国家5A级景区；A级景区数量由全省第十二位跃升至第五位；省级旅游度假区数量苏北第一；省五星级乡村旅游区数量全省第二、江北第一，乡村旅游发展位居全省前列。生态湿地旅游建设内容早已被列入国务院公布的《国家"十三五"旅游发展规划》。大丰区荣获"全国旅游标准化示范城市"称号，与东台市、盐都区等先后入选国家全域旅游示范区创建单位。盐城先后获得"最美中国·生态旅游、特色魅力目的地城市""美丽中国之旅十佳绿色生态城市"等称号。据前瞻产业研究院统计，2017年，盐城市旅游经济实现了持续快速发展。全市接待海内外游客2933.29万人次，同比增长13.73%；实现旅游总收入320.07亿元，同比增长17.9%。2018年，全市共接待海内外游客3333.9万人次，比上年增长13.7%，实现旅游总收入374.2亿元，比上年增长16.9%，旅游外汇收入8821.9万美元，比上年增长7.4%。景区建设进一步加快。东台黄海森林公园创成省级旅游度假区，全市共有6家省级旅游度假区，总数位列全省第二。2018年，创成国家4A级旅游景区4家，全市共有国家4A级以上景区18家，列全省第五。乡村旅游集聚发展。大丰丰收大地创成省五星级乡村旅游区，全市共有4家省五星级乡村旅游区，列全省第二。旅游业态更加丰富。荷兰花海在省首批13家省级旅游风情小镇考核中名列优秀等次（全省仅3家）。旅游品牌渐已打响。盐城市荣膺"2018锦绣中国榜·新时代中国最佳文化旅游名城""2018最美中国榜·首批全国优质康养休闲旅游胜地"等称号。但是盐城旅游业作为全市支柱性行业的特征不明显，难以有力地吸引游客。尤其是与周边相邻城市相比，国内旅游者人数及旅游收入的还有较大的差距；与江苏省旅游发展总体情况相比，盐城旅游业发展相对滞后，旅游竞争力不强。地方经济基础的薄弱、旅游业整体知名度不高、旅游促销力度不够等原因制约了盐城旅游业的发展,但盐城旅游文化内涵的缺失则是其旅游业发展相对滞后的关键所在。

为此,明确盐城旅游的文化定位,突出盐城旅游的文化内涵,增强盐城自然旅游资源与人文旅游资源的组合度,加大盐城人文旅游资源的开发力度势在必行。盐城人文旅游资源中,能够代表盐城文化特色的,集中于盐城非物质文化遗产事项,盐城的非物质文化遗产具有鲜明的沿海地域特征和海洋文化特色,可以突出"盐"城的文化旅游形象。目前,展示海盐生产技艺的海盐博物馆开始对外开放,但总体而言,盐城非物质文化遗产旅游产品还有待进一步开发。

## 第一节　盐城非物质文化遗产开发现状及存在问题

### 一、盐城非物质文化遗产开发利用现状

盐城有着悠久的历史,文化积淀厚重,非物质文化遗产十分丰富。近年来,非物质文化遗产申报工作也呈现可观局面,国家级三项:董永传说、盐城淮剧和建湖杂技。省级八项:盐城老虎鞋、东台发绣、沈拱山传说、大丰麦秆剪贴、海盐晒制技艺、八桅立式大风车制作技艺、东台陈皮酒酿造技艺、施耐庵与《水浒》传说。截至2020年12月,盐城全面完成了非物质文化遗产普查任务,基本查清了全市非物质文化遗产资源的种类、数量、分布状况、生存环境和传承现状。盐城市、县两级非遗第一批名录全部建立,目前,盐城共有163个项目列入市级以上名录,形成比较完备的非遗名录保护体系,内容涵盖民间文学、美术、音乐、舞蹈、传统手工技艺、礼俗、戏曲、曲艺、杂技等多项类别。而这些项目的精彩展演已成为盐城文化生活中一道亮丽的风景线。

此外,2008年射阳县早已被国家文化和旅游部(原国家文化部)、中国文联授予"中国诗词之乡"荣誉称号,盐城更被命名为"中国淮剧之乡""中国杂技之乡"。

近期,盐城市非物质文化遗产保护部门还专门拟定了盐城市非物质文化遗产保护工作相关制度,对全市的非物质文化遗产进行普查登记和摸底筛选,进一步规范在普查和保护过程中的工作办法,逐渐营造出良好的非物质文化遗产保护和相应旅游开发的氛围。

## 二、盐城非物质文化遗产开发存在的问题

### (一)非物质文化遗产普查需深入

由于民间文化历史悠久、种类较多,政府部门虽然重视,但由于盐城地区范围较大,导致统计人员对非物质文化遗产的整体状况、存在种类、数量和消失的状况认识不清，缺乏深入和广泛的梳理。相关部门申报非物质文化遗产工作也相对缓慢,如便仓的木匠上梁礼仪、盐都区婴儿周岁“抓周”、王祥传说、盐城的水上婚礼等,在数量上明显占有很大优势,但仍没有申报成功。

### (二)非物质文化遗产保护观念需加强

保护标准和目标管理以及收集、整理、调查、记录、建档、展示、利用等工作相对薄弱,保护、管理资金不足。保护观念滞后表现在:一是有些市民轻视或忽视非物质文化在主流文化中的地位和作用;二是在认识和实践及法治建设中,“文化遗产”被“文物”所取代,“文物”保护被等同于对整个文化遗产的保护,从而使非物质文化遗产的保护得不到足够重视;三是市民普遍认为非物质文化遗产的消失是一种客观必然,主张任其自生自灭,无须保护;四是普遍认为现在财力有限,无暇顾及,日后等经济高度发达后,再进行保护。这些认识上的偏差对有效开展盐城非物质文化遗产的保护工作产生了一定的影响。

### (三)非物质文化遗产保护需普法

非物质文化遗产是各民族世代相承的，与群众生活密切相关的各种传统文化表现形式和文化空间。它是一个民族古老的生命记忆和活态的文化基因,体现着一个民族的智慧和精神,维护着世界文化的多样性,与物质文化遗产一道共同承载着人类社会的文明。但是,近年来随着全球化趋势的加强和现代化进程的加快,我国的文化生态发生了巨大变化,非物质文化遗产受到猛烈冲击。一些依靠口授和行为传承的文化遗产正在不断消失,许多传统技艺濒临消亡。《中华人民共和国非物质文化遗产保护法》2011 年 6 月虽然已经正式施行，但全民参与力度尚待加强。因此，当前对非物质文化遗产法律保护的研究依然具有重大的理论和实践意义。同时,针对非物质遗产的法律也将有助于强化我们保护非物质文化遗产的意识,维护中华文化的独特性,保护本国的传统文化,从而保持世界文化形态的多样性。

### (四)非物质文化遗产保护需传承

教育领域对非物质文化遗产缺乏重视和价值认知，教育与非物质化遗产保护、传承脱节。[①]在盐城地区,淮剧受众大多为中老年人,年轻人对淮剧根本就没有丝毫兴趣,更无从谈及淮剧剧种的传承;东台发秀的传承目前也出现后继无人的现象。不能培养提供保护非物质文化遗产所需的社会人才,年轻一代越来越远离盐阜本土的传统文化,生活在充斥着网络、“选秀”、圣诞节的环境中,而丧失了对民族文化的关注与热爱,中华民族五千年绵延不断的民族民间文化将面临断裂的危险。

综上所述,盐城非物质文化遗产保护和开发之路并非一帆风顺。非物质文化遗产体现了特定民族或群体的审美个性和文化精神,其独特性是其他依附现代工业社会所产生的文化所不能取代的。从某种意义上,它的消亡意味着民族个性、民族特征的消亡。非物质文化遗产大多是口耳相传,诉诸视听而疏于记录和固态化,因而常常是转瞬即逝的、不可再生的。一旦消亡或流失,在落后的记录手段和技术条件下,基本无法恢复或再生。盐城的非物质文化遗产虽然丰富,但也很脆弱。一些依靠口授和行为传承的文化遗产正在不断消失,许多传统技艺濒临消亡,大量有历史、文化价值的珍贵实物与资料遭到毁弃或流失境外,随意滥用、过度开发非物质文化遗产的现象时有发生。许多传统技能和民间艺术后继乏人,面临失传危险;一些独特的语言、文字和习俗迅速消亡;盐城地区非物质文化遗产的研究人员短缺,出现断层;海盐文化在衰落,龙舞表演、盐城道情正在逐渐消失,许多传统的民俗文化艺术如打春牛已经濒临绝灭,剩下的杂技、水上婚礼、庙会等生存环境不容乐观。因此,加强盐城地区非物质文化遗产的保护已经刻不容缓。

## 第二节　盐城非物质文化遗产旅游产品开发原则

随着城市化和全球化的进程加快，非物质文化遗产的保护和开发面临着一系列的困难。盐城非物质文化遗产的旅游开发和传承是一个艰巨的系统工程,需要全方位、高角度的审视,应从宏观上把握其保护与传承原则,从而有效指导实践。

---

[①]王大为.浅谈对非物质文化遗产传承人的保护[J].黑河学刊,2007(5):51-52.

## 一、活态保护原则

盐城非物质文化遗产必须以鲜活的形态存在于盐阜大地，一旦无人传习，其生命便宣告终结，这意味着对它的保护必须通过传承方式解决。尽管在保护中不排除把濒临消失又无法传承的技艺和民俗等物质载体和活动场景保留下来，进行博物馆式的保存展览，给后人留下可供回忆观摩的历史资料，但目的仍然是想解读其背后隐含的非物质文化。因此，严格来讲，一种已无法传承的非物质文化，其残存的物质外壳并不是非物质文化遗产保护的真正对象，这是非物质文化遗产保护与物质文化遗产保护最本质的区别。

## 二、以人为本原则

盐城非物质文化遗产保护必须从保护传承人和培养信奉者开始，让那些身怀绝技、年事已高的民间艺人传业授徒，更是非物质文化遗产保护的当务之急。倘若在保护工作中见物不见人，势必买椟还珠，偏离保护本旨。值得注意的是，对非物质文化遗产传承传播主体的保护，既包括人们熟知的民间艺人，也包括为人忽视的参与民众。如果只注意保护前者，忽略了对后者的引导培养，非物质文化遗产不仅得不到传播，甚至连传承也会发生困难。例如，社火原是盐城地区过春节、闹元宵的一项传统活动，一直很受当地人的重视与欢迎。由于西方文化的“入侵”，人们的娱乐爱好和思想观念发生了变化，社火的境遇与以前也大不相同。尽管会装扮社火的老艺人还在，锣鼓、服装道具还在，但挑选扮演人已很困难。更令人沮丧的是，好不容易装扮起了一台社火去各村巡游，却再不见往昔每到一处村民前呼后拥、用酒肉款待的情景。社火队受到冷落，积极性被挫伤，于是活动就停歇下来。由此现象可以看出，非物质文化是民众参与性很强的文化，有唱无和便难以持久。

## 三、整体保护原则

盐城非物质文化遗产的保护切忌进行孤立静止的保护方式，如对淮剧的保护就不光涉及对演员的保护，还涉及对淮剧用品行业的保护、对淮剧观众的培养等。进而言之，盐城非物质文化遗产保护的人物是要保护其赖以生存的整个地区文化环境。因此，对非物质文化遗产的保护，就不能仅限于专业人员的调查、登录、整理和研究，更重要的是要使其存活于盐阜大地，发挥使用功能，使其得到传承传播，这才是保护盐城非物质文化遗产最有效手段和最终目的。根据这一原则，在对盐城非物质文化遗产传承代表即民间艺人的扶持保护方式上，应尽量使其不脱离原来的生活环境，不改变原来的生活方式，而不宜采取“金笼养鸟”或保护活文物的方式将其供养起来。否则，将事与愿违，不但达不到保护的目的，反而会不利于盐城非物质文化遗产的传承与保护。

## 四、原真性保护原则

盐城非物质文化遗产是社会历史变迁的活化石，正确的方法应当以原生态式样进行保护，不宜用现代人的好恶随意取舍，更不能以创新为名胡乱窜改。当前，受经济利益的驱使，在一些民族风情旅游区展演的伪民俗和伪原生态歌舞[①]，已经对民族地区非物质文化遗产造成破坏，值得警醒与防范。

## 五、持续保护原则

盐城非物质文化遗产保护是一项长期、广泛、持续不断的工作，不可能像保护物质文化遗产那样，采取静态的、一劳永逸式的保护方法，这也意味着非物质文化遗产保护要付出比物质文化遗产保护更为艰辛的努力。

非物质文化遗产保护不仅与物质文化遗产保护有明显的区别，即使是与以前进行的民族民间文化保护也不尽相同。因为，尽管非物质文化与民族民间文化所涉及的对象颇多重合，可在保护理念和保护重点上却存在质的不同。民族民间文化既包括物质文化，也包括非物质文化。与此相应，在保护方法上，既运用静态孤立的保存方法，也采取继承发展的生态保护方法。盐城非物质文化的保护重点在技艺、精神等非物质方面，要通过传承传播的方法才能保持其生命力。笔者认为，尽管申报非物质文化遗产保护名录规定以该项目濒危为要件，但在实施非物质文化遗产保护中，却不能以此作为列入保护对象的标准。假如盐城相关部门对现有珍贵的非物质文化遗产不闻不问，坐等其濒危时再加以抢救，将不仅是非物质文化遗产的不

---

①陈勇.遗产旅游与遗产原真性—概念分析与理论引介[J].桂林旅游高等专科学校学报，2005(4)：21-24.

幸,同时也是盐城文化遗产保护工作的悲哀。

## 六、资源整合原则

实施资源开发整合战略,形成文化产业的综合优势。盐城非物质文化资源十分丰富,不同的地区,各有不同的文化资源,但有的年代久远、濒临绝迹,亟待抢救;有的比较单一、分散,难以形成产业;有的需要有意识地开发、培育。因此要充分开发,认真整合,使之成为名实相符的产业。比如说民俗风情、农业生态、传统工艺、绿色生态餐饮等已经成为文化旅游产业中融为一体的系列产品,值得借鉴,江西婺源将朱子文化、茶文化、民俗文化等九种民间艺术进行整合,形成了综合文化的影响力,就是开发整合文化资源的成功范例。整合文化资源还要善于拉长产业链条,营造产业优势。一是要把分散的文化产品、文化行业组合起来;二是把不同地区的文化资源进行整合,打造品牌,形成一个整体,形成产业开发的优势;三是将文化与农业产业组合起来,形成“旅游观光农业+文化休闲农业”,等等。盐城可以将盐文化同特色农业、沿海湿地以及传统工艺、淮剧杂技等文化因素整合起来,形成不同产品、不同行业、不同地区的文化资源合力优势。盐城有近千万亩的沿海滩涂,既是得天独厚的自然生态资源,也是生态旅游的宝贵资源。盐城的特色农业已有一定的基础,发展前景十分广阔。关键是要做好从生产型向产业型转变,从产品向商品再向品牌型转变。若能与盐城本土文化有效嫁接,定能使黄土变成黄金。

## 七、品牌发展战略

实施品牌战略, 走发展非物质特色文化之路。发展文化产业一定要有品牌意识,着力打造知名品牌,塑造良好形象,从而带来社会效益与经济效益双增长。浙江仙居的“花灯”、河北蔚县的“剪纸”、天津的“杨柳青年画”、盐城建湖的“杂技”等,都是中国具有品牌效应的民间艺术。充分打造品牌效应将对盐城文化产业的发展产生重大的作用。文化产业的产品和其他产业的产品在市场的竞争中有着共同的规律,产品必须形成自己的特色,做到人无我有、人有我优,人优我特,方能形成竞争的优势。凡是文化产业形成竞争力,受到市场广泛青睐的,无不具有这样的特色。文化产业的特色性,体现为紧贴农村的实际,不求其洋,但求其土,但求其古。要更贴近自然、更贴近历史、更贴近民族、更贴近乡土风情,让消费者找到回归自然、回归历史的感觉。打造盐城文化产业既要传统,更要创新,从传统中寻找“特”字,在创新中打造“名”字,这样综合起来就形成了品牌。实施“层次推进”战略,形成文化中心的辐射态势。实施“层次推进”战略,就是要在农村文化产业的整体发展规划中,形成县、乡、村的梯级层次,每个层次以一个中心为原点,依次向周边辐射开去,从而形成一个区域整体的发展节奏明晰、产业目标明确、上下联系密切的有机联动体系。其内容表现为,第一层次以县城为中心向中心集镇辐射,第二层次以集镇为中心向广大农村辐射。从而形成一乡(镇)一特色、一县(区、市)一品牌一优势的农村文化产业发展新态势。要努力在品牌上做文章,让盐城的文化产业在江苏闻名,在全国扬名,在世界有名。这高定位、高目标应成为盐城人孜孜不倦、坚韧不拔的追求,一方面要靠产业自身的价值含量来创造品牌,塑造形象,另一方面也要靠媒体的力量扩大影响。

## 第三节　盐城非物质文化遗产旅游开发构想与对策

盐城非物质文化遗产是重要的区域旅游资源,旅游资源只有经过规划和开发才能对旅游者产生吸引力,才能使潜在的旅游资源优势转化为现实的经济优势,体现旅游资源本身的价值。所以为了更好地使非物质文化遗产的价值在旅游中体现出来,本节结合盐城非物质文化遗产开发现状,对盐城非物质文化遗产旅游开发进行总体规划设想。

### 一、盐城非物质文化遗产旅游开发构想

盐城非物质文化遗产资源在旅游业中合理利用的总体思路是非物质文化遗产具有无形性、集体性、活态性等特征,如何将其在旅游中体现出来,就需要在开发时,既要充分重视该类旅游资源的重要性,又要深入挖掘可供开发的旅游资源的文化内涵。

#### (一)营造盐城非物质文化遗产旅游环境

盐城非物质文化遗产旅游环境与氛围不算浓郁。笔者认为应让非物质文化遗产走进旅游项目的设计领域,主要通过完善盐城标识解说系统、重点展示盐城传统戏剧和传统手工技艺、开展杂技与竞技表演活动等节庆活动等方式,面向大众突出人文盐城的文化底蕴,让更多人通过盐城特色非物质文化遗产,了解盐城旅游,喜

欢盐城旅游。此外,为了营造浓郁的盐城非物质文化遗产旅游氛围,也要注重对盐城本地居民的文化教育,普及非遗知识。非遗的本质,是以人为核心、以生活为载体的活态传承实践,是一个民族、一个地区、一个乡村乃至一个社区的生活方式。盐城本地人作为非遗文化旅游的利益相关者之一,其自身对非遗知识的了解程度对宣传和推广非遗旅游有重要的意义和价值,当外来旅游者到旅游目的地进行旅游活动期间,其更希望与当地居民之间建立一定的联系,如果此时当地居民能够在与其交流中普及非遗知识,宣传盐城本地的民俗文化和传说故事,则有利于提高旅游者的旅游体验,增进旅游目的地与旅游者之间的情感联系。2018 年开始上海就全面启动“非遗在社区”工作,截至 2019 年 12 月上海已率先完成了传承人在上海市、区、街镇三级文化设施布点全覆盖,构建了 16 个区、219 个街镇社区文化活动中心、363 名传承人的基本传承传播网络,形式多样、内容丰富的传承传播活动在全上海市形成了常态化和规模化,并不断向居村、校园、商圈等更广泛的社区延展。“每个街镇有非遗、每个社区有传人、每个设施有活动”是非遗“生活化”的真实写照。非物质文化遗产是产生于农耕社会的文化形态,随着生活方式和观念的变迁,非遗的生存空间一度被挤压。从“非遗进社区”到“非遗在社区”,一字之差,却体现了让非遗回归其孕育发展的社区,回归当地民众生活的理念。

### (二)构筑盐城非物质文化遗产特色旅游产品

笔者认为,可以从以下三个层次进行盐城非物质文化遗产旅游产品的开发,构筑富有特色的文化旅游产品体系,实现旅游业的可持续发展。

第一,做优基础层次的旅游产品,其特征是陈列式的观光旅游,属于最基本的旅游形式。盐城可借助现有旅游资源和客观条件,利用好海盐文化博物馆、淮剧生态园,建设长寿文化展览馆(以仙鹤为主题),通过形象化的说明、展示等方式,展现盐城非物质文化遗产的文化内涵。

随着信息技术的不断发展,旅游者的需求日益增多,非遗博物馆已经不能仅仅是“静态”的陈列,而是要与互联网相融合创新。自从李克强总理在政府工作报告中提出“互联网+”以来,各个行业与互联网的融合不断发展,互联网思维也在不断影响着其他业态,其中非遗文化展示也不例外;为非遗博物馆提供了新的展览方式,有力地推动了社会各界对非遗文化的关注, 实现了人们在家里坐着就可以了解非遗文化的目标,这对于推动其传播和发展具有重要意义,不仅使得非遗文化的展览过程变得更加的具有趣味性和参与性, 而且整个文化内涵也变得更加的丰富和立体，对于传播相关知识也具有极大地推广作用，使得更多地社会人员能够以更加轻松的方式学习到相关的知识，使整个知识获取过程更加具有开放性和趣味性，更能吸引人们的注意力。

“互联网+非遗文化”已经成为陈列式非遗文化发展的一个风口，在非遗文化陈列馆的发展上，可以借鉴北京故宫博物院。2016 年以后，北京故宫博物院开始与阿里、腾讯等互联网平台建立合作关系，开始在淘宝网站上建立官方旗舰店，主要用于门票销售、文化创作周边产品展览和出版相关产品等。2016 年末，故宫与腾讯合作推出大型的以故宫文化为基础的游戏，2017 年故宫再次与腾讯合作，推出以动漫、文学为创作方式的微课和微电影，另外故宫还与凤凰网合作利用现在比较先进的 AR、3D 等技术手段，在网络平台传播相关知识。截至目前，故宫已经形成了比较完善的基于信息技术的知识和文化传播渠道，这些文化传播渠道与传统的、游客到博物馆参观的文化传播渠道具有较大的差别，这种渠道寓教于乐，更符合当代年轻人的生活与学习习惯，使博物馆本来枯燥、专业的知识，以更加有趣丰富的形式进行展览，变得更加容易被人们接受与吸收。例如故宫博物院宫殿房屋上的神兽，其本为龙之九子，但相对而言名字都比较拗口难记，而通过将其转变为盲盒手办在淘宝官方网站上进行销售，就使得整个神兽文化立马变得可爱与新奇，这些在屋檐上的神兽则变得呆萌更容易被当今人所喜爱，通过这种形式，人们在欣赏玩乐的同时就掌握了龙之九子的各个形态。此外，2020 年春节期间故宫推出了“一起吃年夜饭”系列，邀请文化界人员与艺人到故宫吃年夜饭，在这个娱乐过程中则讲述了以前宫廷人员过年的礼仪、菜品等，传播了我国古代的礼仪制度，但是整个节目下来却让人感受不到教条，整个学习过程轻松自在又顺畅。

第二，研发提高层次的旅游产品，属于高层次的旅游产品，可满足旅游者多样化的心理需求，这需要对盐城非物质文化遗产的文化内涵进行深入研究。

从旅游的目的地角度出发，旅游产品是指旅游经营者凭借着旅游吸引物、交通和旅游设施，向旅游者提供的用以满足其旅游活动需求的全部服务。1999 年，原国家旅游局提出将旅游产品分为五种类型——观光旅游产品（自然风光、名胜古迹、城市风光等）、度假旅游产品（海滨、山地、温泉、乡村、野营等）、专项旅游产品（文化、商务、体育健身、业务等）、生态旅游产品（生态旅游最初作为一种新的旅游形式出现，主旨是保护环境、回归自然，变革了以往的旅游发展模式。但如今的生态旅游无论从概念、方式、要求等方面都有很大的创新，成为旅游业可持续发展的核心理论）和旅游安全产品（旅游保护用品、旅游意外保险产品、旅游防护用品，这些保障旅游游客安全的工具产品)。一般而言,非物质文化遗产的等级越高,其内在价值就越高,非遗文化的最佳开发途径是以文化为核心的运营模式,以此为龙头,开发相关的酒店、餐饮和景点,以此增加当地的旅游收入。并且为了迎合不同类型的旅游者,要开发不同的旅游产品。盐城非物质文化遗产中传说和故事类的遗产较多,在进行旅游开发时要挖掘文化资源中的人本因子, 要注重无形的文化与有形的载体之间的有效结合,通过故事传说的讲解、戏剧表演、舞蹈表演、民间工艺表演、杂技表演等形式,丰富旅游活动内容,生动、直观地展示盐城的非物质文化遗产,提高旅游吸引力。

第三,创新发展层次的旅游产品,在该产品中,旅游者的体验性、参与性较强,其是形成旅游品牌特色和提高旅游吸引力的重要方面。当"文化是旅游的灵魂"接近成为公理的时候,文化总被人从书堆里找出来,被作为标签贴在旅游产品或项目上,似乎迎合式地在说"我们是有灵魂的",殊不知,游客要的不是文化,而是文化感,是文化体验。与静态的文化展示不同,文化感需要从场所记忆和集体记忆中摄取,转化为场景、故事、故事线,通过技术,带给游客感官、行为、思维和情感体验。这种体验,才是文化旅游的核心。无论是古街古镇、亭台寺庙,还是名山大川、民族风情,对旅游者来说都是一次不一样的文化体验。对很多游客来说,旅游已经不仅仅是为了欣赏单一景点的观光。推动文化与旅游的深度融合与互动发展,增加旅游产品文化内涵,是未来的方向。加强人们对目的地文化的感受和体验,激发人们的审美情趣和文化情结,是更具内涵式的综合性旅游。另外,体验经济时代的到来,促使旅游主体市场不断成熟,旅游客体市场竞争日益激烈,旅游产品设计日趋精致化、特色化、主题化。旅游者需求和消费发生巨大的变化,由过去单一的观光、娱乐等形式向寻求体验性、灵活性、冒险性与多样性的旅游活动转变。从这个层面上讲,在旅游规划中加强对旅游项目或产品的体验化设计已成为现代旅游规划的必然要求。

基于旅游体验视角,在进行盐城非物质文化遗产开发时,要结合其自身资源特色,积极创造适宜的客观条件,开发参与式旅游产品(如淮剧体验游、地方饮食文化游、海盐科考游等),让游客与非物质文化遗产的传承者(如海盐制造人员、地方手工技艺传承人员、民间剪纸传承者)有更多的交流和沟通,同时定期开展有意义、有影响力的节庆活动,如盐城庙会、枯枝牡丹节、地方饮食文化节等,着力让旅游者亲身体验盐城非物质文化遗产的原生环境与文化氛围,提高盐城地方文化的影响力。

### (三)培育盐城非物质文化遗产旅游精品

发展文旅产业,是让人民过上美好生活的有效途径。随着经济的大发展、消费的新升级,文旅产业已成为国民经济的战略性支柱产业、现代服务业的龙头产业、与人民群众息息相关的幸福产业。2019 年政府工作报告明确提出“发展壮大旅游产业”,释放出国家进一步提升旅游业发展质量、优化服务体系、注重持续发展、推进改革创新的信号。文旅产业作为关联度高、带动性强的综合性产业,不仅是区域经济增长的重要引擎,更是国内外了解某一特定区域,提升其国际知名度、影响力和社会美誉度的重要载体。

为突出盐城非物质文化遗产旅游的精髓,精心设计旅游形象,并通过形象的引导,使旅游者感受盐城非物质文化遗产的气息。根据盐城的实际情况,笔者初步设计为 “盐之城·淮剧乡”。盐城非物质文化遗产旅游产品的精品主要围绕其旅游形象,以国家级非物质文化遗产为开发重点,寻求与其他旅游资源的契合点。在充分保护的前提下,盐城传统手工技艺中的诸多事项可逐步应用于旅游购物、旅游饮食文化方面;海盐生产工艺、淮剧、建湖杂技则可以丰富游览内容,拓展现有旅游产品的外延;董永传说、枯枝牡丹传说、“五谷树”传说等民间文学,可提升盐城旅游产品的文化内涵。

## 二、盐城非物质文化遗产旅游开发对策

### (一)开展普查工作,发掘非物质文化资源

目前,盐城已专门制订了《盐城市非遗项目保护单位及代表性传承人管理办法》,全面启动非物质文化遗产的普查行动,盐城地区的口头传说和表述,包括作为非物质文化遗产媒介的语言、表演艺术、社会风俗、礼仪、节庆,有关自然界和宇宙的知识和实践以及传统的手工艺技能,都属普查范围之内。

盐城非物质文化遗产的普查工作主要包括：全面了解和掌握盐城非物质文化遗产资源的种类、数量、分布状况以及这些民间文化的生存环境、保护现状及存在的问题,抓紧征集具有历史、文化和科学价值的非物质文化遗产实物和资料,以文字、录音、录像、数字化等多种形式记录下来,登记造册,建立非物质文化遗产名录体系。通过建立的盐城非物质文化遗产名录,一方面希望借此进一步提高这些遗产项目的知名度,增强人们的认知度;另一方面也可为盐城非物质遗产的旅游开发和

保护打下基础。同时,应加强盐城非物质文化遗产旅游开发的理论研究,以指导具体的开发实践。

### (二)转变传统观念,强调非物质文化传承

盐城非物质文化遗产旅游者、非物质文化遗产旅游的经营者和管理者,分别构成盐城非物质文化遗产旅游的主体、媒体和调控体系。这三方面都应克服“以我为中心”的思想观念,把盐城非物质文化遗产旅游视为可持续旅游,强化生态旅游的观念。尤其应强化盐城非物质文化的保护意识,自觉树立经济建设与文化保护一体化的观念,开阔视野、科学决策,推动经济建设与文化保护的协调发展和相互促进。

开发盐城非物质文化旅游资源,发展盐城非物质文化旅游,就必须拥有一支高素质的生力军。这支生力军不仅包括既精通盐城非物质文化又懂旅游资源开发与规划的专家级人才,还包括非物质文化旅游的管理者、经营者、导游等人员,甚至还应包括非物质文化旅游地的当地居民。培育非物质文化旅游人才可以采取办班集中培训;在相关大、中专院校的相关专业设置发绣的课程;实地考察,采用到杂技氛围较为浓郁的地区亲身体验等方式和途径。目前,盐城已在积极准备建立非物质文化遗产传承基地,将建立民间老艺人命名制度,得到命名的老艺人可以得到“传承人补贴”,开设培训班定期授课带弟子。同时,还应在盐城小学、初中、高中等各级教育中增加有关非物质文化内容的乡土课程。

### (三)实施科学规划,提倡非物质合理利用

从行业政策的角度来看,《“十三五”旅游业发展规划》《国家级文化生态保护区管理办法》等纷纷将非遗与旅游融合纳入重点发展工程,非遗旅游有望释放发展活力。从市场角度来看,非遗旅游正逐步从政府部门“输血”向自身“造血”发展,多产业跨界融合发展也成为趋势。虽然非遗旅游的产业形态各不相同,但其产品设计的商业模式殊途同归,即通过塑造非遗旅游场景,以“非遗体验”为核心驱动力,满足游客文化体验需求,延长其在目的地的停留时间,由此增加消费机会,同时将文创商品、旅游服务、娱乐活动相互融合构成产品体系。

非遗旅游与大部分的旅游细分业态有所不同,其核心是非遗文化,这是“天”,是产品设计的核心;但与此同时,非遗旅游的开展也需要一定的载体,只有落地在具体的空间和物质载体上,非遗旅游才能看得见、摸得着、接地气。在发展初期,非遗旅游多以非遗工坊、非遗餐厅、非遗展馆、非遗商店等形态嵌入景区中,作为景区

辅助性消费业态而存在。随着非遗旅游的产业化发展,非遗旅游载体更多以文化产业园、主题街区、文化村落、文旅小镇等形式出现。如中国非遗基金投资建设的长江非遗小镇,以长江非遗文化中心为主要板块,将聚集多位国家级非遗传承人入驻,孵化上千种非遗产品。

对盐城非物质文化遗产进行旅游开发必须作为一个系统工程来进行建设,这就少不了科学的论证、全面的规划和精心的设计,防止粗放经营所造成的失误和遗憾,把这些宝贵的旅游资源开发成为盐城人引以为豪、外地人一睹为快的人文景观。要实现科学规划,合理利用非物质文化遗产的目标,首先应该以精品为重点,加以科学的开发。要认识到并非所有的非物质文化遗产都可以成为旅游资源,应筛选一些对游客具有旅游吸引力并容易转化成为旅游产品的本地非物质文化遗产进行有选择的开发。关键是要坚持五项原则,即特色性原则、保护性原则、参与性原则、文化性原则、乡土性和古朴性原则。其次,要从盐城旅游观赏和游览的生动性来考虑,必须挑选一些可游、可望、可以参与的盐城非物质文化遗产来构成旅游资源。

### (四)完善立法体系,健全保护制度

目前,我国与非物质文化遗产相关的立法保护主要散见于五部法律、两部行政法规条例和一个部门规章中。五部法律分别是:《中华人民共和国著作权法》《中华人民共和国专利法》《中华人民共和国商标法》《中华人民共和国反不正当竞争法》和《中华人民共和国非物质文化遗产法》;两部行政法规条例分别是:《传统工艺美术保护条例》(以《传统工艺美术保护条例》为范本,各个省或自治区根据自身资源特色,制订了相关的《传统工艺美术保护条例》)和《民间文学艺术作品著作权保护条例》;一个部门规章是:《世界文化遗产管理办法》。

立法,需要深度理解非物质文化遗产自身的文化特性和内部规定性,结合现行立法制度,切实探究当下语境中非物质文化遗产的知识经济角色及其所面临的现实问题。就目前状况来看,立法的针对性和执法的有效性显然不能满足民间文化在当下时代语境中的角色转换和传承性发展,如果一种社会文化发展的现实需求更多只是呈现为被学者津津乐道的纸面成果或者某些利益集团用来装点门面的口舌之欢,而不与广大的民众生活实践发生关联,则必然缺乏根性的生命活力和存在价值。因此,如何切实调整立法制度与非物质文化遗产生态之间的生存性关联,则是知识经济时代迫切而重要的现实命题。

立法的最终体现在于执法环节,执法的效能一方面取决于执法系统的结构逻

辑,同时也有赖于相近部门的监督与协助,说到底,还是人们对于立法的解读和信仰在起作用。就非物质文化遗产保护的法律情境来看,业者方面所存在的问题是观念淡薄和维权的现实难度,由于职业道德的普遍下滑,也致使行业协会在行业管理方面流露出“无效能”“少作为”的倾向,而与非物质文化遗产相关的产业市场由于近十年来的蓬勃发展,经济利益的巨大刺激稀释了基于道德基础之上的法律良知,再加上立法制度与现实需求之间的适用性差距,便使得原本概念模糊的非物质文化遗产立法保护在执法上踽踽难行。

政策和法规对各项旅游开发行为具有指导性的作用[①],笔者认为应该把旅游资源开发和非物质文化环境保护纳入旅游及其他经济社会政策法规和管理机制中,使相关的政策、法规既有利于盐城非物质文化资源的保护,又符合盐城社会需求和经济规律;既考虑盐城非物质文化资源自身的承载力,也注意盐城经济社会的承受力。同时,作为盐城政府部门,要加强管理,避免和纠正旅游开发过度利用非物质文化遗产的行为,严格执行盐城非物质文化遗产的旅游开发项目审批、核准和备案制度。盐城相关部门还要进一步建立健全盐城市非物质文化遗产保护责任制度和责任追究制度,建立非物质文化遗产保护定期通报制度、专家咨询制度和公众舆论监督机制。对盐城市代表性的非物质文化遗产,要设立非物质文化遗产的文化生态保护范围,建立健全保护管理制度。

### (五)打造盐城特色品牌,开发旅游体验项目

现代旅游产业的发展,已由旅游资源的竞争发展到旅游产品的竞争,并向旅游目的地品牌的竞争快速推进,实施旅游品牌战略已成为当今旅游开发的必然选择和新的趋势。旅游目的地品牌建设是旅游目的地与其他地方进行有效区分的重要手段。通过旅游目的地品牌建设,有利于旅游地在旅游者心中建立独特的印象与形象,有利于其与旅游者之间建立良好的情感联系与沟通,是目前文创旅游目的地发展的重要方向与策略。要想做好旅游目的地品牌建设,要明确品牌定位。旅游目的地品牌定位主要作用在于通过定位使其从同类型旅游目的地中脱颖而出,在旅游者心目中形成独一无二的形象,因此差异化是旅游目的地品牌定位的首要原则。此外,旅游目的地品牌定位还应具有准确性(与资源特色吻合)、沟通性(与旅游者期待相吻合)、品牌个性以及连贯性。旅游目的地品牌的构建通过品牌定位与形象设

---

[①]葛星,李建.山东非物质文化遗产保护体系的构建[J].东岳论丛,2007(4):186-188.

计实现，目前国内品牌定位的原则主要是特色化、市场化与旅游地自身相结合，在定位策略上不仅考虑自身条件（文化内涵、区位、所处旅游生命周期），而且要分析目标市场，有针对性地进行定位。然而旅游目的地品牌定位不仅包含形象定位，也包含发展定位，明确的、符合实际的发展定位为旅游地未来的品牌形象定位、品牌营销策略制订以及后期的品牌管理指明方向。

旅游吸引物是现代旅游的基础，是吸引旅游者外出旅游的充分条件。具备特色和优势的旅游吸引物是旅游地品牌构建的基本依据。盐城非物质文化源于草根文化，具有突出的盐城地方特色，应以个性魅力吸引旅游者。对盐城旅游而言，将非物质文化注入盐城旅游中，创盐城旅游品牌，让所有来到盐城的人，体会到盐城“草根”的快乐，品味到富有浓郁盐城乡土气息的非物质文化，使“草根”艺术成为盐城独具特色的文化品牌。故而，笔者认为盐城非物质文化遗产应该提倡游客参与性的旅游开发形式。

## 第四节　盐城非物质文化遗产旅游开发的对策与模式

盐城非物质文化遗产旅游开发势在必行，笔者认为盐城地区非物质文化遗产旅游开发模式基本相似，故以“淮剧”开发为例详细阐述其开发对策与模式。

### 一、盐城淮剧旅游开发对策

#### （一）加强淮剧旅游宣传力度

由于淮剧所具有的地域性特征，淮剧旅游也要重视宣传。通过宣传，提高淮剧旅游资源的知名度，扩大其社会影响，从而激起中外游客的游览欲望。宣传的方法多样，可采取大型节庆、电视专题片、报刊广告、宣传图片、旅游指南、诗词小说以及网络技术等手段。如可编写出版《淮剧起源》《淮剧入门》《淮剧艺术赏析》《淮剧与盐城》等通俗易懂、雅俗共赏的书籍来推介盐城丰富的淮剧文化与产品。需要指出的是，淮剧旅游宣传是一项长期持久的工作，必须客观、充分、细致、扎实。

#### （二）开发淮剧旅游体验项目

淮剧是具有参与性的旅游形式，淮剧的动态特征决定了旅游的参与性，这也是淮剧富有魅力的原因之一。所以应强调淮剧文化主体的参与性,可以为旅游者安排一个淮剧的项目,如淮剧晚会,简要地介绍淮剧艺术,参观有关陈列室、博物馆,并赠送具有淮剧标志的纪念品等。导游工作也可以尝试用外语介绍淮剧,构成游客旅游文化中重要的一部分。盐城大专院校旅游专业可以考虑开设淮剧选修课。因为淮剧文化是盐阜大地独有的,是盐城文化的精髓。可以将淮剧某些著名的剧本翻译成外文,以便外国人更好地欣赏,吸引国外淮剧爱好者来盐城旅游。淮剧的参与性还体现在淮剧旅游的开发离不开旅游服务者、经营者、表演者、游客的参与。对游客来说,仅仅观看淮剧表演难以满足其参与的需求。大量淮剧活动都需要亲自体验、参与,这就要求旅游经营者在开发淮剧产品时要考虑旅游者的参与性。

### (三)举办淮剧庆典活动

旅游目的地品牌营销重点在于如何把旅游目的地美好的形象展示给旅游者,从而在旅游者心中形成联想进而产生实际购买行为。节庆活动的举办不仅能改善举办城市的旅游基础设施、促进旅游文化的交流,有效地宣传城市旅游品牌,而且有利于提高城市核心竞争力和调整产业结构。节事营销要想达到旅游目的地品牌预期的正效果,不仅要综合利用多种节庆形式,而且要保持较高的新闻覆盖率、节庆活动的主题要与目的地品牌形象相吻合、努力形成持续的节事活动。此外,要增强节事营销中游客的体验性以提高归属感。

充分利用好各种节庆活动,进行多种形式的淮剧演出活动,可以为淮剧招徕一批观众。对淮剧节庆旅游项目的建设,不管是以较为纯粹的形式开发的传统节日,还是以现代节庆融入淮剧文化内容的形式来开发,应注意提高淮剧庆典活动的娱乐性、思想性、艺术性和游客的可参与性。把游客的观赏、娱乐、参与体验推向高潮。可以在不同的地点和日期轮流举办,让淮剧在盐城各地有更宽阔的发展领域。

## 二、盐城淮剧旅游开发模式

### (一)淮剧茶社

在茶社中融入淮剧表演活动,可以让旅游者在品茶的同时,体验盐城地区特有的茶文化与淮剧文化的结合,并获得物质与精神上的双重享受,同时更深切地感受与领悟盐城地区的淮剧文化内涵。

## (二)淮剧博物馆

淮剧博物馆是为保护淮剧文物、丰富收藏,并为参观者了解淮剧内涵而建立的博物馆,是一种新型的资源凝聚式的淮剧旅游资源开发模式,其主要功能是教育和保护、传播淮剧文化遗产①。其馆名、选址、陈列内容都应经过专家认真研究论证。一般而言,应建在淮剧旅游资源丰富、特色显著的地区,而且要建在现有的旅游线上或其邻近地,或者建在规划区域内。淮剧博物馆建筑应具有盐城地方的特色,应与其周围环境相协调,收到相得益彰之效。

淮剧博物馆的陈列应以实物为主,配以文字、照片、图画、模型、录音、录像和幻灯片,充分借助现代科技特别是多媒体技术,使淮剧得以生动鲜活的体现。展厅间要连贯,不仅是空间的连贯,而且更应注重内容的连贯。陈列设计要做到五个结合:观赏性与学术性相结合,趣味性与知识性相结合,艺术性与思想性相结合,个性与共性相结合,复原与展览相结合。在坚持以展示、演示为主调的前提下,应开展一些能让游客参与的活动,如参与表演等,以提高游客的兴致。

## (三)淮剧文化村

淮剧文化村是以村这个载体来展现淮剧俗文化。淮剧文化村属于主题公园的范畴,是一种新兴的旅游资源开发模式。它是运用人工方式在靠近旅游市场的地方,荟萃淮剧艺术于一园,从多角度反映淮剧文化的大型文化主题公园。淮剧文化村的建设,能将淮剧事象微缩、简化在有限的时间、空间内集中表现,能将淮剧文化集中在一起,向旅游者作集中展示,具有较强的观赏性和参与性,能满足旅游者领略多姿多彩的淮剧文化的需要。淮剧文化村应集食、住、游、娱、购于一体,切忌单一,以满足游客多方面的需要特别是参与的需要。当然,食、住、游、娱、购等方面也要因地制宜,搭配得当,不能顾此失彼。选址易在交通便利、客源丰富的地方。

笔者相信,如果盐城非物质文化遗产都像开发淮剧旅游这样有条不紊,盐城非物质文化遗产旅游开发肯定能达到事半功倍之效。

---

①何亚雯.淮剧艺术博物馆构想[J].剧影月报,2004(5):52-53.

# 第四章

# 盐城非物质文化遗产旅游开发个案研究

盐城非物质文化遗产资源种类齐全,门类繁多,为了更好地进行旅游开发,现结合盐城本土特色"非遗"旅游资源,对主要"非遗"文化提出个案研究,以供大家参考。

## 第一节　盐城江淮方言保护的现状及对策

盐城是因为盐而成城,在历史上可以追溯到汉代的盐渎县,至今已有几千年的历史,盐城话的形成和移民以及种族有着非常大的关系,所以说,当代的汉语方言受到了古中原汉语的巨大影响,才把中国各地的方言统称为汉语。盐城位于江淮官话方言区,自然盐城话也就属于江淮官话,但盐城方言也不仅是同一种语言,盐城下面的一些县级市及城乡之间的方言也是有所不同的,就像盐城、建湖、滨海、阜宁的语音是属于江淮官话的洪巢片,大丰东台则是属于江淮官话的通泰片,但是万变不离其宗。也可以这么说,每一个人都有方言,在陌生的地方听到了熟悉的乡音也是特别有感触的,方言是需要保护和传承的,每一个人都不能忘本。但是现在为了更好地发展经济主义社会提倡全民普通话,这样一来方言的地位受到了挤压,我认为在推广普通话的同时也要保护好方言。

随着中国的不断发展,语言则成了很重要的一个方面,普通话是以北京的语为基准,而方言则是汉语的地方变体,又称为地方话,他和原来的驻军、移民还有行政区域的划分有关,从字面上理解方言就是一个地方的语言,但是它本身则是一种完整的语言体系,能够满足一个地区之间的沟通交流,也能够体现出一个地方的语言文化特色。

近年来,因语言统一化的原因,一些语言不同程度地受到了影响,但无论哪一种语言的消亡对于我们来说都是巨大的损失，每一种语言的背后都蕴含着它丰富的历史文化价值，例如一些俗语、谚语、民谣是民族文化中不可缺少的资源，方言在中华民族非物质文化遗产之中占着重要的地位，所以说保护方言是非常有必要的，在日常的发展之中也要权衡好推广普通话和保护方言之间的关系，让中国的语言保持着和谐发展。

## 一、盐城方言的概况

### (一)盐城方言的起源

盐城属于江苏省的中北部，东面与黄海相邻，南边与南通接壤西与淮安相连，北望连云港，盐城方言的形成与移民以及种族的融合有着很大的关系，从汉代至今已有几千年的历史了，属于江淮官话方言。

### (二)盐城方言的概况及特点

盐城是属于江淮方言官话区，自然盐城方言就是江淮官话，江淮官话主要分布在江苏、安徽两省中部全境和南部的一小部分以及湖北省东部，有人认为其中的一部分系中原雅音融合古吴语逐渐演变的产物，因此在许多方言的特点介于中原官话及北方官话与吴语之间。但盐城的方言保留了很多的古汉语，盐城方言也不仅是指具体的一种方言，隶属盐城的各个县市的语言也是各有不同，也是按照行政区域来划分的，盐城方言不仅是盐城市区的方言，还包括东台、大丰、建湖、阜宁、射阳、滨海、响水等地的方言，盐城方言的音系也有着明显的洪巢方言和通泰方言过渡地带的特征。

盐城音系有明显的洪巢方言和通泰方言的过渡地带特征。声母 17—18 个：部分分清 n/l，其余皆与扬州话同。全浊上和全浊去字有 1/5 左右有送气和不送气文白两读。例如，“病”—“病[pi]院”[文]/“发病[p'i]”[白]。韵母 48 个：盐城话除具有咸山摄三分、保留入声韵尾等江淮话普遍韵母特征外，还具有部分韵母阴阳声韵合流的特点，即阳声韵韵尾弱化、阴声韵鼻化皆变成鼻化韵，两者之间产生交叉关系。例如：“姐”=“剪”。声调 5—6 个：阴平、阳平、上声、去声、入声(东台，大丰地区入声分阴阳)。其中，与通泰方言北部类似，全浊上和浊去字大部分都有去声[文]与阴平[白]两读。

## 二、盐城方言保护的现状

### (一)方言的市场情况

方言属于每一个地方具体的标志,反映了一定的民族文化,是一种大众文化、一种历史文化,是一种语言艺术。现在是21世纪了,改革开放过去了四十多年了,虽然普通话的推广占据了一定的方言市场,但方言的市场也是存在的,可以分为使用群体和消费群体,消费群体就是他们不使用方言,但他们能够听得懂和认同方言。在一些影视剧、小品中添加了一些方言的因素,传播了方言的文化意义。使用群体则是老一辈土生土长在一个地方的习惯了方言交流,通过家庭和日常的生活交流的方式来让方言文化不断的传承和发展。方言作为一种语言艺术,像京剧、淮剧、昆曲、黄梅戏等在方言的市场上占着很重要的位置,很多人愿意为此买单。

### (二)盐城方言的发展

随着经济的不断发展,盐城方言的存在不仅是文化的重要体现形式,也是文化创造的本源之一。盐城方言结合了旅游业、影视业、戏曲业的发展带来了更好的经济效益。这是方言推动盐城方言经济发展的直接体现,就拿盐城的淮剧为例,它是一种古老的地方戏曲剧种,起源于清代的盐城市和阜宁县,淮剧的发音就是以现在江淮官话的方言为基调,兼顾地方语言特色,它语调工稳、四声分明、方言纯正、富有韵味,从此也可以看出盐城方言的文化特色,让大众了解盐城的方言文化,更好地传承发展方言文化。

### (三)盐城方言保护的现状

随着普通话一代的成长,很多盐城的年轻人在逐渐丧失讲一口流利的家乡方言的能力,虽然从小对盐城方言耳濡目染,但学校家庭的教育却是培养讲一口标准的普通话,这对方言的发展是不利的,现在大家也意识到了这个问题的重要性,在学校也会开展一些和方言有关的活动,盐城方言萎缩的现状也得到了相应的缓解。

## 三、盐城方言的发展存在问题

### (一)方言市场萎缩

随着经济的快速发展,语言的交流是非常重要的,所以现在大力地推广普通话,这样有利于人与人之间克服语言的阻碍以便更好地交流,促进社会的发展,对社会主义经济、文化建设、政治发展有着重要的意义。推广普通话也是各个行业发展建设的内在需求,是文化建设的必要条件。这一方针是按照着以城市为中心,以学校为基础,通过电视广播等媒介带动着社会推广普及普通话,这样一来普通话的发展就影响到了方言的发展,随着时间的流逝,青少年一代中使用方言的人越来越少了,一些标准的方言语音就得不到很好地传承与发展,方言的市场就会出现萎缩和消亡。

从方言使用上看,它的生存空间存在着萎缩。随着经济的发展,虽然人们的生活水平在不断提高,但各个地区的经济发展水平还没达到一种平衡的状态,为了更好的发展很多的人都选择出去闯一闯,这样一来因为长期居于外地或定居于此的话方言的使用率就会越来越低,还有会说地道方言的人也越来越少,我们也对此做了调查,从数据上看,从 2015 年至 2019 年使用方言的人少了 25%左右,一些人虽然听得懂方言,但已经说不出纯正的乡音了;还有老一辈的人几乎使用的还是方言来进行交流,但新一代的人从进入学校开始就学习的是普通话,随着时间的流逝,方言的使用就得不到很好地传承与发展。

从方言的自身来看,它的生存形态在不断变小。方言正在不断地被遗忘着,学校和互联网是语言传承之中最重要的两个平台,这两大平台都大力推广着普通话,方言的使用就缩小到各个家庭交流之间了;在普通话的冲击之下好多方言语词被不断替代和消逝。其实普通话与方言之间的差异在于发音与腔调上面,但就是这些方言独特语言文化在不断消逝。我们要对这一现象加以重视,意识到这语言交替的过程之中方言市场萎缩问题的重要性,并对此提出相应的对策。

### (二)盐城方言的传承后继人才匮乏

年轻的一代对于方言渐渐的疏离了,越来越多的盐城年轻人对普通话已经说得相当熟练,在日常生活中使用普通话的比例已经高达 50%以上了,普通话说得比方言还要流利,回到家中说的方言也不是那么纯粹了,很多年轻人现在也只能听得懂一些日常的浅显的方言,像盐城方言中比较标准深奥的方言已经听不太懂了,从这里看出了普通话对年轻一代有着潜移默化的作用。

因为方言的语言要素在不断地流失,还殃及了盐城的一些语言文化发展,像盐城的淮剧等特色戏剧与年轻一代几乎“绝缘”。

### (三)盐城方言的自身问题

方言自身存在最大的问题就是沟通交流,盐城方言各地的发音也有所不同,根据差异大致可以分为东南、中部、西北三片,人家都说东台大丰那边讲的是“蛮话”,阜宁滨海那片讲的是“侉话”,盐城建湖那片的是“冒子”,这三种地方的人在一起讲话互相可能都听不懂。

## 四、盐城方言保护的策略

保护方言的主要有三个原则:首先,在发展中保护。对方言去粗取精,弃伪从真,融入当代元素。其次,传承中保护,适当演演方言节目,写写方言文字。再次,在保存中保护,搜集方言,编辑成书,记住方言的历史功绩。

### (一)方言在具体领域齐头并进

#### 1.学校

以学校为基础,在日常教学过程中在坚持普通话的前提下,也可以添加一些方言的部分。方言的研究不仅仅是一个课题研究的任务,更应该是学习努力的方向,因为学校是保护方言的一个重要的地方,学生是国家的希望,是保护方言的主要力量,也能更好地做到方言的传承教育。坚持以学校学生为主,再扩散出去,带动周围的人关注方言的发展,有着不容小觑的影响。

#### 2.广播电视

媒介的推广在保护方言的过程中也起到了不小的作用,它引起了不少学者和广大群众对方言保护的重视。广播电视节目也是保护和推广方言的一个重要平台和交流窗口,例如在一些小品和电视剧之中加入方言来调味,使语言文化生活更加丰富多彩。陈长旭在《语言生活共同化视角的方言节目探析》中探讨过这个话题。因为电视媒介的定位是面向大众的,所以它既是推广普通话的媒介,也是保护和发扬方言的重要阵地。

#### 3.国家机关

国家对公务员的普通话的水平相对重视,在《国家通用语言文字法》中也对国家公务员使用的普通话做出了规定,但因为服务的人群是大众,在以民为主解决问题的情况下也可以使用方言,这样更贴近于人民,更好地为人民服务。盐城部分与百姓接触较多的公务员岗位,在其实践工作过程中要多使用方言与百姓进行交流,这有利于提高方言的使用率。

#### 4.公共服务行业

《国家通用语言文字法》中对公共服务行业要求使用普通话作为服务用语,但使用方言也是必不可少的,就拿车站为例,车站面临的是不同年龄段的旅客,一些年纪较大的人因为语言与听力能力相对比较弱, 习惯使用方言, 对普通话比较陌生,这样就影响了与车站服务人员的沟通交流,给双方都带来了不便,所以在公共服务行业使用和推广方言也是很有必要的。

### (二)保护盐城方言的宣传力度

第一,通过一些广告、册子等宣传方式,来让人们意识到盐城方言作为本地文化发展的重要因素之一,学习和传播是非常重要的,也达到了保护方言的作用,促进盐城文化的延续及发展。

第二,通过电视、网络等传播媒介,根据盐城的人口分布的情况,适当的开播一些本土方言的节目,引起人们对于方言的兴趣,为保护方言打下基础。

第三,根据盐城方言的实用程度和使用范围等情况,给当地的大学生提供了解和学习盐城文化的机会。

第四,在学校开展相关主题的讲座,提高学生的方言保护意识。由于目前大家都用普通话进行交流,部分学生会因为说方言而有“羞耻感”,因此首先要从观念上普及方言的重要性,注重方言与普通话并行的校园文化。其次,可以组建关于盐城方言的社团活动,给予他们一个学习方言的一个平台,可以传承着盐城特有的地方文化特色。再次,可以在特殊的节日,举行一些有关方言的文艺节目,让整个学校充斥着保护方言的氛围,充分意识到它是地方文化的重要组成部分。

### (三)盐城方言持续保护原则

盐城方言作为非物质文化遗产,对于它的保护是一项长期、持续不断的工作,它与物质文化遗产的保护有着一定的区别。我认为物质文化遗产是一种静态的保护方法，但对于盐城方言这样的非物质文化遗产是要通过传承和传播来保持的，方言是富有自己的生命的，从它的语音、语调和表达方式都表现了盐城的文化特色，要在使用的过程中对方言进行保护，不能只是将其编纂成册，然后束之高阁，而是要让更多的人既会说普通话，又会说方言。我们要重视对方言的保护，若等到其濒临消亡再采取行动就为时已晚了。

### (四)政府保护盐城方言的举措

第一，可以加快非物质文化遗产保护法建立的步伐，强调和肯定方言在非物质文化遗产保护中占有重要的地位，保护了方言使用和传承的权利；同时，通过立法的形式提高全社会对应方言保护的重视程度，在盐城形成方言保护的氛围。

第二，盐城政府可以大力支持在一些出版的杂志、广播、电视、互联网中宣传方言保护的作用和意义，在一些官方的盐城媒体、杂志中专门腾出固定的区域讲解盐城方言，或者播放用盐城方言进行表演的文艺作品。还可以设立盐城方言保护的专项基金会，进一步地加大对盐城方言的保护传承。

第三，建立方言的保护示范单位，推动全国语言的保护活动。

方言不仅仅是我们日常生活中交流的语言，还蕴含着当地的语言文化特色，保护方言是我国对人文追求的重要表现，也可以构建我国和谐的语言生活，是非常有意义的。

本文通过方言自身的问题和价值分析，对方言的保护提出了一定的解决方案，始终认为学校和影视媒介是推广呼吁保护方言的一线阵地，一是可以使大众的语言文化生活多姿多彩，二是也可以做到推广方言的发展。期望大家对方言的价值和未来的发展更加关注，希望能够在推广普通话的同时也对方言的保护发展重视起来。不要让我国宝贵的、丰富的语言文化出现残缺，要明白方言文化是地方重要的特色文化，是非遗文化的重要组成部分。

## 第二节　盐城淮剧与盐城方言传承研究

淮剧，又名江淮戏、淮戏，是一种古老的地方戏曲剧种，发源于今江苏省淮安市以及盐城市里下河一带，发祥于近现代的上海市，现流行于江苏省、上海市以及安徽省部分地区。2008 年 6 月，上海淮剧团、江苏省盐城市申报的淮剧经国务院批准列入第二批国家级非物质文化遗产名录。

淮剧和方言历史悠久,从秦始皇统一语言到现在,中国共有80多种不互通的地区语言。淮剧和方言不像文字,不能在纸上写出来,不像其他物质文化能在博物馆里展示给人们看,不像物质文化能具象地流传下来,如果把淮剧和方言写出来是看不懂的,必须读出来才明白,所以它是一种只能言传的文化。如今我们都使用普通话,很多人对方言和淮剧都处于能听不能说的状态,等到我们成年,下一代可能就会听不懂淮剧和方言,淮剧和方言作为一种中国的非物质文化,就会慢慢流失,我们祖先集聚智慧创造出来的交流方式也会流失,其中淮剧和方言所能表达出来的情感我们现在用普通话是不能淋漓尽致地表现出来的。

淮剧语言是以今江淮官话的淮剧和方言为基调,并兼顾附近的淮安、盐阜等地淮剧和方言而戏曲化的一种舞台语言。据统计,全国共有淮剧团13个,盐城市占6个。该市以淮剧申遗为契机,不断加大保护和挖掘力度,先后有《太阳花》获国家舞台艺术精品工程,《唢呐声声》等6部剧目获省舞台艺术精品工程,淮剧已成为该市区域民俗文化的标志。对于淮剧的唱腔,不同时期也有不同的特色。唱腔的结构,是从原无伴奏高腔音乐体系演化为戏曲化、抒情性板腔音乐体系。淮剧的唱腔曲牌有数十种,其中最主要的是淮调、拉调和自由调。对于声调的发展,随着表现内容的不断更新,淮剧的流派唱腔也呈现出了繁荣景象。因为语言等因素,早在淮调和呵大海形成阶段,主体曲调就有东、西路派系之分。东路唱腔音调纯和,富于旋律。西路唱腔短促强硬,近似口语化。中华人民共和国成立后,流行在江南的淮剧以自由调为主体贯串发展,清新明快。而苏北的淮剧,仍然保持以淮调、拉调为主要发展线路,乡土气息甚浓。

如今我们研究淮剧和方言的现状,就是为了呼吁现在的人们不要忘记祖先流传下来的文化精粹。保护淮剧和方言不是怀旧和守旧,一种方言或者戏曲的消亡就是断送一个物种,葬送一种文明形态。我们人类曾经有8000多种语言,更有无数种派生出的方言,目前消逝的语言有2000多种,还存在6000种语言,而全球95%的语言只被4%的人使用,在全球化的今天,60%的语言正在急速走向衰退。中国文化不是一种文化,而是由许许多多地方文化组成,方言和戏曲就是地方文化的代表,没有方言、戏曲还谈什么地方文化,所以保护方言就是保护中国的文化。

## 一、盐城淮剧和方言概况

### (一)盐城淮剧起源

沧海桑田,盐城人杰地灵。"九龙墩"的汉代墓葬群落,矗立千年的唐代朦胧宝塔,无不烙下建湖五千年历史的悠久印记,“当为国死”而抱帝蹈海的民族英雄南宋臣相陆秀夫,声震联大的著名外交家乔冠华,都是流芳百世的建湖骄子;另外,盐城还是杂技、淮剧之乡,其淮剧独树一帜,源远流长,以其独特的风格和魅力而名誉海内外,成为江苏省三大重点剧种之一。

淮剧与盐城人民相生相伴,世代相传,它植根于人民大众,其乡土气息向人们展示了特有的质朴性格。究其起源,于清代中期,在江苏盐阜、清淮宝一带流行一种由居民号子和栽秧调、田歌雷雷腔发展而成的说唱形式门叹词,形式为二人对唱或一人单唱,仅以竹板击节。后来其与苏北民间酬神的香火戏结合,被称为江北小戏。之后,又受到徽剧、京剧的影响,在表演、唱腔和剧目等方面逐渐丰富,已由单个的民歌俗曲进化为较为复杂的说唱艺术,形成淮剧,约有一百多年的历史。

淮剧是由田歌、民谣、民间说唱与吸收花鼓、莲湘、耍龙、跳狮等舞蹈而形成的地方小戏。从业人员大多数为农民,农忙种田,农闲唱戏,逢庆丰收和祭祀等就参与做神会的香火戏。他们既“念忏”,也搭台唱戏,求得人神共喜。盐阜一带的艺人多数做过香火“僮子”。有些落泊艺人,只得打响板挨户卖唱,人称“门叹词”(一说“门弹词”)。由于灾荒,亦农亦艺的农民便弃农从艺,在各乡镇等地以演唱卖艺谋生。自盐阜艺人、香火“僮子”与淮口(淮阴区、楚州区)艺人联合演出后,形成新的演出形式,称为“三可子”。徽戏流传到盐阜地区后,对“三可子”影响很大,与徽戏同台演出,从中吸收了徽戏的剧目和表演技艺,不断得到丰富提高,发展成为淮剧艺术。早期的老艺人韩太和、武旭东、骆步兴、何孔标等原系徽戏艺人而后改演淮戏的。

### (二)盐城淮剧及盐城淮剧和方言的发展

方言和淮剧的发展不同于其他,这也是它深受人们喜爱的原因之一。淮剧刚开始并不是盐城市的剧种,早年淮剧艺人何孔德等人首次将淮剧带入上海,并且演出多组令人耳熟能详的淮剧剧目,使得上海市民逐渐喜爱上了淮剧,更让淮剧在当时成为上海市的一个主要剧种。在此期间,淮剧形成了自己独特的表演形式,为其后来的传承与发展打下良好的基础。苏北人民也不甘落后,在中共中央的正确领导下,纷纷建立淮剧文工团,创作大量优秀的淮剧,让苏北人民也能观看自己喜爱的淮剧剧目,同时让淮剧正式成为江苏省的地方戏曲,为现代淮剧的传承与发展做出不可估量的影响。1961 年,淮剧艺术考定委员会汇集上海、扬州、淮阴等所有淮剧界的专家、艺人的意见,遂确定建湖县的方言为淮剧音韵考定语,这是淮剧剧种的核心标志,同时适当地吸收周边地区具有普遍意义的字音加以丰富。

淮剧起源于民间,其特有的曲调风格,使之成为中华民族非物质文化遗产的重要组成部分。经过人们代代相传,积累了大量的优秀剧目,使得淮剧的内容丰富多彩,传唱于民间。淮剧以其极高的艺术价值,成为中国戏曲文化艺术中重要的财富。

### (三)盐城淮剧和方言的研究

淮剧语言以盐城方言话为主要基调,经过戏曲化处理形成了一种舞台语言,所以盐城方言不但不应该消失反而更需要流传。淮剧主要是在淮安、盐阜等地的方言基础上融合起来的一种舞台语言。盐城建湖县是淮剧艺术发祥地中段的源头,该地区的语言因具五音齐全、语调工稳、四声分明、发音纯正、富于韵味、悦耳动听,所以被不同时期的淮剧艺人所沿用。正如前文所述淮剧考定委员会于1961年界定淮剧语言以建湖县方言为主要基调,同时吸收周围地区优秀的字音音调来丰富淮剧语言的内容。可见,盐城建湖县是研究淮剧文化的宝地之一。在长期的实践过程中,盐城淮剧形成其特有的20个韵部,其中分上、下两韵的四声韵14个,入声韵6个,因入声韵不分上、下韵,所以又被称为“一字韵”。盐城淮剧的唱法是淮剧唱法中的东路唱法。盐城淮剧的表演唱法以“自山调”为主要基调,其唱法生动灵活、富于灵巧。随着时代的不断发展,盐城淮剧的唱腔流派呈现一派繁荣景象。新中国成立后,盐城淮剧人员将音调纯和、富于旋律的盐城淮剧唱腔不断创新,吸收各类优秀的唱腔形式,使得盐城淮剧的发展迈向更高、更强的局面。

盐城作为淮剧文化的发源地,非常重视淮剧文化的传承与发展,盐城人民为了让淮剧更好地传承下去,特别建立了淮剧博物馆,让人们更加了解、喜爱淮剧。江苏省淮剧团也在盐城建立,并且得到很好的发展。

## 二、盐城淮剧和方言发展的困境

### (一)戏曲市场的萎缩

改革开放以来,由于市场经济和多元文化的影响,地方戏曲面临着观众减少、市场萎缩等困难,地方戏曲剧种的保护迫在眉睫。根据国家文化和旅游部(原国家文化部)提供的相关数据,截至2015年8月31日,全国有348个剧种,其中分布在2个省区市以上(含)的剧种48个,分布区域仅限1个省区市的剧种300个。而且其中还有74个剧种只有1个职业剧团或民间班社,处境岌岌可危,面临“团散剧亡”的困境。国家文化和旅游部的数据同时显示,地方戏曲剧种流布范围也严重萎缩,19个省市剧种减少,大约只有40个剧种能经常参与全国性展演活动。戏曲演出退守农村市场,2015年全国2417个戏曲院团在农村演出71.54万场,占总场次的87.62%;农村观众为29427.44万人次,占观众总人数的79.07%。总的看来,我国地方戏曲院团呈数量逐年减少、剧种活力逐步减弱之势。有关专家分析,地方戏曲之所以面临如此窘境,一是城镇化进程不断加快,方言功能弱化,新的娱乐方式兴起,戏曲逐步失去了原有的生存环境。二是对戏曲艺术的重要作用和独特价值认识不到位,扶持力度不够。三是戏曲艺术创新不足,难以与时俱进。人才低端化、观众老龄化,戏曲传承后继乏人。

传统文化是一个国家的灵魂,时代需要不断地发展,而传统文化也应如此。人们不应该在新时代的潮流中忘记传统文化,更应该让传统文化在新时代的潮流中站稳脚跟,顽强的生存下去,为弘扬中华民族伟大的精神做出贡献。

### (二)盐城淮剧和方言的市场近况

淮剧是一个有着良好观众基础的地方剧种,拥有众多的戏迷。现如今,编排费用的提高,演出成本的增加,使得诸多戏迷难以承受高额的票价,这是观众与演员之间存在的一个矛盾。剧场的流失也是存在的问题。近年来,盐城老城区的7个淮剧剧场都已消失不见。新的大剧场又离老城区非常遥远,使老城区的市民失去观剧的欲望。另外,曾经成为培养淮剧人才摇篮的鲁迅艺术学校,并入盐城高级师范学校,与淮剧脱离关系。这样一来,淮剧人才的培养又减少了一片沃土,同样成为淮剧发展的一大损失,让人们为之感到遗憾、惋惜。

由于地方戏曲的萎缩,大多数的年轻人更喜欢流行音乐,而地方方言也就被流行音乐中的普通话所代替,而盐城方言也将慢慢退出历史,更多的年轻人不会讲盐城方言,仅仅停留在能够听懂,更别说地方戏曲所表达的意义。

### (三)盐城淮剧和方言后继人才缺乏

淮剧和方言后继人才的缺乏,是一件令人担忧的事情。目前,由于淮剧界急缺创作型人才,特别是编剧、作曲等创作型人才更是稀缺。培养一个淮剧演员需要耗费很长时间,无论是从语言还是戏曲爱好方面,培养一个淮剧导演及词、曲作家耗费的时间则会更长,因此,加快培养后继人才的脚步成为当前的首要任务。淮剧艺术的创作源于灵感,长久的稳固淮剧市场需要做到良性循环,但是鉴于现在剧团的生存窘境,难以吸引有潜力的年轻人为淮剧事业献出自己的力量。

### (四)剧团及淮剧和方言的自身困扰

由于大多数年轻人不太会讲盐城方言,现阶段,发展淮剧就具有一定难度。中国人口老龄化问题日趋严重,淮剧演员也面临老龄化,这同样是件令人烦恼的问题。地方戏曲不同于其他的娱乐项目,很难自足于市场,仍然需要政府的大力支持。经费问题成为淮剧团目前最头疼的问题,再加上剧团成立年代久远,退休人员数量不断增加,如果一个剧团连最基本的职工生活费都无法保障,又如何调动演员的积极性,如何去创新、如何去发展,这就成为盐城淮剧与方言发展的主要弊端,如果不注入新鲜血液,那么随着时间的推移,盐城淮剧和方言就会真正地退出历史。

## 三、对振兴盐城淮剧和方言的建议

### (一)成立盐城淮剧和方言艺术研究院

根据盐城的发展现况,可以成立淮剧艺术研究院,让淮剧博物馆、江苏省淮剧研究会、江苏省淮剧团充分发挥各自团体的优势,使淮剧在研究、发展、传承、保护等方面连成一体,不仅能够使淮剧得到更好的传承与发展,还能吸引更多的人才,让其在创作中出新、出奇。盐城淮剧艺术研究院的建立,为全国各地研究淮剧的人员提供良好的环境,使得淮剧能够在中国戏曲的舞台上发光发热,让淮剧文化深入人心,融入人们的生活,让淮剧真正成为地方戏曲。

### (二)加大盐城淮剧和方言的宣传力度

弘扬淮剧文化以及家乡话,还是要让淮剧以及盐城方言回归民间。定期加强群众性淮剧文化和方言的活动,举办淮剧作品展会,宣传电影经典桥段方言话,拓宽淮剧和盐城方言的传播渠道,设立专门的频道、专栏,对淮剧的相关信息进行宣传,让百姓们对淮剧有更深入的了解。并且广泛开展方言进社区、进家庭的相关活动,制造浓厚的氛围,让方言普遍化,让热爱淮剧、追求淮剧、欣赏淮剧成为当下的流行趋势。此外,要在全国范围内,尤其是戏迷圈推广盐城淮剧和方言,例如可以借助2016年淮剧《小镇》荣获第十五届中国文化艺术政府奖——文华大奖以及2019年江苏省戏曲现代戏研究会副会长、盐城市戏剧家协会主席陈明创作的淮剧《送你过江》,荣获第七届中国戏剧奖·曹禺剧本奖(第23届曹禺剧本奖)的契机,在全国进行淮剧演出，从而提高淮剧在全国的知名度。

## (三)举办盐城淮剧和方言下乡活动

淮剧和方言在盐城的乡镇具有良好的群众基础，拥有不少的粉丝，甚至有些乡镇淮剧爱好者会因为现在不能在乡村看到淮剧而懊恼。举办淮剧和盐城方言下乡活动，让起源于民间的淮剧和方言重新回到民间。方言、淮剧下乡活动的开展，需要准备大量的活动，其中包括：准备淮剧和家乡话的历史、文化、艺术等方面的知识，做好淮剧以及方言的宣传活动，淮剧演员准备优秀的剧目、电影经典桥段等。举办下乡活动，让淮剧和方言走进人们的生活，得到更多观众的喜爱，也让其影响力不断增强。

## (四)政府保护盐城淮剧和方言的相关举措

政府不仅要大力扶持淮剧在国内的演出市场，而且要打开淮剧在国外的演出市场。淮剧是中国非物质文化遗产的一部分，其深厚的文化底蕴，充分展现了中华文化的博大精深。开拓国外演出市场，不仅让外国人了解、熟知、喜爱淮剧，更能向全世界展示中华上下五千年的文化底蕴，让世界更加了解中国。针对目前全国各大大小小的地方戏曲演出市场的现状，建议各地方政府能够给予淮剧演出一定的补贴，让百姓们能够轻松走进剧院，欣赏自己所喜爱的淮剧。

要想淮剧和方言能够更好地传承下去，一方面要注重培养青年观众。随着高科技的不断发展，许多年轻人无法触碰到淮剧，甚至说得最多的不是家乡话，而是普通话，因此要让富有节奏、贴近大众生活的淮剧进入幼稚园、中小学校园、大学校园，培养他们对淮剧的兴趣爱好，对方言的认识，成功打开校园的淮剧市场。另一方面，要从幼儿抓起进行相关的教育活动。淮剧作为盐城的地方特色剧种，保护工作刻不容缓。要在培养机制上做文章，在市场开拓上做文章，在设施建设上做文章，积极解放思想，努力探索合作办学，拓宽师资渠道，坚持市场化就业，把幼儿园和小学打造成淮剧人才培养的重要基地。对于学前教育，要摸清底数，强健基础，解决好师资力量不足的问题，发挥自身特色优势，努力实现淮剧与教育的融合发展，建立特色学前教育和小学教育研究基地，以实际成绩为淮剧发展增砖添瓦。

淮剧和方言都是古代劳动人民智慧的结晶，更是人类共同的劳动成果，同样它也成为历史的见证，有着顽强不息的生命力。振兴淮剧任重而道远，这不仅需要不断创新,更要从娃娃抓起,不但要让淮剧走进校园课堂,让学生从小就了解淮剧、欣赏淮剧、热爱淮剧,还要让淮剧走进我们的生活,更好地拓宽自我的视野,提高自我的艺术修养,陶冶自身的艺术情操,为振兴淮剧事业打下坚实的基础。虽然淮剧和方言传承发展的近况不如人意,发展困境无法从根源解决,但是人们对于淮剧的热情却是空前的高涨,现在人们生活中淮剧的身影无处不在,淮剧凭借自身顽强的生命力,不断的生根发芽,让人们被其魅力所折服。振兴淮剧以及盐城方言传递同样是一项长期坚持不懈与努力奋斗的过程,在这个过程中需要的是广大盐城人民的共同努力,才能让淮剧和方言朝着更高、更快、更强的方向迈进。

## 第三节　盐城枯枝牡丹文化节庆旅游产业研究

盐城市区东南50华里处,坐落着一座2000多年的文化名镇——便仓。这里的枯枝牡丹,奇甲天下,享誉古今。每年谷雨前后,枯枝牡丹独放异彩,此时,小镇游客如云,盛况空前。大有“花开花落二十日,一城之人皆若狂”的景象。这种盛况,已延续了多年,那么她的魅力何在呢?枯枝牡丹有着传奇历史,清代小说《镜花缘》记述道:“如今世上所传枯枝牡丹,淮南便仓最多。”近年来,伴随着各地旅游节庆活动的推广和发展,盐城市政府打着“以花为媒,旅游搭台、经贸唱戏”的理念,成功举办四届盐城枯枝牡丹文化节。仅2014年,盐城枯枝牡丹文化节暨经贸洽谈会吸引了美国、英国、比利时、捷克、南非等国以及港澳台等地客商参加,签约投资超千万元以上项目66个,其中亿元以上项目50个,10亿元以上项目10个。从上述数据,不难看出旅游节庆所带来的利益之多。

### 一、举办节庆旅游的意义

#### (一)促进当地经济发展

节庆旅游是指利用地方特有的文化传统,举办意在增强地方吸引力的各种节日、活动,使旅游者在停留期间具有较多的参与机会,以促进地方旅游业的发展。旅游节庆的举办,首先能够促进当地经济的迅速发展。在当今社会中,旅游已经成为不可替代的重要经济产业之一。在很多城市,旅游甚至一度成为支柱产业,除了门票等基本收入之外,不仅衍生了许许多多相关的旅游产业,安置了大量劳动力,促进了就业,还适当地拉动内需,促进经济增长。当前,盐城地区依靠节庆旅游的人均收入和就业率都比较高,经济发展更是十分稳健。当然,节庆旅游所带来的游客更是平时的数倍,各个方面的消费和发展更会随之发展壮大起来。其次,由于节庆活动具有独特性,在整个江苏区域内,没有第二个一样主题的节庆活动,因此盐城枯枝牡丹文化节具有唯一性、排他性、垄断性。所以,盐城可以通过节庆活动的营销,增强自我的旅游地形象,使自己的形象比其竞争对手更易被旅游者所识别,从而增强了盐城在江苏省的竞争实力。再次,盐城枯枝牡丹文化节也成为盐城招商引资的重要机会。从盐城枯枝牡丹文化节庆旅游的标语可以看出,其出发点是花——以花为媒,落脚点却是经贸——经贸唱戏。当前,日本、韩国、新加坡等周边国家和地区,由于资源和市场等因素制约,正在进行大规模的产业转移,由于近几年来盐城正处于发展的关键时期,盐城要抓住这一关键节庆活动,突出经贸唱戏的重点,把工作着力点放在招商引资上。最后,旅游节庆旅游的发展可以带动区域交通、旅游、住宿、餐饮等的发展,又为加快发展节会经济创造了良好的条件,有力地促进了相关产业的发展。

### (二)带动文化产业腾飞

随着经济的飞速发展,人们的精神追求也开始不断提升,所谓仓廪实而知荣辱说的便是这个道理。美景处处有,人们追寻更多的是美景背后的文化理念和文化意义。

节庆活动不仅成为旅游地的特殊吸引物,更重要的是,长此以往,它将成为旅游地的象征,成为当地居民的精神寄托,是当地居民的骄傲。同时,节庆活动使当地居民具有文化使命感,他们会自觉地保护、传承民族文化或地方文化以及民间工艺。节庆旅游对于传统文化意义的挖掘和创新对于我国物质文化遗产和非物质文化遗产均有着十分重要的保护意义。以盐城枯枝牡丹为例,正是枯枝牡丹文化节的不断发展,才使得越来越多的游客了解盐城牡丹与枯枝牡丹背后的历史与传奇。同时,文化搭台之下,文化产业也得到了长足的发展。

### (三)增加良好的社会效益

节庆活动作为特殊的旅游产品与其他旅游产品迥然不同的是,它能在较长时间内引起公众的关注,甚至可以在一段时间内成为公众注目的焦点。这会使旅游地的形象得以迅速提升。旅游节庆活动的发展,在带动经济发展、文化腾飞的同时对于整个社会的安定与发展也有着十分积极而重要的意义。另外,通过举办节庆旅游活动,可促使旅游地的环境不断改善,使旅游地在游客心中的形象不断提升。

上文中,本书作者提到了盐城旅游产业对劳动力的安置问题以及所带来的可观的经济效益,为当地人民群众带来了一条非常畅通的致富之路,对于发展盐城地方经济、安置就业乃至促进整个社会秩序有序进行有着十分重要的意义。

## 二、盐城枯枝牡丹文化节营销优势分析

旅游节庆活动,具有独特的文化魅力和区域经济带动作用,是城市旅游的重要组成部分,也是城市营销的重要方法。独具地域文化特色的旅游节庆活动可以为城市打造一张张对外宣传的名片,形成极具影响力的"文化节庆旅游"经济产业链。"三分靠景色,七分靠活动",不管是对旅游业或是对城市经济的发展来说,优质的旅游节庆活动,都是为其带来客流及经济收入的重要因素。近年来,盐城枯枝牡丹文化节得到了十分迅速的发展并且取得了良好的经济效益、文化效益和社会效益,盐城枯枝牡丹文化节的营销优势主要体现在以下几个方面。

### (一)传奇的花名由来

世上的牡丹有数百种,为什么独有便仓的牡丹冠以"枯枝"二字呢?原来枯枝牡丹在正常年份每朵花为 12 瓣,但是,每逢农历闰月的那一年,花朵则为 13 瓣。便仓枯枝牡丹除了传奇的历史之外,还具有奇异的特色:枯而不朽!这里的牡丹,花朵美鲜润泽,不过,无论何时将其枝摘下,用火柴点燃,顿时就可燃烧。牡丹自身的艳丽就不用多说了,"唯有牡丹真国色,花开时节动京城"对于牡丹的赞美之词不绝于耳。更绝的是盐城牡丹具有更加的传奇与独特性。这样为这份美好再添一份独一无二,自然能够吸引天下惜花、爱花之人蜂拥而至了。

### (二)丰厚的历史文化背景

1943 年,日军侵占便仓,枯枝牡丹园成为一片瓦砾。当地群众冒着日军轰炸的硝烟,将花根小心挖出,藏进麻袋,栽在自家菜园中,才使枯枝牡丹免于灭顶之灾。新中国成立后,当地政府先后 4 次重修和改建枯枝牡丹园,现已建成苏州园林式花园,牡丹品种近百个。原国防部部长张爱萍为该院题写了"枯枝牡丹园"的横额和"海水三千丈,牡丹其百年"的楹联。目前枯枝牡丹园已成为苏北对外开放的又一个

旅游景点，文人墨客们对于这一支“春欲放也”留下了众多的赞美和咏颂。

### （三）良好的区域位置

盐城市是江苏省面积最大的省辖市，东临黄海、南与南通市接壤，西南与扬州市、泰州市为邻，西与淮安市相连，北隔灌河和连云港市相望。市辖区面积 1779 平方公里，市辖区 158.65 万人（亭湖区 83.90 万，盐都区 74.75 万）。全市地势平坦，河渠纵横，交通发达，物产富饶，素有“鱼米之乡”的美称。盐城大多数人口是历朝江南移民后裔，因而传统文化和民众的心理状态都属于传统的江南文化范畴。盐阜大地人杰地灵，名人数不胜数。盐城市地理位置优越，经济发展良好，有着十分好的基础设施建设，对于旅游人口的接纳工作做得十分到位，交通四通八达更是为游客提供了最基本的旅行保障。

## 三、盐城枯枝牡丹文化节营销劣势分析

除了上文中探讨的一系列积极因素，我们也不得不看到在发展过程中，盐城牡丹也有着相应的营销不足：

### （一）全国范围内可替代性极强

正如曲阜作为孔孟故里，孔子故居人声鼎沸，而孟子故里却很多时候门可罗雀一样。这是因为，孔孟都作为儒家思想的代表人物，孔子作为儒家思想的创始人和奠定者，有着非比寻常的历史地位。其实，孟子的儒学成就也不逊色孔子太多，但是由于二者地域的相近，文化思想趋同，孟子故里就多被忽略。的确，我们在上文中，对于盐城牡丹的美好和特别都有了详细的论述，但是提到牡丹，世人想到更多的是那座因为牡丹而艳重天下的城市——洛阳。洛阳的牡丹动人动天下，云想衣裳花想容的美好里，被人们深深印在了脑海里。其次，人们想到的或许是山东菏泽的牡丹以及牡丹丛中的仙女。提到盐城牡丹，或许很多人都会觉得比较陌生。

### （二）知名度不高

很多人对盐城这个城市就不是很了解，对于盐城的枯枝牡丹花了解得更是少之又少。有人说所谓旅游就是从自己待腻的地方去那些出了名其实别人也待腻了的地方。话虽这样说，但是，我们可以看到有个前提在里面便是出了名。在这个酒香

也怕巷子深的时代里，作为一个不是十分出名的城市里的一个不太出名的旅游地区的旅游节庆，接待人群多为周边地区群众。知名度也是对于盐城牡丹文化节制约的一个不可忽视的因素。

### （三）规模相对较小，接待人群有限

便仓作为盐城市郊区的一个小镇，地区规模本身有限，牡丹园占地规模更是有限。而作为以花为媒的风景区，在旅游中又有着十分明显的季节局限性。上文中，我们提到谷雨时节，花开时节，因此游客集中在谷雨时节，平时则没有什么明显的游客观光。这种明显的季节和地域限制，使得接待规模十分有限。

## 四、盐城枯枝牡丹文化节营销策略

对于盐城枯枝牡丹文化节来说，扩大知名度是当前所必需的重要工作之一。媒体覆盖和信息传播的最大化都有着十分重要的意义。

### （一）强化品牌形象，巩固品牌忠诚度

旅游节庆应以品牌化开发为原则，以长时间的品牌塑造为目标。通过精准的文化内涵的选择，产生出富有创意的节庆主题，从而使城市或景区催生出固定的旅游节庆品牌。旅游节庆的品牌化更有利于游客了解旅游地，加深标签化印象，激发二次游览，延长旅游节庆市场的生命周期。

宣传是突出枯枝牡丹文化品牌形象的重要渠道，选择“牡丹仙子”品牌代言人，合理的广告视频的播放等，巩固品牌忠诚度。同时通过各种途径，如定期回访固定客户、问卷调查等了解客户的价值需求，从而塑造稳定的品牌个性和良好的品牌形象，最终强化品牌形象，提升品牌的忠诚度。

### （二）开展文化、知识营销

知识营销的力量来自消费人群对于社会文化中所包含的生活方式与价值观念的共性认同，通过与顾客在精神层面产生“共鸣”，激发出顾客对特定情境的认可或者记忆，从而获得消费群体对于品牌与核心产品的深度认同与持续消费。要使文化在节庆活动中展现生命力，还需与市场相结合，用文化创造的旅游节庆活动通过市场化运作，使其长久化、规模化。文化的重要功能是达成共识，引导并塑造行为。完成枯枝牡丹文化园景区内部硬件设施，强调宣传导向的意义和重要性。文化和知识

内涵是当今旅游的又一个硬伤，建立文化和知识氛围，比如开展有关牡丹文化的诗词、对联和文章征文等活动也是非常有必要的。

### (三)围绕销售进行宣传，辅助宣传设置活动

要想提高节庆活动的知名度，在宣传过程中，就要有技巧性的针对目标市场制订贴合的创意营销手段，选择有效的媒体，注意宣传的频度。结合盐城乡镇、民俗村资源特色，以活动促宣传枯枝牡丹文化，充分利用报纸、电视、广告、网络等媒介进行宣传，其中尤其要注重互联网宣传，随着科技的不断进步，我国的互联网产业发展迅速，影响范围广泛，传播速度也非常快。所以，旅游节庆组织者看到了这个契机，利用网络去进行宣传。现在，微博、微信、是人们经常使用的社交软件。很多人都喜欢在旅游之后发一条朋友圈或者微博直播等来分享自己这次旅游的感受，而大家的好友基本都在自己的联系人中，通过对游客发布的内容的阅读，就可以对旅游产品及目的地有初步的了解，产生去参加的兴趣。通过整合营销资源，集中优势，利用各种途径，加强旅游节庆统一营销。在火车站、汽车站、宾馆、饭店或社区、写字楼等处放置节庆活动导游图，尽可能吸纳更多的旅游者，提高客源量，烘托出节庆活动游人如织的热闹场面，提高节庆活动的影响力和知名度。

### (四)提高获利率，提高活动质量

首先，要关注产业发展，借助盐城枯枝牡丹文化节推出盐城旅游新元素、新产品，向各界展示现代化全球化的旅游构想。其次，关注民生需求，借枯枝牡丹文化节彰显盐城的无限魅力，以保障民生、改善生活为重要抓手，适应广大市民游客的需求，为市民游客带来实惠；关注区域合作，借枯枝牡丹文化节提升盐城国际影响力，邀请各地具有重大影响力的电视媒体前来报道开幕仪式的盛况，共同体验枯枝牡丹文化节，通过各大媒体的宣传，使枯枝牡丹文化节的形象深入人心。再次，注重口碑营销。吸引大众参与，聚集人气，使旅游节庆成为长久的旅游吸引物，促进旅游业的发展，是举办旅游节庆的重要目的，这要求旅游节庆策划需遵循大众化原则，要重视民众基础。充分考虑节庆活动对大众的吸引力，通过举办更多的优质活动项目，使游客、民众从被动参与转变为主动参与。通过打造出社会效益，以促进口碑营销，才能实现更好的经济效益。口碑营销策略可以分为以下几种顺序，那就是发生、传播和监控。只有这三大系统的成功建立和连接，才能发挥口碑战略的最大效用。一种产品要想销售得好，销量高，不仅需要其本身质量上的支持以及企业的包装宣传好，另一个很重要的原因就在于其口碑。如果其口碑好，那么它所产生的效果比

企业花钱所设计的广告等会更好。尤其是旅游产品,游客之间的口碑很重要,好的旅游节庆活动容易给人留下深刻的印象,并推荐给自己的亲朋好友,进而起到了良好的宣传作用。所以,一个旅游企业的口碑对其影响是非常大的。节庆活动组织者应该根据自身的特点,结合游客的需要,找出真正受欢迎的旅游节庆产品,增强市场竞争力。

### (五)注重游客体验,注重体验营销

旅游节庆之所以能够吸引很大一部分顾客,其主要原因就是其参与性和体验性。通过这个,大家可以来亲身体验一下当地的传统文化和特色活动。通过自己的亲身感受,也就可以了解到更多更深的特色。一般来说,现在的游客去旅游,更多的是对某个地区的文化感兴趣,也希望可以在行程中更多得了解这个地方的文化。所谓旅游体验,就是旅游者在亲身体验一个地方的文化之后所产生的心理上的反应。它能够满足旅游者心理上对一个地方的好奇,同时也能满足他们对一个地方上了解的心理上的需求。其主要的核心内容就是旅游者心里的感受。旅游节庆品牌营销正是抓住了旅游者这个心理,从而制订出对应的营销计划,销售自己的产品。一些企业站在旅游者的角度思考问题,制订出一系列不同的营销战略。当大家在节假日出去旅游的时候,最让人享受的就是节假日的氛围,这样会让旅游者觉得很享受,很愉悦。

## 第四节　盐城水浒文化资源保护与旅游开发研究

近年来,随着水浒研究的不断深入,水浒文化逐渐引起了社会的关注,水浒文化旅游受到了愈来愈多游客的青睐。水浒文化旅游方兴未艾,其深度开发对弘扬和保护水浒文化、促进地方旅游经济发展具有重大而深远的意义。而随着大众时代游客消费欲望与形态的转变,其旅游方式已经从原有的观光旅游向体验式旅游转变,传统的景区经营方式已远远不能满足游客的需求。因此,注重参与主体和情感交流的体验旅游,将为水浒文化旅游的开发模式和创新路径提供了有效手段。

通过相关文献的整理与分析,可知将水浒文化与旅游相结合的研究数量甚少。水浒文化旅游的提出最早可追溯至20世纪80年代,而水浒文化旅游至今尚未形成较为系统的学术研究,且大多是从“酒文化”“侠义文化”“武术文化”等旅游资源

开发的现状、问题方面加以研究。刘秀娟(2015)以郓城为例,依据水浒酒文化旅游的特性及其丰裕的水浒文化旅游资源,利用内生式发展的理论对社会资本加以开发,以促进区域性产品品牌的塑造;付成波等(2016)在对水浒侠义文化阐述的基础之上,从形成确定、景观设计及网络游戏三个方面对水浒侠义文化旅游的开发加以研究;丁传伟(2016)首先对武术文化旅游的内涵进行分析,并以梁山为例,深入剖析该地武术文化旅游资源的价值及其开发过程中存在的问题,以此提出一系列相应的发展对策建议;杜艳增(2014)以水泊梁山风景区为例,分析了其文化旅游产品的现状和存在的问题,并从体验旅游的角度提出了一些发展策略;浦玉生(2015)分别分析了江苏三国文化旅游资源的价值、意义、特点和现状,并分别从总体形象定位、整合旅游线路以及策应联营联动三个方面,就资源的挖掘与营销展开研究;王丽霞(2016)基于山东四县水浒文化旅游开发现状的分析,点出其开发过程中存在的问题,并从生态文明的角度提出其后续开发的相关原则、系列对策与建议。

综上所述,近年来国内学者对水浒文化旅游的研究主要涉及开发现状、问题和策略等定性分析,而缺乏从游客感知视角的定量研究。基于此,这是以中华水浒村为例,尝试从游客感知的角度探究游客的实际感知,并依据具体感知度、满意度和忠诚度进行分析,从而了解盐城水浒文化旅游发展的实情,以期提供建设性的意见和建议。可以说,本文的研究在很大程度上既扩大了水浒文化旅游的研究范畴,也开拓了水浒文化旅游的发展思路。

## 一、研究区域概况

作为《水浒传》这部古典名著的发祥地和摇篮,盐城与《水浒传》有着根深蒂固的联系,水浒故事取材于元末两淮盐民张士诚起义,书中的人物原型、方言土语、风俗人情、地理特征都深深渗透着盐城元素,描写的很多情节都可在盐城找到文学原型。而作为盐城的文化担当,白驹古镇素有"施公故里,水浒原乡""中华水浒第一镇"之美誉,其水浒文化源远流长,内涵丰富,具有广泛的大众基础。

白驹镇是施耐庵的故里,是施耐庵的根基。近年来,白驹镇以水浒文化为载体,充分挖掘《水浒传》发祥地和施耐庵诞生地等独特文化资源,重磅推出盐城新十景之一的"施公遗踪",积极打造施公故里文化游;而随着施耐庵故居、施耐庵书院、施耐庵碑林、施耐庵公园等遗址和纪念场所的盘活,以施氏宗祠为基础、以花家垛岛为核心的中华水浒村的落成,盐城水浒文化旅游资源进一步得以丰富,“读《水浒》、识文化、游古镇”的水浒文化精品旅游线路也正逐步完善。史上真正的宋江,也跟滨海有缘。《宋史》记载,宋江为“淮南盗”,于公元 1119 年在黄河以北一带起义,一路南下,攻打淮阳军,接着占据楚州,所以说,滨海一带海域在南宋期间,曾经是宋江的领地。公元 1121 年,宋江率部从楚州向海州进发,乘船路过滨海海域到达海州湾,接受招安。

可以证实:滨海沙浦寨是《水浒传》创作重要的背景地,史上宋江祖籍和滨海同属一域,宋江经过滨海沙浦寨接受招安。

## 二、盐城水浒文化旅游发展的游客感知模型构建

### (一)指标体系建立

笔者借鉴相关文献资料,通过实地调研法、专家访谈法等方法,依据水浒文化旅游发展情况加以评价,各评价维度综合反映文化旅游产品、品牌价值塑造、游客参与程度、营销宣传推介、景区解说系统和配套基础设施之间的相互关系,由此反映盐城水浒文化旅游现阶段的发展水平,也能反映其长期发展态势。

将这 6 个评价维度进一步细分为 15 个感知要素, 分别为娱乐节目的丰富性、产品设计的主题性、产品内容的创意性;游客参与的趣味性、演艺活动的互动性、游客参与的差异化;品牌形象的知名度、品牌个性的吸引力;旅游基础设施的支撑力、配套服务体系的完善性;解说内容表达的针对性、解说媒介类型的多样性、解说主客体间的共生性;营销推广的广泛性、宣传渠道的多元性。

基于此,本文建立了水浒文化旅游游客感知评价指标体系维度结构及测量表,并结合专家咨询意见, 对各评价维度与感知要素重要性排序并对各因子的重要性进行聚类分析,确定各指标重要性的权重,以用于盐城水浒文化旅游发展评价的实证研究。

### (二)游客感知模型构建

基于发展评价指标体系,本文进一步构建水浒文化旅游游客感知模型,并将各个评价维度设为自变量, 游客感知设为中介变量, 游客满意度与忠诚度设为因变量,如图 4–1 所示。

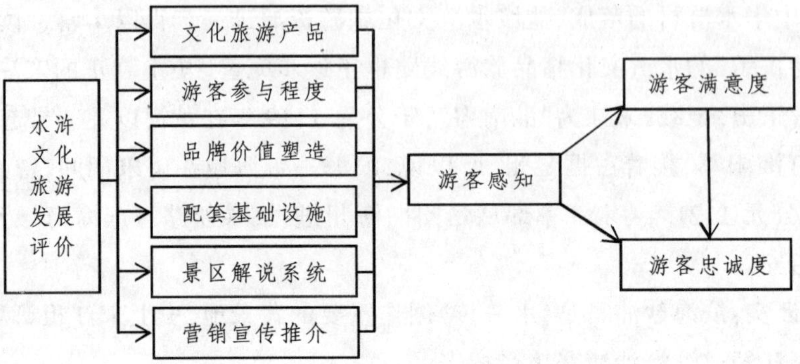


**图 4-1 水浒文化旅游游客感知模型**

## 三、问卷调查与数据来源

为更加清楚地验证盐城中华水浒村的开发效果,笔者依据游客感知模型,基于水浒文化旅游发展评价指标体系,设计出相对应的盐城水浒文化旅游游客感知调查问卷,获取真实有效的调查数据。

### (一)问卷设计

根据研究调查的需要,调查问卷共分为两部分。首先,分别对游客的性别、年龄、受教育程度、游客职业结构、经济收入与客源区域结构进行调查;其次,就游客对盐城水浒文化旅游的具体感知情况进行调查,包括文化旅游产品、游客参与程度、品牌价值塑造、配套基础设施、景区解说系统和营销宣传推介等六个评价维度。与此同时,问卷采用李克特五点赋分量表法,各感知要素分值分别为 1、2、3、4 和 5 分,且分值愈高,表明游客对水浒村的表现性和重要性愈认可,而游客的忠诚度也随着其满意度的增加而增加。

### (二)数据收集

为增强量表的信效度,提高指标的合理性、科学性与可操作性,笔者于 2018 年 2 月至 7 月之间共分四次进入盐城中华水浒村,对游览结束的游客进行多阶段随机调研和半结构式访谈,共计发放 300 份调查问卷,回收有效问卷 292 份,回收率约为 97.33%。为了直观展示受访游客的基本情况,本文采用描述性统计方法对所获得样本的具体结构和特征进行分析,表 4-1 是对盐城水浒村游客人口统计学特

表 4-1　盐城中华水浒村游客人口统计学特征频数分析(N=292)

| 人口及社会特征 | 游客基本情况分析(%) | | | | | |
|---|---|---|---|---|---|---|
| 性别 | 男 | | | 女 | | |
| | 50.94 | | | 49.16 | | |
| 年龄(岁) | <18 | 18~30 | 31~40 | 41~50 | 51~60 | >60 |
| | 9.10 | 17.97 | 21.16 | 24.33 | 15.19 | 12.25 |
| 受教育程度 | 硕士及以上 | 本科/专科 | 高中/中专 | 初中及以下 | | |
| | 27.04 | 25.63 | 32.12 | 15.21 | | |
| 游客职业结构 | 学生 | 公务员 | 个体经营者 | 企事业单位 | 离退休人员 | 其他 |
| | 14.18 | 12.97 | 21.16 | 23.95 | 17.80 | 9.94 |
| 经济收入 | 无收入 | ≤1940 | 1941~4000 | 4001~5000 | ≥4501 | |
| (元/月) | 6.25 | 11.18 | 18.72 | 37.51 | 26.34 | |
| 客源区域结构 | 江苏境内 | 华东地区 | 华北地区 | 华南地区 | 其他 | |
| | 40.18 | 23.54 | 15.03 | 13.09 | 8.16 | |

征频数的分析。

由表 4-1 可知，盐城水浒村游客的男女比例基本保持平衡，且主要集中在 18~60 岁的年龄段，多为机关企业职员或事业单位职工，月收入多在 4000 元以上的水平，由此说明水浒村应着手文化开发较高层次的特色旅游项目。与此同时，盐城水浒文化旅游对江苏和华东地区以外的影响相对较小，应不断加大营销投入力度，尽快拓展省外市场。

## 四、盐城水浒文化旅游发展评价分析

基于概率论的基本原理，以大数定律和中心极限定理为基础，本文结合数理统计法与 SPSS22.0 软件对问卷调查所得的数据加以量化，以此对游客感知价值维度的高低加以判别，试图对盐城水浒文化旅游的开发效果进行验证，找出其开发中存在的问题，并探索相应的开发路径。

### (一)评价等级分析

首先，利用不同得分的样本数计算感知要素的均值，并乘以各自权重得出各感知要素的具体分值；其次，将各感知要素分值相加，得出各评价维度的分值，具体见表 4-2 所列。

表 4-2 游客感知评价各感知要素与评价维度得分

| 感知要素 | | 不同得分的样本数(人) | | | | | 均值 | 感知 | 评价维度 | | 评价 |
|---|---|---|---|---|---|---|---|---|---|---|---|
| 指标层 | 权重% | 1分 | 2分 | 3分 | 4分 | 5分 | 得分 | 得分 | 要素层 | 权重% | 得分 |
| 娱乐节目的丰富性 | 6.182 | 32 | 45 | 52 | 68 | 95 | 3.209 | 0.198 | 文化旅游产品 | 23.710 | 0.861 |
| 产品设计的主题性 | 10.361 | 13 | 32 | 48 | 82 | 117 | 3.821 | 0.396 | | | |
| 产品内容的创意性 | 7.573 | 28 | 42 | 50 | 75 | 97 | 3.527 | 0.267 | | | |
| 游客参与的趣味性 | 5.046 | 15 | 32 | 57 | 83 | 90 | 3.176 | 0.160 | 游客参与程度 | 18.481 | 0.580 |
| 演艺活动的互动性 | 5.133 | 19 | 36 | 62 | 85 | 90 | 3.254 | 0.167 | | | |
| 游客参与的差异化 | 7.690 | 26 | 38 | 56 | 76 | 96 | 3.292 | 0.253 | | | |
| 品牌形象的知名度 | 5.279 | 22 | 29 | 82 | 82 | 77 | 3.124 | 0.165 | 品牌价值塑造 | 20.254 | 0.751 |
| 品牌个性的吸引力 | 6.201 | 9 | 27 | 96 | 77 | 83 | 2.860 | 0.177 | | | |
| 旅游基础设施的支撑力 | 4.405 | 74 | 89 | 72 | 34 | 23 | 2.676 | 0.118 | 配套基础设施 | 10.128 | 0.217 |
| 配套服务体系的完善性 | 4.142 | 68 | 80 | 84 | 27 | 18 | 2.393 | 0.099 | | | |
| 解说内容表达的针对性 | 6.251 | 69 | 87 | 89 | 29 | 18 | 3.165 | 0.198 | 景区解说系统 | 12.032 | 0.342 |
| 解说媒介类型的多样性 | 9.873 | 19 | 31 | 43 | 89 | 110 | 3.902 | 0.385 | | | |
| 解说主客体间的共生性 | 5.287 | 15 | 29 | 93 | 74 | 81 | 3.185 | 0.168 | | | |
| 营销推广的广泛性 | 8.112 | 26 | 52 | 55 | 74 | 85 | 3.263 | 0.265 | 营销宣传推介 | 15.395 | 0.527 |
| 宣传渠道的多元性 | 8.465 | 17 | 53 | 63 | 77 | 82 | 3.090 | 0.262 | | | |
| 游客总体感知度 | 21 | 51 | 84 | 82 | 56 | | 3.391 | 3.391 | — | | 3.391 |
| 游客总体满意度 | 26 | 48 | 81 | 84 | 55 | | 3.349 | 3.349 | — | | 3.349 |
| 游客忠诚度 | 33 | 50 | 85 | 87 | 39 | | 3.248 | 3.248 | — | | 3.248 |

### 1.赋分计算

依据游客对各评价维度、感知要素，以及总体感知度、满意度与忠诚度的赋分情况，本文计算出所有游客的感知总分，其公式为：

$$Y=\sum_{i=1}^{m} Y_i X_{i1} X_{i2} \tag{1}$$

式(1)中，$Y$ 表示游客各感知要素的加权总和，Fi 表示各项感知要素原始值标准化处理值，$X_{i1}$、$X_{i2}$ 则分别表示各指标在要素层和指标层中的权重。

设满分为 100 分，则将其标准化的公式为：

$$Y_i=Y_{oi}\frac{100}{Y_{eimax}} \tag{2}$$

式(2)中，$Y_{oi}$ 表示各感知要素的原始分值，$Y_{eimax}$ 则表示该感知要素可赋予的最大值。本文采用 Likert 五点量表法对各项指标予以赋值，其最大、最小分值分别为 5 分和 1 分。鉴于此，可得出 $Y_i$ 的取值范围，即 $Y_i\in[20,100]$。

由上可知，游客各感知要素总分为：

Y=100×[(0.861+0.580+0.342+0.217+0.751+0.527)÷5]=65.560；

同理可得，游客总体感知度为 100×(3.391÷5)=67.820；

游客总体满意度得分为 100×(3.349÷5)=66.980；

游客忠诚度得分为 100×(3.248÷5)=64.960。

### 2.评价效果等级

在参考相关研究资料的基础上，笔者将盐城水浒文化旅游开发效果划分为非常好、很好、较好、一般、较差和很差六个级别。水浒文化旅游的开发效果 F 取值范围为[20,100]，若 F∈[20,40]，表示很差级别；若 F∈[40,60]，表示较差级别；若 F∈[60,70]，表示一般级别；若 F∈[70,80]，表示较好级别；若 F∈[80,90]，表示很好级别；若 F∈[90,100]，表示非常好级别。

游客的感知总得分为 68.20，其总体感知度、总体满意度和忠诚度得分分别为 67.820、66.980 和 64.960，均处于[60,70]的“一般”级别，离“较好”级别差距较小，但与更高级别差距很大。由此表明盐城水浒文化旅游的开发现状并不理想，需加以大力改进。

## (二)感知评价指标的各维度分析

### 1.评价维度与各感知要素的关系

在文化旅游产品评价维度中,产品设计的主题性均值得分较高,说明旅游产品紧密围绕着水浒文化主题,且受到了游客的认可;而娱乐节目的丰富性和产品内容的创意性均值得分则相对较低,前者反映出当前水浒村产品多为静态展示,由于产品开发力度和挖掘深度欠缺,导致产品开发效果不佳,令游客印象深的产品较少,后者则说明了现阶段水浒村产品开发对游客的感染力和吸引程度较低，有待于进一步强化水浒特色文化旅游产品个性特色,创新旅游产品的类型、内容和形式。

在游客参与程度评价维度中,游客参与的趣味性、演艺活动的互动性和游客参与的差异化三者的均值得分均相对较低,说明景区活动对游客缺少较强的吸引力,景区应以参与性和体验性为导向来满足游客需求,探索出差异化的文化旅游产品,以创意项目促进盐城水浒文化旅游的开发,以特色增强其竞争力。

在品牌价值塑造评价维度中,品牌形象的知名度均值得分较低,说明盐城虽然是《水浒传》的发祥地,在学界有着较大的影响,但在普通游客中其知名度并不高;而品牌个性的吸引力均值得分处于中等水平，说明游客游览后认可盐城是水浒文化旅游胜地,可相较于其他水浒文化旅游目的地,当前的盐城中华水浒村并不是游客的必然选项。

配套基础设施所包含的旅游基础设施的支撑力、配套服务体系的完善性等两个感知要素指标均值得分均较低,说明目前水浒村旅游基础设施薄弱,旅游配套设施跟不上旅游发展步伐,停车位、道路的建设重视程度欠缺,可进入性较差;与此同时,也反映出盐城水浒村周边环境不佳,吃、住、行、游、购、娱尚不能得到较好地满足,配套服务体系有待进一步提高。

在景区解说系统中,解说媒介类型的多样性均值得分均较高,说明游客接触盐城水浒文化旅游的途径较多，但是游客对水浒村主题文化旅游解说的感知并不均衡。其余两个感知要素均值得分均较低,说明游客对水浒村的文化元素感知相对平均,但特色鲜明程度欠缺,游客并不能在旅游解说过程中充分感知水浒村的水浒文化因素,在解说层面上仍需要深入挖掘其文化内涵;同时,水浒村旅游宣传的主体相对薄弱,解说方式相对较为单一,主要解说主体仍是传统导游员和景区讲解员,由此说明水浒村旅游解说系统仍存有较大的提升空间。

营销宣传推介包括营销推广的广泛性和宣传渠道的多元性两个感知要素指标,且均值得分均处于中等水平。说明游客获知水浒村的信息来源比较广泛,也从侧面反映了景区较注重营销宣传和渠道建设,其渠道长度和宽度尚可,但仍需进一步扩展和延伸,在提高营销渠道系统性的同时,做好长期营销规划。

### 2.各评价维度间的关系

将水浒文化旅游游客感知各评价维度依据权重大小加以排列,依次为文化旅游产品、品牌价值塑造、游客参与程度、营销宣传推介、景区解说系统和配套基础设施。

对游客而言,文化旅游产品位居前列,略高于其他维度,说明盐城水浒文化旅游产品得到了游客的基本认可, 而作为中华水浒村开展旅游活动的最具魅力的部分,丰富且富于主题性的文化旅游产品既是旅游活动的物质基础,也是旅游活动的前提;品牌价值塑造位列第二,离文化旅游产品仍存在一定差距,说明盐城水浒文化品牌建设需要大力提升,品牌形象是游客对中华水浒村的第一印象,其塑造不仅提高自身的知名度和美誉度,还有助于增强游客的品牌忠诚度;游客参与程度位居第三,由此说明游客参与的体验性、趣味性尚可,但仍需要加强,而游客参与程度的高低对游客的满意度与忠诚度有着直接影响; 营销宣传推介和景区解说系统分列第四和第五,这也是景区解说系统不够完善,水浒文化也未能得以高效传播的真实写照,而完善的景区解说系统,能令游客更快地融入水浒村的文化氛围,真切感受盐城水浒文化的魅力;配套基础设施排名最末,这也在很大程度上印证了水浒村周边现有的基础设施建设相对滞后,尚未能与自身的发展完全匹配,也不能满足游客日益增长的旅游休闲需求。

由此可知,盐城中华水浒村在文化旅游产品的开发方面做得相对较好,应继续保持,品牌价值和游客参与应大力提升,排名靠后的解说系统、配套设施应花大工夫改进。

## 五、基于游客感知视角的水浒文化旅游深度开发策略

盐城可依托自身独特的水浒文化资源, 深入挖掘并发展特色文化内涵, 叫响“寻施公遗踪,游施公故里”“一本书·三个人·一座城”等宣传口号,全方位地展示“施公故里,水浒原乡”主题形象定位,紧紧围绕“游在水浒园,乐在文化中”这一理念做活水浒文化旅游,依据旅游时节、消费群体及市场需求层次的异同,开发参与

性、体验性、互动性和娱乐性强的文化旅游产品,提高游客的满意度和忠诚度。

同时,保持旅游内容项目的丰富性和多样性,不断增强旅游市场的整体吸引力和精准度,提高活动和项目程序的复杂性和广泛性,这不仅有利于盐城水浒文化旅游特色的展示,更有利于最大限度地从视觉、听觉和触觉等方面调动和刺激游客感官,为游客日趋多元化和个性化的深度体验游提供支撑,进而提升盐城水浒文化旅游的魅力。

### (一)旅游产品内容多元化,提高游客旅游忠诚度

就水浒文化旅游内容而言,需以水浒文化为主线,在分析客源市场的基础之上,针对不同旅游市场的特点,从地域文化、故事景物、故事风俗、故事活动、故事人物五个方面开发体验性强、文化要素丰富的特色水浒旅游产品,以此为游客拓展更多的游乐项目和活动空间。盐城可加大水浒文化旅游产品创新开发力度,积极采取旅游开发新举措。为让游客体会水浒的文化律动,提高其忠诚度,可在延续中华水浒村的基础之上,营造水浒市井文化风情街区,设立水浒英雄好汉居住体验地,打造精致的水浒山寨文化体验区、水浒忠义文化游览区,还可建造宜人的水浒水寨景观休闲区和水泊风情游览观光区,形成"一村一世界,一区一风情"的格局。

在水浒市井文化风情街区内,可让游客感受独特的水浒饮食文化,如设立"快活林客栈"一饱水浒英雄宴、好汉聚义餐等眼福和口福的美食盛宴;在水浒英雄好汉居住体验地内,可使游客身临其境于水浒英雄的历史时代,感受水浒传英雄的精神和气概,尽情享受水浒英雄大碗喝酒、大块吃肉的痛快之情;在水浒山寨文化体验区内,可配合水浒情景剧等演出和众多参与性活动,营造浓厚的水浒文化游氛围,力图使游客"穿越"回当年梁山好汉聚义年代的爱恨情仇,让水浒文化旅游变成一种全面体验;每逢周末和法定节假日,水浒忠义文化游览区可推出"重走水浒好汉路,感悟英雄侠义情"的体验活动,举办武术表演、盐城杂技等丰富多彩的娱乐节目;在水浒水寨景观休闲区和水泊风情游览观光区内,可开展发绣、龙舞、彩球舞、捏糖人等盐城地方特色民间绝活和文艺表演,让游客尽情感受地方文化特色。与此同时,游客可在整个景区唱水浒歌、品王婆茶、吃好汉烧饼、购施耐庵酷爱的本地三腊菜等水浒特色饮食,还可着宋代装、逛水浒园,参与水浒角色扮演、宋学风尚研学活动,亲身体验北宋时期的民俗风情和水浒文化的博大精深,从而有效提升水浒村旅游产品价值和游客体验价值,由此全面提高景区档次与品位。

## (二)旅游节庆活动系列化,提升游客文化认知度

旅游节庆活动是盐城中华水浒村品牌塑造和推广的有效手段和关键环节。若成为盐城的文化符号,水浒文化需要持续地打造文化主题品牌提升自身价值;文化主题不应只停留于静态的层面展示,而应通过动态化的文化旅游节庆活动实现文化的活化。基于此,盐城水浒文化应以节造势,开展系列节庆活动,创新节庆活动内容,以此加大水浒文化宣传推介力度,开拓旅游市场力度,从而打造水浒文化旅游品牌。

盐城可立足于水浒原乡品牌,召开盐城与水浒学术会议,开展盐城水浒文化研究高层论坛,承办水浒文化旅游产品营销研讨会,举办一系列具有深度内涵的节庆品牌,做到节庆活动常态化、一年四季季季有活动,例如,“盐城水浒文化旅游节”“盐城水浒菊花会”“盐城水浒好汉节”“盐城水浒英雄品酒会”“盐城水浒好汉贺年会”“盐城水浒好汉故事会”等;而通过各类的节庆活动,引导游客在景区文化氛围中爱上古典文学、水浒文化,提高游客对水浒文化的认知度,在体验中将盐城水浒文化品牌植入人心,让游客在盐城度过一个轻松愉快的水浒文化之旅。同时注重五一、元旦小长假及国庆、春节黄金周假日旅游活动的组织策划及宣传工作,做到季季有主题、月月有活动,大节之后有小节,增强重量级节庆活动的后续效应,不断提高盐城水浒文化旅游的品牌影响力。

## (三)基础配套设施健全化,增加游客旅游满意度

在加强旅游基础设施建设上,中华水浒村应从实际出发、因地制宜,通过高水平规划设计高质量、高标准的基础配套设施,提升景区的水浒文化品位,优化旅游发展环境,增加游客整体满意度。因此,应依据游客的需求,从食、住、行、游、娱、购六要素着手不断提高旅游服务产品的档次,全面推进旅游基础设施建设,改善水浒村旅游软硬件环境。

针对目前中华水浒村配套服务设施建设相对缓慢的现状,需进一步完善基础设施和配套服务的建设步伐,如游客咨询服务中心、景区售票处、停车场、旅游厕所以及周边酒店宾馆等,从而改善水浒村的环境、提高游客的旅游质量。例如,可以创建A级景区为重要载体,扩大停车场面积,以满足游客不断增长的停车需求,同时改变传统停车场单调而乏味的形象,注入水浒文化设计元素,建设与景区相匹配且环保的生态停车场,进一步诠释水浒村的文化内涵和品位;还可以景区厕所革命为

契机，加强对原有厕所的改造，在满足布局及实用功能的同时突出水浒文化底蕴，实现“一厕一故事”，打造“会讲故事”的旅游厕所，以便在为游客提供方便场所的同时，为其提供“视、听、嗅、触、味”五觉感官体验，从而发挥爽心悦目的功效；与此同时，还可以水浒村为核心，沿水浒街和204国道，打造一个主题明确的“环水浒村商圈”功能性商业设施，布局突出水浒主题风格品位主题精品酒店、旅游集散中心及民俗文化娱乐项目等众多配套设施，并在装修装饰上多增加创意，不断提高中华水浒村的旅游接待能力。

## (四)宣传营销方式精准化，不断打响景区知名度

营销和推广是盐城中华水浒村经营过程中非常重要的工作内容和环节，基于此，景区可通过深入细致的市场调查分析，积极转变旅游市场营销观念。鉴于此，应以水浒文化为支撑，以游客需求为导向，以手段网络化、途径多样化为思路，建立合作营销新机制、拓展旅游营销新渠道、采用创新旅游营销新手段，开展适应市场需求的精准化宣传营销，由此提高盐城水浒文化旅游的影响力和市场竞争力。

首先，水浒村应构建大营销格局，在强化旅游目的地形象营销的同时，还可优化媒体营销结构，提高媒体投放精准度，与携程、艺龙、途牛、去哪儿等主流旅游网站联盟，大规模、全方位、系统性地推广网络营销；还可加强与手机应用客户端、以及与同程等国内知名大型OTA(Onlire Travel Agency)网络旅行商的合作，利用网络游戏以及微博、微电影、微视频、微信等新兴数字化服务系统，多渠道、大密度地开展网络新媒体营销创意营销，不断掀起盐城水浒文化旅游营销新高潮。其次，创新“联合推介、捆绑营销”机制，加大在旅游卫视、各地方卫视等主流媒体投放城市形象宣传广告的投入，全面展示盐城水浒文化旅游形象。最后，积极参加各种大型旅游交易会，制作精美特装展台，最大限度地推介盐城水浒文化和旅游产品，从而增强盐城水浒文化旅游的知名度和美誉度。

## (五)景区解说系统个性化，全面增强景区魅力度

作为盐城中华水浒村向游客传递信息，展示自身的重要手段，景区解说系统中每一个组成部分都有各自分工。除了游客中心和必要数量的解说牌之外，还应针对不同游客设置针对性的导游手册、导游图等专业解说出版物。

景区导游员解说业务能力影响着游客的旅游感知，因其是游客接触最多、领略景区风光、获取水浒文化信息最重要的途径。导游员不仅应深谙水浒文化，还应在

讲解工作中突显“一样的施公故里，不一样的水浒故事”的主题。这就要求导游员能够做到灵活应变，以不同年龄段、不同游客群体的心理需求为导向，根据其不同的需求进行讲解。为增强游玩活动的趣味性，导游员可身着电视剧中充满代入感的服饰为游客耐心讲解，穿插一些暗藏“陷阱”与“套路”的问题，引导游客重读、精读、研读世界经典名著；此外，导游员还可拿出十八般武艺，扮演成林冲或者扈三娘带领团中其余游客，而每位游客可挑选不同英雄人物进行角色演绎，通过深度体验式旅游提升游客对盐城水浒文化的满意度和忠诚度。

在没有导游员的情况下，旅游解说牌作为景区解说系统的另一重要载体，不仅是盐城水浒文化旅游景区视觉景观的一部分，也担负着传达和展示景区信息的重任，其设计风格应运用水浒文化元素，让游客回味水浒文化，增强自身的文化体验价值。为了提升景区展示水平、增添参观的趣味性，可借助电子解说系统、电子书和影视视频等媒介，如可根据不同人群调节内容深度与播放时间，在景区内播放电视剧《水浒传》中一些经典的片段；可以适度地开放电子触摸屏、语音扩音器，增强游客参观的自主性。

### （六）整合区域旅游线路

一种是专线游。引入三国、水浒的深度文化游，是明智之举。盐城（大丰）是施耐庵故里，梁山好汉举的是“替天行道”的杏黄旗，是金色旅游的又一可挖掘点。建议以申办中国水浒博物馆为载体，开辟大丰施耐庵纪念馆（施氏宗祠）、兴化施耐庵陵园、淮安耐庵书斋、连云港宋江好汉茔、无锡水浒城等旅游线路，也可以与浙江杭州和山东梁山、郓城、阳谷、东平等地联动，弘扬水浒文化，进一步彰显盐城最具魅力的文化符号“施耐庵”的影响力。在三国文化方面，可以将江南江北的三国景点串联成线，从南京的石头城、镇江的铁瓮城、无锡的三国城，到古徐州下邳故城、盐城的瓜井仙踪，乃至盐城大纵湖、淮安市流均沟镇陈琳墓的寻找，此处唐代大诗人温庭筠《过陈琳墓》，尽管沧海桑田，古黄河的改道，带来泥沙，陈琳墓已经掩埋于地下，但在此处的追寻如今此地是生态湿地，绝对也是一种很好的休闲旅游的好形式。

一种是混合游。将文化旅游与绿色旅游、红色旅游等结合起来。比如从无锡水浒城出发，来到江北地区，可以自驾游，沿着范公堤（大致现 204 国道沿线），一路下来南通的水绘园、泰州的溱湖、兴化的菜花节（施氏陵园）、大丰的麋鹿节（施耐庵纪念馆）、草堰省级盐文化集散地保护区、盐城亭湖区便仓镇枯枝牡丹园（看看施耐庵表弟卞元亨的家园,传为武松打虎之原型),淮安市耐庵书斋,在连云港境内考察白虎山、好汉茔,可以与花果山、将军崖结合起来,显现文化的多元。生态失衡,环境退化,气候恶化,灾害频仍,能源危机,已经成为影响全球发展的主要问题。在发达国家,梭罗的"瓦尔登湖"式简约生活模式受到推崇,提倡环保、健康、可持续生活方式的乐活族(Lo has)规模越来越大,社会消费观念正在向"自然中心"转变,推动着经济的后现代化发展步伐。生态旅游的口号"走进绿色旅游、感受生态文明"将会越来越响亮。江苏沿海是同时具有湿地、森林、海洋三大生态资源的地域之一,有亚洲大陆边缘最大、原始生态保持最好的海岸型湿地,丹顶鹤和麋鹿国家级自然保护区坐落其中;里下河河网密集,湖泊棋布,形成独特的湖荡型湿地。盐城的湿地既有大海的浑厚、滩涂的广阔、沙洲的雄奇等阳刚美,又有草原的清远、雾霭的飘逸、森林的诡秘等阴柔美,这是江苏最为独特、他人无法比拟的优势。现在的关键是要进一步拓展江苏沿海旅游新干线,把规划建设国家生态湿地公园建设作为旅游业发展的主攻方向,摆上更加突出的位置,建议学习杭州西溪的经验,招引大客商,舍得大投入,进行深度挖掘和综合开发,为游客提供吃喝玩乐一条龙服务,做到既能吸引人,更能留住人,在深度旅游上做文章。旅游业从来就不只是旅游部门的事,更需要全社会的关注。同样,绿色旅游需要城市的绿色空间,这是城市地区覆盖着生活植物的空间,是由园林绿地、城市森林、立体空间绿化和绿色廊道等构成的绿色网络系统,是城市地区森林、灌丛、绿篱、花坛、草地、树木等植物的总和,它包括人工植被和自然植被,范围包括城市中心城区及其周围区域。我们的目标要从建设"城市里的公园"向建设"公园里的城市"转变。

### (七)策应联营联动

建议发挥江苏沿海黄金旅游新干线的魔力,彰显蓝色旅游的魅力。21世纪是海洋的世纪,海洋是支持可持续发展的宝贵资源和空间。今后10年甚至50年内,海洋将成为国际竞争的主要领域,人口趋海的势头将加速,海洋经济成为新的增长点,发展海洋旅游大有文章可做。盐城沿海各县(市)各具特色,东台的弓京港风情、"两碰水"、大丰港海洋世界、熊猫馆、麋鹿园、射阳的丹顶鹤核心区、滨海的侵蚀性海岸、响水的陈家港,南北沿海风韵各美其美,南部地处江海风情、中部展现湖海风韵、北部毗邻山海风光,建议多层次开辟从南通启东圆头角到连云港赣榆一线的沿海旅游项目,开辟从国家一类口岸大丰港到东沙岛的旅游线,开辟江苏沿海港口群的旅游线，提供坐海船、观海景、登海岛、吃海鲜等多种形式的海洋文化和旅游休闲服务。沿海不仅可以开辟海上迪斯科(海上采文蛤)、空中交响乐(滩涂放风筝)等项目。通过蓝色旅游还可带动旅游产品等消费，如东台的鱼汤面、大丰的早酥梨、三辣菜、滨海的何首乌，盐城的糖麻花、醉螺、藕粉圆，等等。当然还包括为海洋旅游、运输、住宿、饮食、运动、娱乐和休闲，提供承包或与其他旅游设施相关联的技术。包括海洋休闲装备开发、观赏用水草植物的开发、海洋游艇基地、垂钓用品和海洋游嬉等产品的开发。相当长的历史时期，我们从事的是内陆型经济，而较少从事面向海洋的开放型经济。面对“蓝色革命”的挑战，亟须转变观念，更新理念，抢占东北亚经济圈的核心位置，东北亚经济圈是继北美、欧盟之后的世界第三大经济体，随着盐城亿吨大港有望在今后三年计划内实现，可建成蓝色旅游经济区。

盐城的三国、水浒文化旅游资源是丰富独特的，这是一次经典之旅、文化之旅。人生需有经典伴随，我们就不会心灵迷失、精神浮躁、思想浅薄。

## 六、结论

本文基于游客角度，构建了水浒文化旅游游客感知模型，结合盐城中华水浒村发展现状，对游客感知各指标进行了分析，并提出了旅游模式研究和提升对策，为水浒文化旅游模式研究提供了一定的参考。主要研究结论如下：

首先，基于游客感知的角度，本文基于水浒文化游客感知评价指标体系的构建，通过开放式与封闭式调查相结合的方法，确立了指标体系中各级指标的权重，建立了水浒文化旅游游客感知模型，涉及6个评价维度和15个感知要素。

其次，以盐城中华水浒村做实证分析，结合游客的具体打分，借助游客感知模型对其发展情况予以评价。研究表明，各评价维度得分从高到低依次为：文化旅游产品、品牌价值塑造、游客参与程度、营销宣传推介、景区解说系统和配套基础设施。其中文化旅游产品的供给方面表现相对较好，但仍需进一步开阔思路，增加特色文旅产品种类；而品牌价值塑造、游客参与程度、营销宣传推介等在游客感知过程中基本保持稳定，仍有继续提升的空间。

然而水浒文化旅游的开发是一个动态的过程，需要在发展过程中以游客深度体验为中心，不断地为其在旅游过程中提供高品质的优化服务，完成中华水浒村由传统观光游向体验互动游的转变。基于此，盐城中华水浒村应凸显水浒文化主题，不断挖掘特有的水浒文化的内涵，丰富景区内容，安排异彩纷呈的系列水浒文化旅游节庆活动，加强与游客之间的互动；兼顾水浒文化资源与现代旅游者个性化、多元化的需求，将当地水浒文化特色与现代休闲形式相结合，加强体验性、参与性和互动类旅游产品的开发和推广，推动盐城水浒文化旅游朝着全方位、深层次、立体化的方向发展；同时，通过精准化的对外宣传营销和推介方式和规范化的景区解说系统将中华水浒村打造为盐城文化旅游的靓丽名片，以品质旅游促进盐城水浒文化旅游的转型升级。

## 第五节 盐城海盐文化旅游资源整合研究

盐城地处江苏的黄海之滨，至今已有2000多年的产盐历史，其物种丰富，资源独特。盐城的沿海滩涂面积占江苏省的67%，是江苏省最大、最具潜力的后备土地。盐城凭借悠远的海盐文化，成为淮河下游和黄海之滨悠久盐文化的源头所在。

### 一、海盐文化的发展状况分析

自古今来，海盐文化始终是盐城文化的精髓，已成为盐城这座城市的文化之根，中国海盐历史文化博物馆的落成，是盐阜大地800万父老乡亲的追求和期待，也是传承海盐文化、建设历史文化名城的重要举措。中国海盐博物馆是盐城市有史以来第一个获得国家批准、带有“国”字号的重点建设工程，同时也是我国第一座反映悠远中国海盐历史和文化的专题博物馆。

为放大海盐文化品牌的效应，让来中国海盐博物馆的游客们充分领略盐城的新形象，感受盐城“盐”文化的底蕴和新品位，盐城每年都积极筹备最具地域特色的节庆活动——“海盐文化节”。中国海盐博物馆已经成为盐城市一张崭新的文化名牌，以海盐文化为载体，彰显出盐城市丰富多彩的海盐文化内涵。同时，海盐文化研究会的成立，为盐城海盐文化的发展提供了强有力的智力支持。在海盐文化研究会的努力与推动下，盐城海盐文化的发展进一步走向专业化、学术化、科学化，不仅在研究领域做出巨大的贡献，同时在整个城市经济发展以及文化层次的提高方面，也做出了巨大的贡献。在以后的发展中，盐城海盐文化将会进一步地提升整体水平，为盐城市的发展做出自己的贡献。

## 二、海盐文化旅游资源在开发中存在的问题

### （一）“海盐文化”的旅游资源尚欠深入挖掘

盐城许多的旅游资源还是只停留在表面的包装，缺乏对它们的更进一层次开发和利用，可以从五个方面理解：

第一，“海盐文化”的名气比较薄弱。盐城在国内外的影响力以及城市形象都不是很鲜明，知名度有所欠缺，探究发现主要是城市缺少文化内涵，没有鲜明的、特色的文化个性。在城市发展中，没有足够重视文化建设在经济发展中的地位与作用，不能紧紧地将“海盐文化”资源与经济发展紧密结合起来。

第二，“海盐文化”具体形象建设欠缺充分，缺乏必要的展示空间。目前盐城只有一座中国海盐博物馆集中展示盐城几千年的海盐发展历史，空间狭小，不能够充分发挥海盐文化的影响力与整合力。

第三，当地居民没有能够形成“海盐文化”的核心文化精神，不能够主动担负起宣传盐城“海盐文化”品牌的责任，传播范围的深度与广度不够。

第四，现有经济建设情况下，很难充分通过历史研究、考古发掘以及学术交流来提高“海盐文化”的整体水平，在业界的影响力有所欠缺。在诸多不利因素的影响下，阻碍了盐城市建设“中国海盐文化名城”的步伐。

第五，目前盐城各个景点比较分散，没有集中开发，景点比较独立、单调，景区内基础设施并不完善，不能充分展示海盐文化的内涵。

### （二）“海盐文化”的维护开发力度尚待加强

目前，盐城境内不可移动的海盐文化物质遗存主要分布在古遗址、古墓葬、古建筑、古碑刻等方面。盐城目前已收集到大量各个历史时期遗留下来的可移动物质遗存，主要包括海盐生产工具、盐民生活用具、各级盐政管理衙署有关盐业产销用的文告、税票以及重大历史事件有关文物等，这些景区、景点、文物都在慢慢保护开发中。例如，竹溪碑廊。草堰古镇历史悠久，人文荟萃，因此古碑石刻丰富，留存下来的数量较多，具有较高的文学鉴赏价值。1990 年江苏省文化厅拨专款在草堰建成盐城市首家文物碑廊，因草堰古称“竹溪”，故命名为“竹溪碑廊”。

### (三)“海盐文化”的宣传力度有待提高

盐城旅游现在面临形象稍显模糊、“口碑”尚未形成,“人气”尚且不足的问题。虽然凭借海盐博物馆宣传“海盐文化”旅游有了相应的效果,但力度仍然欠缺。

盐城城市规划中,政治功能与经济功能受到高度重视,相对忽略了人的方便与感受,忽略了基于历史人文或环境景观的城市个性,并没有深入研究海盐行业特征和盐城地方历史文化的关系建立海盐文化研究体系。

此外,盐城并没有注重城市品牌的宣传。一个品牌的效应对于一个开发旅游的城市十分重要。盐城旅游企业数量不少,但单体规模小、实力不强。不少景点旅行社处于求生存的阶段,企业之间还存在着无序的竞争,无法形成市场拓展的合力。另外,盐城旅游网络平台的设计尚显薄弱,使得游客不易通过网络资源更好地了解盐城的海盐文化旅游资源。

## 三、盐城海盐文化旅游资源整合营销的思考研究

### (一)促进“海盐文化”融入盐城旅游圈

随着现在各地旅游热的迅速兴起,旅游业的竞争日趋激烈。以湿地为主体的盐城旅游圈面临着前所未有的竞争压力,旅游市场从高峰期逐步向平稳期过渡,旅游人数停滞不前。这一方面是由于周边新景点的崛起,另一方面则是因为湿地等景区单一的观光旅游产品使得该线路老化,吸引力减弱。为了适应形势,盐城湿地旅游文化必须开发新的景点,设计包装新的旅游路线。目前,开发建设的海盐文化旅游区正好迎合了盐城旅游开发的新需要。它的建成完全可以成为湿地之都的示范景点,使得两者具有互补性。

### (二)做好科学规划,塑造品牌形象

一方面,要有效处理好资源保护与旅游开发的关系,要坚持走可持续发展的道路,引导开发商在能够负起责任的限度内开发,坚决杜绝开发商以损害地方生态环境为代价的行为发生;另一方面,在盐城现代化建设中还“盐”于城,进一步提高城市的文化品位,塑造品牌形象。

在城市规划建设中,盐城提出以“东方湿地,水绿盐城”为目标,将最有特色的“盐”的概念涵盖其中,为盐城城市建设找到它的历史文化底蕴。要做到还“盐”于

城,使海盐文化得到彰显,必须尽可能地使海盐文化融入盐城城市建设中。

## (三)注重改造和复原相结合

与海盐文化有密切关联的街道、店面、村落、衙署等,大多在历次城镇改造中已被摧毁。相关部门可以根据史料,选择有重点、有计划地按历史原貌进行修复,如盐城市区东仓巷、东门闸、市区北闸码头等。对那些特别重要,又具有较完整考古资料的历史建筑物,进行有条件的修复,以便系统彰显盐城城市的历史演变进程,如“瓜井仙踪”,结合该处发现的汉井复原,并将盐城历代水井形式一并在此处复原,形成以“瓜井仙踪”传说与盐城水井系列特色的博物馆等。

## (四)加大盐城其他特色旅游资源的开发

盐城的文化旅游资源优势突出,除以“海盐”为代表的盐业历史和制盐文化、以大丰麋鹿自然保护区以及射阳丹顶鹤珍禽保护区为代表的湿地文化外, 笔者认为盐城在配套海盐文化旅游品牌打造方面应从以下几方面入手:

盐阜红色旅游品牌。新四军纪念馆是全国中小学爱国主义教育基地、全国爱国主义教育示范基地和全国文化工作先进集体。诸多党和国家领导人的亲临视察,给盐阜大地这块具有光荣传统的革命老区和这座人杰地灵的沿海城市注入了无限的生机与活力。新四军纪念馆可被打造成为盐城市开展爱国主义和革命传统教育的窗口。

湿地生态旅游品牌。大纵湖景区地处苏北里下河地区腹部,坐落在盐城西南大纵湖镇,位于盐城、泰州两市交界处,距盐城市区 42 公里,是里下河地区最大的、最深的湖泊,也是全省地势最低洼的地区之一,素有“水乡泽国”之称。度假区东临宁靖盐高速,西通京沪高速,北接盐金国防公路,步(凤)湖(大纵湖)路贯通全境。大纵湖度景区气候宜人,水质清澈,湖内淡水性动物较多,尤其是鱼类、螃蟹等水产品极为丰富,“大纵湖牌清水大闸蟹”获得国家绿色食品证书和国家名牌产品称号。湖光山色,田园野趣,野鹤成群,是独具神韵的盐城水乡中难得的珍稀版本。同时,由于环境保护良好,生态优势得天独厚,具有很大的开发价值,是目前盐城市最有开发前景的旅游资源之一。

名人文化旅游品牌。陆公祠坐落在盐城市亭湖区儒学街。盐城是南宋末年著名丞相陆秀夫的故乡,为了纪念这位爱国英雄,后人于明嘉靖十年(1531)在今儒学街西侧建造了“陆公祠”。名人历史见证,具有重大的历史研究价值。要认真维护,并深入细致地做好有关资料整理,做好对外宣传,切实把这一品牌打造好。

文化广场休闲旅游品牌。一方面,利用文化广场,开展文艺活动,丰富人民群众的文化生活;另一方面,要建好名人雕塑,宣传名人文化,为盐城文化广场添亮点,提高盐城的城市品位。

地方名特旅游产品品牌。一是美食文化品牌,主要包括旅游特产如"伍佑"醉螺、东台鱼汤面、大冈脆饼、建湖藕粉元宵、龙冈的鸭梨,另可引导商家投资开发地方特色文化酒,逐步打造为盐城接待酒。二是旅游纪念品品牌如竹雕、竹编、剪纸、丝制品、书画等。

总之,盐城海盐文化旅游的发展,离不开重点品牌的打造,因为品牌的价值和意义是不可估量的。而盐城配套海盐文化旅游品牌的作用和意义也不容忽视,必须抓紧抓好。在旅游规划上,要多方征求专家意见,精心规划,科学论证,结合实际开辟旅游项目;在旅游宣传上,要通过多种方式,吸引传媒参与,从图片、音像、光碟到举办旅游节、会、展等,大力展开宣传营销攻势,打好生态旅游牌;在开发资金上,可以通过向上争取、开展招商引资等渠道,积极推进。

## 第六节　盐城民俗文化活态传承研究

在旅游业快速发展的今天，民俗文化的保护问题已经成为了当今学术界的一个热门话题。笔者希望基于对盐城地区民俗文化的调查和对盐城民俗旅游学习的科学思考,从"非遗"传承视角出发,充分发现继承该地区民俗文化活态传承的民俗旅游项目,使得人人成为民俗文化传承人,保护和传承民俗文化遗产,以达到盐城民俗文化传播的目的。

有着文化古都美誉的盐城,在中国海盐博物馆、盐城市水浒文化博物馆、盐城博物馆等场馆相继建成后越来越多的人开始本着"追溯历史,回归自然"的诉求参加旅游活动,因海盐历史文化而不断提升知名度的盐城,吸引了越来越多的游客。本文通过对盐城民俗文化的全面分析,针对性地提出解决民俗旅游中问题的对策,以及具体的规划与建议,希望能更好的保护盐城民俗文化,使其长久地活态传承延续。与此同时,民俗旅游使盐城的民俗文化传递更深层化,盐城民俗文化内涵建设对实现盐城旅游业快速发展具有重要意义。

## 一、民俗文化活态传承概述

### (一)民俗文化的相关概述

#### 1.民俗文化的内涵

民俗又称民间文化，是指一个民族或一个社会群体在长期的生产实践和社会生活中逐渐形成并世代相传、较为稳定的文化事项,可以简单概括为民间流行的风尚、习俗。民俗文化要增强民族认同,增强民族精神,塑造民族性格,全体服从,重复示范,不断落实,这是民俗形成的核心要素。民俗文化,是民俗文化和生活文化的统称,指一个国家或民族中广大民众所创造、享用和传承的生活文化,是在普通人民群众的生产生活过程当中所构成的一系列非物质的东西。

#### 2.民俗文化的分类

民俗文化触及的内容有许多,现在它所研究的范围在扩大,我们对历史上民俗文化的范围有不同的分类。因此本文采用了钟敬文对民俗文化的分类,它把民俗文化分成以下三类:

(1)物质民俗文化

包括生产民俗、饮食民俗、服饰民俗、建筑民俗等。

(2)社会民俗文化

包括社会组织(血缘关系、地缘关系等)、社会制度民俗、岁时节令民俗、民间活动、民俗风情等。

(3)语言民俗文化

包括民间语言、民间文化。

研究表明,所有民俗都是属于民间文化,它会一直延伸到我们生活中的各个领域,伴随着我们的国家、社会不断变化发展,让我们的时代发展更好。

#### 3.民俗文化的传承

民俗文化是在民间产生、发展并传承的“活”文化,它包含传统的行为方式和生活方式,是特殊地区本土居民生活的意识形态。之所以我们无法像保护物质文化遗产那样,是因为它的这种民间性和以人传播为主的本质,对其难以进行强制性的保护，因此，它的生存和发展将始终处于“活体”和“活态”的状态中，那么民俗文化的传承就显得尤为重要。民俗文化的传承主要靠代代相传，并在相传的过程中，不断被后人融入到具有时代特色的文化中，使得越来越多的人能接受。民俗文化能够继承，来源于人们价值判断和价值认可，因此没有文化遗产，就没有现代文化。

### (二)民俗文化活态传承的原则

#### 1.传承人保护原则

传承人是直接参与非物质文化遗产传承、使非物质文化遗产可以沿袭的个人或集体(团体)，是非物质文化遗产最重要的活态载体。所以我们要更关注传承人的培养，根据不同的文化类型，有不同的传承方式，从而传承人有不一样的方案来传承民俗文化。因此我们对传承人的培养要有多样性和针对性，提高传承人的效率。

对于传承人的保护要采取有效的措施，在民俗文化旅游开发中，要合理规划，建立完善的管理体系，以及民俗文化生存环境的各种保障，使传承人在合适的环境中更好地对民俗文化进行发展，从而保证民俗文化活态传承顺利进行。

#### 2.多样化保护原则

民俗文化在不同的时期，不同的地域具有不同的形式。根据民俗文化的不同种类，对民俗旅游的开发要进行针对性的保护。比如，观光性的民俗文化，以展馆的方式出现，这是静态文化保护；参与性的民俗文化，以地方的民俗村为主，这是动态文化保护；对民俗旅游产品的保护则是开发的产品要有文化蕴含、代表民俗特色、融合独立性，防止被抄袭、被盗。对于民俗文化多样化的保护最好的方式是动静结合，可以全面了解民俗文化，更好地传播民俗文化。

#### 3.文化品牌保护原则

开发民俗文化时，我们要打造出有特色并长久发展的文化品牌，同时要保护好这个品牌。开发的民俗文化要有创新性，包括观念、服务、质量、管理、技术创新等，只有不断的创新才能吸引更多的游客；要有独立性，彰显自己的文化特色，不去模仿，只有这样才能不断地发展壮大；民俗文化需要自我保护，品牌做的好，免不了恶性竞争，所以要采取积极有效的措施；在文化品牌的保护上，要学会运用法律武器，旅游经营者要加强对品牌的管理，制定专有的管理体系。在打造文化品牌的时候还要注意保持民俗文化原有的面貌，突出原汁原味民俗文化特色。

## 二、盐城民俗文化与民俗旅游现状

### （一）盐城民俗文化

民俗文化具有传统的文化特征，蕴藏丰富的经济价值。盐城的民俗文化遗产有盐城老虎鞋、东台发绣、盐城八大碗、阜宁大糕的制作技艺和藕粉圆子制作技艺，还有源远流长的海盐文化、具有“百河之城”美誉的湿地文化和“戏曲之乡”的淮剧文化等。

其中，最受欢迎的是淮剧。淮剧，又被成为江淮戏，是一种古老的地方剧种，开始于盐城古代民间的歌曲和舞蹈表演，源于香火戏，并通过门叹词、盐淮小戏、徽夹可等艺术生长时期，它具有系统的“生、旦、净、末、丑”角色行当完备的艺术体系。淮剧的经典剧目有《孔雀东南飞》《白蛇传》《孟丽君》《千里送京娘》《太阳花》《一江春水向东流》等。

### （二）盐城民俗旅游现状

随着经济的发展，盐城民俗旅游也成为重要的经济收入的来源。盐城目前民俗旅游发展坚持因地制宜的原则，以旅游为首，大力发展以“体验民俗风情”为主的民俗旅游。盐城资源丰富，生态独特，交通便利，文化底蕴丰富，有“东方湿地之都·仙鹤神鹿故乡”的美名，而且盐城历史悠久，人文荟萃，是全国著名的杂技、淮剧之乡，还拥有一些具有盐城特色的民俗旅游商品。例如，东台发绣、滨海草柳编、建湖藕粉圆等。

但盐城在民俗文化形象和产品上没有进行有效的宣传，缺乏民俗旅游形象宣传口号和标识系统。旅游民俗资源名气较小盐城市城市规模较小，原有的经济基础相对衰弱，对外交流不多，宣扬力度不足。同时，由于民俗旅游业起步较晚，加之过去长期交流不畅，制约了旅游业的发展。

## 三、盐城民俗文化活态传承存在的问题

### （一）盐城民俗文化活态传承后继乏人

传承人老龄化严重，导致盐城非物质文化遗产最重要的传承主体进入逐步消

亡的时期，许多非物质文化遗产传承人年老体弱，还有不少技能未能传承下来就已经逝世，也就意味一项非物质文化遗产消失，东台发绣传承人大多年事已高，有些已经离世，他们所拥有的独特技能和技巧都无法传承。

盐城淮剧、杂技后继乏人，是一件令人堪忧的事情。现阶段，从淮剧界、杂技界整体来看，这类现象普遍存在，所以，加速培养后继人才的脚步成为当前的首要任务。

### (二)盐城民俗文化活态传承意识缺乏

人们对非物质文化遗产传承与保护的意识不足。主要表现在，对非物质文化的价值意识不足、缺乏文化宣传意识及品牌意识。随着时间的推移，民俗文化在人们的心目中消失怠尽。年长的人无法意识到自身所承载的是重要的非物质文化，所以他们也不知道存在于他们身上的技能的重要性，更不会传承下去。

非物质文化遗产因没有大力宣传和推广，导致现在的人们对这些文化的不了解，越来越多的人已经不记得了。现在是网络时代，但我们都没有好好的运用网络来进行宣传和推广。同时，人们也没有意识到文化品牌的重要性，进而影响其发展与提升。

### (三)缺乏对活态文化的管理制度

在民俗文化传承中，人与人之间缺乏有效的协调互动沟通；村与村之间缺乏有效的沟通协调，缺乏宏观协调解决问题的措施，缺乏专业的镇村旅游开发咨询。非物质文化遗产保护执行力度不够，导致盐城民俗文化的保护策略无法落实到位。相关部门之间职责不明确、分工不清楚，从而导致活态文化保护和传承工作缺乏有力的督导。

### (四)源于环境的改变导致活态文化的生存根基动摇

在当今社会，因为社会的不断进步、教育的不断发展，人们的思想意识和思想觉悟得到提高。盐城民俗文化是以民俗活动为主体的，民俗活动的不复存在也使淮剧文化等备受冷落。还有现在是网络时代，电视、电影的普及，人们的精神文化生活获得满足，审美观念发生很大改变，丰富多样的现代艺术吸引更多人的眼球，很多人对传统的民俗文化失去兴趣。

现在旅游者的旅游心理影响地方民俗文化旅游的发展。从旅游者的年龄比例上来看，年轻人所占的比例较大，冒险、刺激是现在年轻旅游者的主要需求，所以，民俗旅游并不符合年轻旅游者的旅游需求，从而导致民俗旅游者越来越少。

## 四、盐城民俗文化活态传承的改进策略

### (一)重视对传承人的保护与培养意识

传承人是在继承传统民俗文化中有能力作出文化选取和文化改进的人物，我们要重视对他们的保护与培养。因为非物质文化无法一直传承下来，所以对传承人的保护特别重要，非物质文化遗产传承人一旦认定,就应该有系统周密的措施保护传承人，让传承人有传承非物质文化遗产的经济保障与精神动力。笔者认为要将非物质文化遗产传承人的保护工作落到实处。

加强传承人的保护，首先，在经济方面，要给代表性的传承人一定的经济补贴，建立经济保障机制；在政治方面，要给他们较高的社会地位和荣誉，提高其社会声望。对传承人进行保护的同时，可以再培养一批新的传承人，这样才能不断的延续下来。加强对传承人的培养，更好地传承非物质文化。

### (二)加强盐城民俗文化传承的宣传与保护意识

充分利用新闻媒体对民俗文化的大力宣传，通过电视、互联网、视频、抖音等自媒体进行不断宣传，在各大杂志、报刊上传播，增强人们的传承保护意识。同时，可以建立当地的民间社团，定期开展一些文化活动，让人们参与其中，这样才能更好地了解并宣传。网络的宣传，可以最大限度的节约资源，现在人们都通过互联网来获取各种信息。通过这些方式来提高人们对非物质文化遗产的重视。

### (三)加强对活态文化的管理机制

完善各项管理制度的建设，通过科学合理的管理，建造可持续发展的民俗文化。必须是合理合法的对传统文化进行建设和规划。在建设过程中，要保留原有的面貌，并进行相关资源保护措施，规划建设统装，不能是违法建筑。不能破坏后代的生存环境，严格执行计划。最后，吸引企业投资加入。在盐城相关部门现有规划的基础上，传统的民俗文化旅游开发是必要的，传统文化的投资发展对当地居民来讲能够保留原有的文化遗产，还能提高当地的经济。旅游产业链的完成能带动当地的经济发展，有效的进行当地的文化传承。

建立健全有关政策、法律法规和制度为盐城民俗文化活态传承提够保障。现在我国已经颁布了有关非物质文化遗产保护方面的法律、法规,但我们还需要有法必依,确保做好盐城民俗文化的传承与保护。盐城民俗文化保护是一项持续性的工作,需要全社会共同参与。

### (四)提高旅游者对活态文化的需求

心理需求是一个人产生行为的助推器,所以我们要满足旅游者对民俗文化旅游的心理需求,由于旅游者年龄、性别、社会阶层和知识层次的不同,所以我们要因人而异。对于儿童,我们要提供一些让他们感兴趣和好奇的民俗文化项目;对于青年游客,我们要开发的旅游项目要多为刺激、冒险型;对于老年游客,我们要打造的项目应是修身养性型。只有满足旅游者的心理需求,才能提高旅游者对民俗文化旅游的兴趣,使旅游者更深入的了解民俗文化,从而更好地传承民俗文化。

## 五、总结

在现代旅游发展中,民俗文化旅游因独有的乡村性和特有的民间风俗而得到广大游客的宠爱。从民俗文化在民俗旅游中的积极作用和它们之间的密切关系,本文从保护和传承视角来看,盐城民俗文化活态传承的研究有以下总结。

总的来说,民俗旅游的发展对于民俗文化的传承有着正反两面。正的这面,对其是一种肯定,民俗旅游的发展给民俗文化的传承提供了一种有效途径,它把民俗文化变得更加的亲民化,使得旅游活动中的人人都是传承人,强化了当地人的民俗自豪感,恢复了民俗文化的活力,增加了社会认同感,带来了经济效益。然而反的一面,则又出现了一些民俗文化在旅游开发中的问题,比如在现代文化冲击下的民俗文化的同化和变异等,给民俗文化的传承带来了负面影响。所以,在看待民俗文化的旅游传统时,我们要尽可能的避免冲击,积极采取主动保护民俗文化的措施。

# 第七节　“非遗”传承视域下的盐城红色文化资源旅游开发研究

实现盐城的跨越式发展和长治久安，必须弘扬铁军精神、增强凝聚力、吸引力和战斗力。文化软实力是盐阜精神的集中体现，其重要性不言而喻。推进盐城的红色旅游产业，既是老区建设核心价值体系教育的政治工程，又是扩大城市影响力和感召力的文化工程，更是加快第三产业发展、增加盐城职工收入的经济工程。要从战略高度充分认识盐城以铁军文化为核心的红色文化的重要价值，从跨越发展的视角充分认识红色旅游文化资源开发的重大意义，以凸显旅游业的历史眼光，充分把握盐城铁军文化在现代文化引领中长治久安的战略作用。本文抓住红色旅游资源开发相关问题，从深层次、产业化的角度探讨盐城铁军文化的生命力和经济价值，具有充足的理论依据。

## 一、“红色旅游 ”的内涵及特点

所谓 “红色旅游”是建立在 “红色资源”基础上的精神文化产品，是以我国近现代革命史迹为主要资源，将革命史迹所在区域——革命圣地和纪念地作为旅游吸引物，从而把 “游山玩水”与爱国主义教育和革命传统教育有机地结合起来的一种参观游览活动。因而，“红色旅游”这一产品有其自身的活动特点，即它是建立在红色旅游资源基础上的精神文化产品，是精神文明和物质文明的集中体现，也是以观光体验型为主的旅游活动。

## 二、盐城红色旅游资源概况及开发中存在的问题

盐城，是新四军浴火重生之地。在盐城，有着一种特色红色文化——铁军文化。铁军文化是盐城宝贵的历史文化资源，具有明显的地域和时代特色。近年来，盐城的旅游业方兴未艾，鹤舞鹿鸣、人文繁茂，正向世界展示“水韵盐城、大美湿地”的发展之美、生态之美。将铁军文化与盐城旅游相结合，打造集政治教育、经济发展、文化传播等价值和功能于一体的综合性旅游项目，是盐城得天独厚的历史文化条件。将文化与旅游相结合，同样体现了未来城市建设的发展趋势。但是，尽管有底蕴深

厚的历史文化条件和充分的开发条件，盐城红色旅游资源的开发仍然存在着缺乏规划、知名度不高等问题。

### (一)盐城红色旅游资源概况

作为曾经的华中敌后抗日根据地的政治、军事和文化中心，盐城的红色地图也遍布全境，拥有包括“中共中央华中局纪念馆”“泰山庙新四军重建军部旧址”“停翅港新四军纪念馆”等248处革命遗迹遗址，其中革命遗址219处，其他遗址29处。

盐阜大地是一片有着光荣革命历史的红色热土，拥有128个以烈士命名镇村红色资源，红色资源丰厚而独特。盐城拥有全国规模最大、资料最全、最具代表性的新四军纪念设施——新四军纪念馆。新四军纪念馆为目前国内唯一全面系统反映新四军抗战史的纪念馆，已被列入全国100个“红色经典景区”和30条“红色旅游精品线路”，新四军军部旧址被列为全国重点文物保护单位。此外，还有华中工委纪念馆、泰山庙、八路军新四军会师塔、盐阜区抗日阵亡纪念塔等一批红色旅游景点。

### (二)盐城铁军文化旅游特点及意义

#### 1.盐城铁军文化的特点

盐城是具有红色文化名片的城市，在盐阜大地上，文化的特点集中体现在从繁荣的大上海赶来的知识青年。他们把自己的知识播撒在这一片黄土地上。在火红的年代，知识分子在农村奉献了自己的火红青春。知青们放弃了城市的优越生活，选择了上山下乡为农村贡献自己的力量，这种不怕困难、艰苦奋斗的精神正是铁军文化最好的代表，是我们当代大学生应该认真学习的。

#### 2.盐城铁军文化的历史价值

从历史角度看，铁军精神属于中国共产党领导下的革命武装与群众血肉关系的一部分；从区位角度看，铁军精神融入了盐阜革命老区支持抗战、支援解放事业、不畏牺牲的地域品质；从时代角度，铁军精神将一如既往地激励盐阜人民朝着“四个全面”方向前进。

#### 3.盐城铁军文化的文化内涵

铁军精神是盐阜革命老区秉承红军革命意志，勇于进取、开拓创新的现代精神之一。铁军精神作为民族精神的精华,受到国家高度重视。2011 年 9 月 6 日,时任江苏省委书记罗志军书记在中国新四军和华中抗日根据地研究会第五次会员代表会议上指出:新四军是中国共产党领导的一支抗日劲旅。新四军的历史是我党我军光辉历史的重要组成部分,新四军在艰苦卓绝斗争中形成的“铁军精神”,已成为我们弘扬革命传统的生动教材和全社会的共同财富。传承是最好的纪念,发展是最深情的告慰。盐城,作为铁军精神的诞生地,铁军精神已成为盐阜人民身上流淌的血液,成为这座城市最闪亮的精神坐标,指引着全市人民不忘初心、牢记使命,向着早日建成产业开放生态幸福新盐城奋勇前进。

### (三)开发中存在的问题

第一,红色旅游产品结构单一,旅游经营上处于粗放式的初级发展阶段,竞争处于低层次水平。

目前,盐城努力将红色文化旅游的主体形象定位为“生态低碳红色之旅,富含绿色生机”,以新四军文化为背景,以海盐文化、湿地文化、鹤鹿风情、现代化大农业为基本特色,以休闲农业、海滨风光、知青文化、农家乐产品为主导,以湿地风光、水乡风光为辅助产品。红色旅游产品起步时间不长,远未得到足够的重视,而大部分红色旅游经营都停留在“接待经济”的底层次竞争状态,不能做大规模。同时,红色旅游景点大多处于各地自发的点状发展状态,与区域内其他红色旅游资源联系甚少,没能形成统一的规划和管理。另外,有一些红色资源“尚待深闺”,未被发掘并加以利用。在红色旅游资源的开发、线路设计及活动的组织方面,文化的切入不够深,未能充分体现文化旅游中的文化品位、文化特色。

第二,红色旅游产品的知名度不是太高,一般而言,旅游者倾向选择自然环境和文化环境与居住地不一样的旅游点,而我们的产品恰恰缺乏从文化的深层次上挖掘不同之处,让那些独一无二的东西大放异彩。

第三,旅游人才的培养不足。旅游业作为第三产业的一员,属于服务产业,相关工作人员素质的高低决定了整体服务质量。盐城铁军文化旅游专业人才缺乏具体表现在:盐城旅游人才数量较缺(包括专业的导游人员、景区讲解人员和景区管理人员),后备人才培养知识结构不全,对相关的历史知识不够了解。以翻译导游为例,因对革命传统文化和民俗文化的不了解,在传递信息时会造成误解,可以说人才的缺乏会引起服务质量的降低。

第四,宣传促销不到位,基础设施落后。盐城有些红色旅游资源,如泰山庙、陈集镇停翅港村新四军军部旧址、益林战役纪念馆等,在中国近代革命历史上留下光辉的一页,在海内外享有一定的知名度,但却与旅游业没能足够地进行融合发展,没能把这种历史知名度转化为旅游知名度。盐城红色旅游资源除少数分布在城市以外,大部分分布在集镇或农村,而这些地区交通不便、其他旅游资源稀少、娱乐设施较少、旅游商品稀缺。以"上海知青文化纪念馆"以及"新四军八路军白驹狮子口会师纪念碑"为例,其都位于盐城市大丰区,由于位置比较偏远,前来瞻仰文化、怀念历史的人相对较少。

## 四、盐城"红色旅游"开发的对策建议

### (一)"红色旅游 "的开发,要提高认识,开展生态旅游,促进宣传

盐城地处江苏中部,是江苏沿海城市中海岸线最长的设区市,盐城旅游资源禀赋优越,文化底蕴深厚,尤其值得一提的是拥有西太平洋最大的黄海滩涂湿地和里下河地区的湖荡湿地资源,并有盐城国家级珍禽自然保护区和大丰麋鹿自然保护区两个国家级自然保护区。同时,盐城红色旅游资源极为丰富,作为革命老区,有248处革命遗迹遗址和128个烈士命名镇村。近年来,绿色湿地、白色海盐、红色铁军和蓝色海港现已经构成了盐城"四色"名片。

盐城大部分红色旅游资源分布在集镇或农村地区,而这些地区大多具有丰富的农业旅游资源和动植物资源,生态保护完好。因此应把红色旅游资源与绿色旅游资源相结合,大力开展红色生态旅游。这样既充分利用了各种资源,又共同延伸和完善了旅游空间布局、线路,实现了资源、信息、市场等全方位的互补共享。另外,无论是从旅游的发展趋势看,还是节约型社会对旅游的要求看,生态旅游是最具发展前景的旅游产品之一。因此,红色旅游与生态旅游的结合,使红色旅游具有更强的生命力,具有更高的生态效益、经济效益和社会效益。

目前铁军文化吸引的主要人群还是中老年人,因此我们需要借助新媒体的方式进行宣传与推广,以扩大受众群体,尤其是青少年的受众群体,这样才能使得铁军文化得到更为广阔的受众群体,同时也可以引领当代大学生塑造正确的价值观。

### (二)"红色旅游"的开发,要科学地提炼和升华铁军革命精神

"红色旅游"是解读红色故事和革命精神最有效的方式之一,一段故事和一种

精神就是一个很好的旅游产品。所以，把“游山玩水”与爱国主义教育和革命传统教育有机地结合起来的“红色旅游”，应体现红色资源内容的精神实质。新四军在盐城的英勇抗战历史，已经成为盐城最为宝贵的红色记忆；新四军和盐阜儿女并肩作战、共建家园的感人事迹，经过岁月的沉淀，已经形成盐城最具特色的红色文化。新四军在血与火中熔铸而成的“铁军精神”，更是成为与井冈山精神、长征精神、延安精神、西柏坡精神一脉相承的伟大民族精神，是盐阜人民弥足珍贵的精神财富。

这样，为增强“红色旅游”的吸引力，就必须深入挖掘红色旅游资源的精神文化内涵。无论是在文物的展示还是现场的导游讲解，应力求本真与实事求是，切忌某些牵强附会乃至传说。因为“红色旅游”本身所强调的就是在参观游览时感受红色精神、教化自己，因而，红色旅游资源内涵的挖掘与目的地红色氛围的营造是开展“红色旅游”所必须特别关注的。任何虚假的说辞与陈列都与这一旅游内涵相悖。

红色旅游资源不仅仅是革命前辈们留下的物质性财富，它还是一种弥足珍贵的精神财富。这些精神财富需要我们沿着革命的历史去挖掘、去领悟，把那些无数可歌可泣、感人肺腑的故事和催人奋进的崇高精神用现实的语言表达出来，这些都是开发旅游产品的绝好题材。我们要在深入领会革命精神深层内涵的基础上，从先辈的革命实践中总结出许许多多的先进精神和优秀品格元素，这些“精神”和“元素”经过各种现代表现手法的处理后，可以人性化地演绎出来，形成众多的红色旅游景点，然后按市场的要求组合成色彩纷呈的红色旅游线路产品。总之，红色旅游产品一旦赋予革命精神的深层内核，就将拥有经久不衰的市场影响力。

铁军文化包含着丰富的文化内涵和思想精神，应当传承正确的历史观与价值观，而非曲解历史、娱乐苦难，唯有传承正确的价值观念，才可以引领积极的思想潮流。铁军精神充分体现了中华民族精神的基本价值取向，是中华民族百折不挠、自强不息精神的升华，铁军文化是则是铁军精神的映照，促进铁军文化发展需要加强铁军文化教育。

### （三）“红色旅游”的开发，要多方集资，加大建管力度

盐城大力发展“红色旅游”，必须首先解决红色旅游目的地的旅游基础设施、配套设施和管理水平的建设。由于盐城红色旅游资源大都处于基础设施和管理水平相对落后的革命老区，这就要求我们秉持“借外力、启内力”的发展思路，加大旅游招商引资的力度，多方融通和筹集资金，加强基础设施的建设和提高景区服务、

经营、管理的能力和水平。红色地区的基础设施建设重点包括交通、通信、游客服务中心等方面的内容。只有基础设施搞好了,游客们才能进得来、出得去。随着人们生活水平的普遍改善和对生活质量的进一步提高,加强休闲生活设施的建设,让旅游者有看头、有玩头、有吃头,为旅游者提供娱乐和生活方面的便利设施也应配套完成。同时,也要加大红色旅游景区开发的投资力度,增强科技含量。另外,红色地区的导游服务人员、管理人员的自身素质有待进一步提高,这就要求我们要引进优秀人才,用先进的理念和知识来武装管理人员,为红色旅游的发展提供人才保障。

### (四)"红色旅游"的开发应丰富产品的表现形式,倡导参与式与体验式经营模式

用现代旅游的参与意识用来建构盐城"红色旅游"的经营模式是最为贴切和有效的。"红色旅游"作为需要用心灵体悟的精神文化产品,它不应当只是浅层次的展示存在的历史实物形态或过去的历史事件、故事等。"红色旅游"经营不应当只以到过、走过或游过的失去内在关联的景点感觉来收获或成就观光性旅游的眼球经济和眼睛文化。"红色旅游"要求经营者运用聪明才智和结合经营手段,为旅游者提供身心参与的进入方式和体感心受的体验效果,使"红色旅游"效应从眼睛文化过渡到心性文化再深刻到心灵的境界。这种参与式和体验式的经营模式,将使旅游消费者在盐城"红色旅游"中得到精神文化感悟。因此,在红色旅游目的地的建设中,应整体把握盐城"红色旅游"的精髓,以红色文化发展的脉络为主导,建立起盐城红色文化的旅游资源整体布局。同时要在传统的参观教育活动基础上,努力体现"红色旅游"的旅游特色和旅游接待专业水平,要逐步改善和提高展馆档次,改变简单的图片展示和橱窗式的文物陈列,使表现手段更加科学化、现代化和多样化。除了可在革命遗迹旧址上建设展馆、陈列物品外,还可建立革命先烈雕塑群、故事廊等。其实,在红色文化传承方面,为更深切的体会铁军传承的革命历史,盐城借助"非遗"方式已着力打造了多部舞台剧,如:淮剧《送你过江》、淮剧《唢呐声声》、淮剧《太阳花》、淮剧《雪枫卖马》、舞剧《五条岭之魂》、曲艺剧《盐阜往事》等,从感官上传达铁军精神,不仅是对红色教育事业的一种贡献,更是对革命精神的一种传承。

另外还可以开设一些体验式、参与式的项目,如穿红军游击队服、吃红军饭等,以丰富产品的表现形式,进而使参与者感受到革命战争年代生活的艰苦与

胜利的来之不易，从而孕育出更加热爱祖国、珍惜今天幸福生活的心灵感悟。

概而论之，历史地理解和关照盐城红色旅游产业，是开发盐阜红色旅游产品的基本定位；准确地把握红色和旅游的结合，是开发盐阜红色旅游产品的重要前提；科学地提炼和升华红色革命精神，是完善盐阜红色旅游产品的主要方法。同时，我们要充分利用好盐城革命历史遗迹遗存，积极发挥其经济与社会文化功能。在当今多元文化并存的时代，积极推进“红色旅游”，弘扬红色文化和红色精神，以期寻找到盐城与现代旅游业和旅游文化的发展切入点，从而形成切实有效的经济效益和广泛的社会效益，确立红色旅游文化在构建和谐盐城中所应占据的不容忽视的地位。

## 第八节　盐城杂技文化旅游开发研究

盐城被誉为杂技之乡，其杂技艺术有着深厚的历史底蕴与丰富的文化内涵，从它的萌芽、生根到繁荣，经历了几千年的历史累积。本文主要讲解了盐城杂技艺术的背景时期及发展历史、在新时期的盐城杂技之中所存在的问题及解决的办法和盐城杂技艺术文化未来的发展趋势。笔者认为在盐城新时期的杂技文化创作层面上，亟须解决的有两件事，第一是传统杂技文化的传承、保护与开发；第二个问题是传统杂技向现代杂技的切换升华，前者旨在对盐城传统杂技的维护，后者则是今后盐城杂技的发展趋势。

### 一、杂技文化的简介

#### （一）盐城“杂技之乡”的起源

##### 1.杂技文化的概述

杂技是我国最古老的代表文化艺术之一，它的发展历史久远绵长，据有关资料记载，它是一种直接来源于生产生活的特殊艺术，是古时候的人们在生产生活中逐渐形成的一种古老娱乐形式，也被称作为力技娱乐。力技娱乐也就是杂技艺术产生的最初形式，后经逐步发展演变，加上了戏曲、歌舞的汇集融合后，才逐渐形成了现代意义上的杂技。

### 2.盐城杂技文化的形成期

在美丽的湿地之都盐城，有着悠久的杂技艺术文化历史，在汉唐时期，这里的“百戏”，也就是杂技艺术就已经久负盛名了。盐城的杂技以独特的民族风格和精湛的艺术技艺而名扬海内外，它与河北吴桥、山东聊城、河南濮阳齐名，是我国杂技艺术的发祥地之一。就拿建湖县庆丰乡来说，所属县方圆百里的18个村庄都有从事杂技表演的人才，故而被统称为“十八团”。此后的一段时间里，在庆丰乡的这片土地上崛起了一批又一批优秀的杂技艺术人才。在新中国成立前后，以“庆丰十八团”为基础的建湖杂技艺术团奔赴各地展示表演，将盐城杂技艺术这个招牌传播到了海内外。

1959年，在当地政府的支持下，盐城地区杂技团正式成立。杂技团培育的新一代杂技艺人继承和阐扬了十八团杂技文化的传统技艺和精神，使盐城杂技事业提升到了一个新的高度。1984年，国家特别派遣了赴日本访问演出的杂技小分队，日本当地的报纸以《中国的小顶碗》为题对此事进行了大幅的报道。自此以后，建湖杂技以其浓厚的民族特色、南派风格和精湛的技艺焕发出熠熠光彩。短短几年间，盐城市杂技团就远赴新加坡、斯里兰卡、孟加拉国、波兰、加拿大等多个国家和地区进行了访问演出，同时参加了许多国际性的艺术文化交流活动，被江苏省政府评为“江苏省文化先进集体”。现今的盐城市杂技团就是在“十八团”的基础上组建的，新一代的杂技艺人继承和发扬了当年“十八团”的杂技艺术并博采众家之所长，在不断探寻、不断创新的过程中推出了许多优秀的杂技作品；在第一届全国杂技比赛中，盐城市杂技团创作的《顶碗》和《滚杯》两个节目，荣获了该届比赛的“优秀演出奖”。

盐城杂技艺术文化经过这么多年的风雨洗礼传承至今，在这历史的变迁中，杂技的内容和形式也不断发展。盐城杂技文化在这时间的长河中，孕育了一代又一代的优秀杂技人才，在盐城这片湿地上形成了一种稳定发展的杂技文化生态。

## (二)发展杂技文化的意义

杂技文化是扎根于盐城大地上的一个文艺品牌，是盐城土地上最优秀的民族非物质文化遗产，是中华民族遗产宝库之中的瑰宝。作为全国有名的“杂技之乡”，盐城更应该走在改革浪潮的前头，为民族杂技艺术的繁荣，为我们传统文化的发展作出最大的贡献。用熟稔的技艺、创新的节目、鲜明的艺术特色,向世人诠释民族的传统技艺——杂技经久不衰的魅力。

### 1.发展杂技文化为当地政府带来经济效益

发展壮大杂技文化,可以为当地直接创造经济效益。比如说我们都知道的杂技节目为主题的电视剧、电影等媒体放映,杂技节目的商业演出以及杂技文化相关产业的衍生品,都可以为当地带来巨大的经济效益。随着人们生活水平的提高,物质生活的需求日益得到满足,对文化产品的需求也会越来越多,杂技文化作为我们具有代表性的文化产业,自然也蕴含了巨大的商机,杂技文化的市场前景很被看好。

### 2.发展杂技文化以拓宽国际文化市场

杂技文化只有得到发展,才能够得到更广泛的传播,从而使民族文化得以弘扬于国际。就拿几个实例来说,好莱坞大片在国际电影市场中的举足轻重,日本动漫在漫画界的广受欢迎,韩剧和韩星纷纷抢滩中国大陆,这些情况都反映了各国注重拓宽文化产业的国际市场,在向他国输出本国的文化产业的同时,也在他国有效地弘扬了本国的文化。杂技文化产业作为我国的最具民族特色代表性的文化产业,更需要着力于发展民族杂技文化事业,拓宽我们的杂技文化市场。

## 二、盐城杂技文化的生存现状分析

近年来,盐城杂技文化表演在市场中生存的方式主要有两种,第一种是经常和婚庆公司及同类型公司合作的,接受企业或者宴会的邀请去做一些商演活动,常见的有店铺、公司的开业典礼及周年庆和婚宴之类。另外一种是以艺术表演为主,通过招揽各路杂技精英人才组团赴各地比赛表演的类型。以我国的杂技文化市场作为标准来讲,盐城杂技艺术文化目前的市场还不是太成熟,无论是节目创新方面、人才传承方面、市场影响方面还是退役人员安排方面都有待开发与创新。

### (一)杂技节目在剧本创作中缺乏创新

盐城杂技的类型大多属于南派杂技体系,传统的杂技剧目多达两百多个,盐城地方杂技兼具了中国传统杂技的所有优点,神奇和隽永、惊险而婉约,同时,它也和许多地方杂技一样,一直以来都未能摆脱传统杂技的影子。有一些杂技剧目表演虽然在杂技节目介绍中说是新编的，但大多只是更换了节目的名称，或者是在原有传统节目的基础上进行一些演变和包装，简而言之，就是换汤不换药。真正的从头到尾都是自己创新研发的节目真的不多，特别是符合现代人审美要求并且能够吸引观众前往观看的节目。

### （二）杂技人才在艺术传承上青黄不接

现代年轻人在选择要从事的工作的时候，往往都会选择一些行政文员、办公室小白领之类的，主要是因为这工作看上去比较"体面"，和朋友们出去的时候也感觉特别有面子。但是像杂技表演这种经常需要外出表演的工作，许多的年轻人们就会带着不感兴趣甚至有些排斥的心理。这也导致了盐城甚至整个江苏杂技事业都面临着严重的人才危机，相关国有团体虽然在坚持着力培养这方面的人才，但是现在仍然处于断层的状态。由于生源困难，培养周期长，加上各项体制要求等原因的制约，使国有团体的人才进入难，培养难，塑造一个精尖的特殊人才更难。传统的传承格局已经被打破，不少年轻人都不是很喜爱这一行业，作为观众可以，但是在舞台上表演就是另外一回事了。感觉把杂技作为自己的职业既辛苦又没有前途，既然可以打工求发展，何必去玩杂技冒险。就拿盐城建湖的杂技团来说，从 1997 年之后在建湖当地就没有招收到过一名学员，在职培训的学员大多数来自中西部地区。所以说人才是制约盐城杂技艺术发展的重中之重，杂技艺术人才的培养是当前盐城杂技文化发展的迫切需要。

### （三）杂技品牌在市场竞争中影响不大

如果要看一件东西在市场中销售的好不好，除了看它的制作材料和外观要求之外，其次要看的就是它的品牌力量。杂技文化发展也是同样的道理，除了很好的剧目要求和表演场所之外，还要再加上点睛之笔，那就是杂技本身的品牌影响。杂技表演者为什么没有歌星、舞星那样风靡全国，杂技作品为什么不能飞入寻常百姓家呢？其实杂技艺术比其他民间民族艺术的各方面的要求更高，表演难度更高，然而还是没有其他行业的表演者来的出彩，关键还是品牌还不够响亮。杂技文化作为一项高端的形体艺术，它可以在各个国家、各个地方进行表演，不会受到语言障碍、民族禁忌、地域文化差异等各种因素的影响。所以说一切辅助条件都准备好了，只差打响杂技文化自身这个品牌了，只有这样，才能在当今世界的文化产业市场上占领一席之地。

### (四)杂技退役演员在分流安排中比较困难

杂技演员工作后的分流安排和我们国家的体操、舞蹈演员一样,他们吃的都是青春饭,一个再好的杂技人才,经过多年的培训成功进入剧团后,最多也只能够在杂技这个高要求的舞台上表演个七八年就不能再登台表演了。不能表演之后,杂技团又不能全部都养着,一个杂技团怎么能承受得了这些退役赋闲演员的费用,就只能再重新花时间找工作,还不一定能够找到理想的职业。所以说退役演员分流渠道的不畅,也是杂技艺术发展的一大阻碍,也是许多年轻人不愿意选择从事杂技艺术表演的原因,关于演员分流涉及的问题也很多,解决方案也是一直没有出台,严重影响盐城杂技艺术的发展。

## 三、传统杂技文化的传承、保护、开发与创新

### (一)杂技文化的传承

人是艺术生存发展的关键,杂技人才的培养更是迫在眉睫,所以传承便成了杂技文化中很重要的一个问题。对于像杂技艺术这种国家非物质文化遗产,我们要做到的不仅仅是要去尊重它、欣赏它,更为重要的,应该是想办法去传承和保护它。用我们自身的力量让这些古老的艺术能够一直流传下去,世代传颂。为此,也应运而生出了一些杂技文化传承的模式,其中最主要就是家族化文化传承模式、拜师学艺的传承模式和小科班传承模式。正是这些传承模式的运用,才让我们在今天有幸见识到了杂技艺术的魅力风采,让我们的民族文化弘扬国际。

#### 1.世代相传的家族化式传承

家族化传承模式,就是由父传子、侄,代代相传,就像是古代实行的王侯世袭制一样。盐城当地在一些杂技之类的民间技艺传承上面,沿用家族化传承模式的还是较多的,除此之外,许多人家收养子、养女也是一种特殊的家庭传承模式。用当地的方言来说,这个叫作“门里出生”,家长们从小就培养自家小孩在这方面的兴趣,让他们了解这方面的基本知识,也是为了日后的学习打下坚实的基础。待孩子到了三四岁的时候,就开始教他们功法套路,并告之要坚持每天独立练功,日复一日,才能塑造出更好的身体条件。在这种家族化的传承模式中,由于需要依靠在外演出谋生,高难度动作一直是杂技界的普遍追求。所以想要从事杂技文化艺术表演这一份特殊工作,身体条件就是你

必须要跨越过去的一道门槛，只有越过这道槛，你才能继续在这一行业发光发亮。

### 2.传道授业的拜师学艺式传承

谈到拜师学艺，其实就是真诚的恳请一位师长收下你作为他的学生，虚心向他学习他所擅长的技艺。杂技这门艺术的人才属于可以后天培养而成的，于是就有很多人家在孩子很小的时候就把他送入杂技团内拜某位大师学艺。拜师学艺的传承模式在农村里也是比较常见的，许多生活在农村的家长认为小孩念完书从学校毕业出来以后，也还是不能找到令人满意的好工作。在学校里的时候老师都是将理论知识进行灌输，从书本上学习到的知识在实际生活、工作中很少用得到。于是就让孩子在家的时候就拜师学艺，跟着师傅学习一些生存型的技艺，让子女有一技之长，也好确保日后在生活上能有个着落，用方言来说的话就是混个心里踏实，起到保险的作用。

### 3.招徒授艺的杂技小科班式传承

杂技小科班的传承模式和前面两种有所区别，杂技小科班一般都是由当地的一些富人投资建立，通过聘请一些有名的艺师教学，招收儿童组成一个学习班子，故谓之曰小科班。这种小科班模式的杂技文化传承方式在盐城为数不少，对于培养盐城的杂技人才，普及提高盐城杂技文化艺术方面都有着举足轻重的作用，同时笔者也觉得这也是可以继续使用下去的非物质文化传承模式。其实放到现如今说的话，这就是和办学校是一样的道理，都是利用手中现有的资金和教师资源力量去招收学生来组建成一个大的团体，然后教师们再将自己所知道的知识都广而告之，把这些老祖宗辛辛苦苦积累下来的文化一代代给传承下去。

## (二)杂技文化的开发与创新

杂技文化传承和开发、创新之间是紧密相连的，没有传承就不会有发展、创新，在杂技文化的发展中，如果说传承是手段，那么创新才是目的。为了创新，我们要坚持对传统的杂技文化做到取其精华，去其糟粕。同时，更要在杂技文化的表现内容、表现形式和表现手法上面取百艺之长，补杂技之短。当前的盐城杂技文化在对自身的开发和创新上，首先要做到的就是挖掘出传统杂技的精髓，毕竟老祖宗传承千年的东西肯定有它的道理，再在这基础上，对传统的杂技剧目进行改编和创新，针对此点问题，树立一个现代的杂技艺术观是必要的，其次就是在完成新时期的杂技艺术剧本后，对当地杂技文化市场进行推广与开发，与艺术共同前进。

### 1.树立现代杂技艺术观

传统杂技艺术凭借肢体语言展示人的力量之美或形体之美，塑造直观具体的艺术形象，将客观物体抽象化、道具化，表现人与物的对抗，最终实现人与物的统一，传递着一种田园牧歌式的和谐，如抖空竹、转碟、顶碗、蹬板凳等是中国几千年来农耕文明生产和生活用品情景的演绎，通过对生产生活用具的熟练掌握，实现人与物的统一，动中有静，静中有动，刚中有柔，柔中有刚，刚柔并济，透露着克制、宁静的审美效果。

优秀的传统杂技是现代杂技的根基，传统的杂技艺术传承了几千年肯定有它坚实的地基。我们要树立好正确的现代杂技艺术观，把老经典带入新世纪。现在杂技艺术与传统杂技之间不是纯粹的接力关系，而是对传统杂技的升华。现代杂技的个体节目与同类相比，具备更高更难的技术含量，以及更适合于现代节目风格的舞台艺术效果，主要在于提炼并提高杂技内在的艺术品质，从通俗向雅致发展。能够反映现代人的行为观念和思维方式。通过在传统杂技的基础上改变一些创作方式和表现方法等，让它具有现代感，体现时代品种新颖的杂技剧目会更加符合现代人的审美要求，给观众带来美感。现代杂技在投入市场中有很好的经济效益。根据国内、国外杂技观众的文化差异及欣赏习惯，整合后的现代杂技更能够满足不同欣赏角度的消费层面。

### 2.创新杂技现代技术

艺术的创新首先要回归自身，回到艺术严肃性、神圣性的自律中。在坚持“技艺”本体的前提下，杂技艺术应随社会生活前进而不断调解自身的开放性，吸收其他艺术的特长，融合市场需求，拓宽美学导向，改进传播模式，打造形与力、形与韵、形与情共具的杂技之美。纵观国内外成功的杂技转型案例，无不在注重“技艺”本体的前提下，丰富舞台表现、融合多种艺术形式、建造符合时代的审美环境。加拿大太阳马戏团的主题表演杂糅街头杂耍、马戏、歌剧、芭蕾舞、摇滚，运用灯光、音效、舞美等技术，制造出奇妙的效果，增强了艺术感染力。我国大型壮族杂技剧《百鸟衣》以壮族民间传说“百鸟衣”为叙事主线，由 24 个杂技节目具体演绎，这种剧目性、综合性的现代探索与实践，既体现了广西杂技对“文场”艺术性、文学性的审美空间与舞台表意场“剧”性特征的综合，又展现了广西杂技“剧”性创作与杂技节目舞台场域化、主题化、审美化的多重思考。杂技剧《水秀》，以“水”为创意主题，讲述了龙女和龙子冲破阻挠终成眷属的故事，“技”与“剧”的并重，为杂技注入了音乐、舞蹈、花样游泳等演出形式，广受欢迎。黑龙江杂技团将京剧《智取威虎山》中的片段与冰上杂技有机融合，以及京剧与杂技的融合让杂技艺术不再是戏剧的点缀，而是戏剧的亮点。

#### 3.实现杂技文化产业的跨越发展

盐城作为全国杂技的三大发祥地之一，其杂技已经被列为国家非物质文化遗产保护项目。这是盐城人民的莫大荣耀，依此作为基点，我们要全力建设好盐城杂技文化示范区。以江苏省杂技培训中心为基地，打造出一个杂技文化生态园，把盐城杂技的历史发展背景、剧目研发过程、传承保护手段、生产演出方式等各个环节有机地结合在一起，建造出独具盐城杂技艺术特色和民俗风格的盐城杂技文化生态园，创新型的生态园不仅可以使盐城的文化产业大幅度跨越发展，成为江苏乃至全国都有名的杂技文化名城，更为重要的是让盐城的杂技艺术成为我们国家杂技之林中的一朵奇花。

## 四、盐城杂技文化之路的发展趋势

### (一)杂技文化旅游市场的发展趋势

杂技是中国文化的重要符号。自20世纪八九十年代，杂技、京剧就在北美等市场为中国文化闯出了名堂，甚至现在外国人提起中国艺术，脑海里浮现的就是武术、京剧、杂技。而旅游正是当下中国人民追求美好生活的重要一翼，两强相逢有容乃大，双方融合发展的产业前景不可限量。

盐城的杂技文化最初就是因为农村家庭小农经济模式而慢慢产生发展起来的，当时的人们利用农闲的时间和手边的农耕道具创造了许多超乎常人的特殊技能，因而有了今天的杂技。可以说杂技文化与农村文化有着千丝万缕的联系，正是因为这一点，我们可以再次将农村杂技文化和旅游文化结合起来进行开发，可以选择盐城最具杂技文化代表性的乡村，申请当地政府和地方文化企业的力量协助建设一个杂技旅游文化村，村内每家每户都有杂技文化节目的表演、杂技文化特色道具的纪念品等，再经由旅游企业旅行社设计一个“杂技农家游”为主题的线路，带领本地和外地游客前来参观游览，让游客们了解更多的盐城文化艺术。目标再放大一点的话，我们可以把整个盐城都打造成一个杂技文化名城。两者结合，不仅能够弘扬民族杂技文化，又能够达到宣传发展盐城地方旅游的目的，一举两得。

### (二)杂技文化艺术市场的发展趋势

传媒产业是属于当今时代的一种数字、图文信息传播最快的工具,被广泛运用于广告宣传、影视剧播放,等等,覆盖范围之广到全国甚至全球各地。而杂技文化既可是图文型的,也可以是影视型的,传媒对于杂技文化来说是非常适用的平台。可以将传媒文化与杂技文化联合起来,打造出一个富有盐城特色的杂技文化传媒节目,把杂技文化节目用传媒的方式呈现出来再传播出去,让更多的人知道和了解盐城的特色杂技文化,相信一定会有很好的前景市场。

## 五、盐城杂技文化旅游精品开发策略

盐城杂技文化旅游要想在周边旅游中占据一席之地,其核心是杂技的创新力。

一是跟杂技道具、舞美创新的结合。中国杂技团单个节目的创新力非常强。道具进步、演员表演到位,甚至杂技技艺都走在世界前列。《头顶芭蕾》是全世界杂技技术高峰,《摇摆高拐》的最大看点是道具创新带来节目质量的革命性变化。由于这个新道具,传统的高椅项目和练高椅技巧的主演都一改沦为备份节目的困境,演员能力得到了充分发挥。

二是杂技节目形式上的创新。火遍全球的太阳马戏团,是利用中国的技术、教师和中国的编排,去跟西方的冷戏剧结合,再加上与时俱进地运用多媒体、高科技手段进行包装,形成了成熟的表演形式。天创国际演艺早年跟沈阳杂技团做的《天幻》,在美国累计演出上千场,节目形式上就是将魔术、柔术、武术、绳技、大飞轮等相融合。盐城杂技要向这些案例学习,不断创新自己的技能。

## 六、结论

在没有写盐城杂技文化的发展研究这篇论文之前,笔者对杂技艺术的了解也仅仅停留在它的表面意思上,而后才慢慢从搜索到的文献资料中了解到了杂技艺术的意义、杂技艺术的诞生历史以及杂技艺术的现状和未来发展趋势的分析,直到接近完成这篇文章的时候, 我才算得上是基础的了解了杂技这一项博大精深的民族文化艺术,当然,想要真正了解杂技艺术,还需要倾注更多的心力关注。杂技艺术是一项特殊的肢体力技艺术,是我国最具代表性的民族艺术之一,不论其表演方式还是表演人才,都是一项不可多得的艺术。盐城作为全国有名的杂技之乡,其杂技技艺更是精湛,杂技人才更是多出,杂技艺术文化自然是繁荣发展。这是盐城地方的文化财富,鼓励当地政府和人民好好利用这一优势,传承保护和发展好杂技艺术,将是一笔伟大的财产。

# 第九节　盐城滨海柳编旅游纪念品的设计与开发

## 一、概述

近年来中国经济的发展可谓是迅速,人们的生活水平提高同时也学会了享受生活,所以旅游行业快速发展起来,外出旅游成为一种休闲方式。正是因为旅游业的快速发展同时也带动了旅游纪念品的快速发展。

购物的需求是一个游客的基本需求之一,因此,旅游业不仅包括旅行社、旅游交通和旅游饭店,还包括旅游商品的生产和销售部门。

从广义上看,凡是游客在游览的过程中所购买的商品,这些商品都可以称为旅游商品。而狭义的旅游商品大多数是指能够满足游客的需要而生产出来的各种旅游购物品,旅游纪念品是旅游商品的组成部分。而本文所研究的柳编纪念品就是旅游商品中的一种。

旅游纪念品主要是指以旅游景点的文化古迹或自然风光为题材,利用当地本身就有的某些特殊原料制作的带有纪念性的艺术品。通俗意义上,和旅游行为有关系的,并且带有旅游纪念意义的商品都是旅游纪念品,哪怕是当地的水滴、土壤、树叶,只要是旅游者从游览途中带回来的,对旅游者来说都带有纪念意义,旅游纪念品不能单用商品来形容,因为商品不带有感情色彩而旅游纪念品融合了旅游地的民族风情、文化特色、沉淀着一次旅游的美好回忆。如本文所讲的盐城滨海柳编旅游纪念品就沉淀着对滨海的记忆。

## 二、盐城滨海柳编旅游纪念品的发展现状

### (一)柳编旅游纪念品市场现状

市场上有许多柳编纪念品,但是这些纪念品存在一些问题,归纳起来有以下几点。

### 1.柳编旅游纪念品的商业性较浓

盐城滨海县正红镇现有柳编企业5家,其年产值大都在500万元以上,且都是县级规模企业,企业都是以盈利为目的的,并不会去考虑纪念品的艺术性和一些纪念意义,所以制作人在编织柳编旅游纪念品时企业通常只会考率利益,比如怎样用最少的柳编制作出更多的柳编纪念品达到最大的盈利,并不会考虑纪念品本身的意义,这就会造成市场上的柳编纪念品越来越商业化。

### 2.柳编旅游纪念品雷同率很高

市场上很多柳编纪念品在其他省市就可以买得到,比如山东、陕西都可以买得到,这些产品的内涵、规格、式样,材料、包装也是差不多的。旅游纪念品的内容比较单调这就导致了游客购买旅游纪念品的范围越来越小,从而限制了旅游纪念品销售量的增长。而柳编纪念品恰恰存在这个缺点,旅游者从自己的故乡来到滨海,一方面是想看一看滨海的景色,另一方面就是希望买到当地特色的旅游纪念品,滨海柳编纪念品可以说是当地特色的东西,但其创造缺乏创新,大都是传统的外形,比如说挂蓝、食品篮、宠物篮、刀叉篮、花篮,总之柳编设计出的纪念品大都是篮子一类的,在千篇一律的篮子中没什么纪念意义可谈。

### 3.柳编旅游纪念品便捷性不够

有一项研究发现,旅游者在游览的旅途中需要消耗很大的能量,所以在设计旅游纪念品时需要考虑其轻便、易携带的特点。游客在旅行的过程中一般不能够随身携带很多用品,急买急用的旅游纪念品比较能够满足旅游者的需求。而柳编旅游纪念品就没能体现这一点,大多数柳编纪念品体积比较大、不能够轻易携带。比如,大多数的旅游者比较喜欢轻巧的物品,在购买纪念品时一般不会选择柳编纪念品,这就会流失一大部分的消费者。不仅如此,柳编旅游纪念品的市场起步较晚,而且没有形成一定的品牌意识,消费者对产品缺乏信任,发展缓慢。

### 4.柳编旅游纪念品市场定位存在问题

每一个游客他们接受教育的程度不同、家庭经济能力不同,并且购物的品位也是不尽相同的,所以在开发旅游纪念品时企业应该满足每个阶层的旅游者。但是提供给旅游者的柳编旅游纪念品大多数是加工简单的初级产品,质量也不是很高,企业为了追求利益很少去关注柳编旅游纪念品的质量。

### (二)盐城旅游发展现状

盐城市的知名度不是很高,城市规模相对比较小,以前的经济基础比较薄弱,过去的交通基础也不是很好,和外界的交流不是很多,并且其宣传力度也不够,这就导致制盐城旅游业的发展并不是很好。可是盐城市也有丰富的自然资源和人文资源,这些资源中有被列为国家级自然保护区,有的是省级自然保护区。如"仙鹤神鹿,水绿盐城"还是算得上是比较成功的城市口号,但是受其规模不大、地理位置偏僻、规划建设不够合理等因素制约,所以在盐城很难找到具体的关于"仙鹤""神鹿"的旅游产品,能够作为典型的旅游景点开发力度尚需进一步加强。还有一点就是旅游与当地的文化没有结合好,大多数存在着"一流资源、二流开发、三流服务"的粗放型增长模式。所以说盐城市旅游资源的优势并没有完全转化为经济优势。盐城市对于大多数旅游景区的投入比较少,并且没有形成一定的规模,很大一部分景区没能形成自己本身的"造血功能",所以说很难对这些旅游资源进行深度开发。

不仅如此,盐城市相关旅游的企业规模都不是很大,旅游纪念品宣传促销程度不够。盐城市有许多旅游企业,但是这些企业的规模不是很大,本身的实力不够。有很大一部分的旅游景点、旅行社处于初级生存阶段,这些企业之间还互相竞争,根本没有办法形成一个具有凝聚力的市场,而且与旅游业相关的职位无非是导游、计调之类的,并没有专业的旅游营销人员。以上这些问题都会制约旅游业的发展。

盐城市的旅游业发展水平不断提高和苏南城市相比还有些差距,就是因为这样,所以一些企业并不能发展的起来,不仅如此,还导致旅游纪念品在旅游业市场中占很小的比例。

### (三)旅游对纪念品的影响

每个地方旅游业的发展程度多多少少都会对当地的旅游纪念品有一些影响,比如说江苏无锡的旅游业比盐城的旅游业要发达得多,所以大家都知道无锡惠山泥人的"阿福"和"阿喜",但是如果说到盐城,很少有人会想到有什么纪念品,更加不会想到柳编旅游纪念品。如果盐城旅游业发达的话,来这边旅游的人自然会多,知道柳编旅游纪念品的人也同样会多,它的知名度自然会有所提高。所以说柳编旅游纪念品的发展离不开盐城旅游业的发展。若旅游业发达,则纪念品销售就越好,反之则一样。

## 三、柳编旅游纪念品的开发

开发旅游纪念品可以满足旅游者的需求，可以提高旅游业经济效益。目前，我国旅游纪念品的开发存在一些问题，比如纪念品缺乏特色，花色单一，品种单调，制作粗糙，缺乏精加工，跟不上旅游业发展的需要。很多人都有这样的体验：外出旅游很难给亲戚朋友带回去旅游纪念品，不是粗制滥造，就是毫无特色。

在开发旅游纪念品的时候，应当注意下面几个问题：

第一，要充分反映一个国家或地区的民族文化特色，这是旅游纪念生命力之所在。在设计旅游纪念品的时候，融入当地特色文化特征越明显，能明确地显示出旅游目的地的地域特征，它的价值就越高，就越受旅游者欢迎。

第二，要做到多元化、多品种、多规格。旅游纪念品要走多元化、多品种、多规格的道路，不要体积过大，能够让旅游者随身携带，同时要有文化内涵，以引起旅游者喜爱，要能满足各种层次旅游者的需要，不能够品种雷同，制作粗糙。

第三，树立品牌。品牌效应在今天越来越明显，一个知名的品牌可以带来不可估量的经济效益，所以树立品牌对旅游纪念品来说也是至关重要的。旅游纪念品要树立自己的品牌，而且这种品牌最好和当地的旅游要素紧密连接，这样可以将旅游纪念品和旅游地结合成一个整体，相互促进。

第四，要注意实用性。纪念品在开发的时候需要注重它的实用性，很多人不会因为某些东西漂亮而去买它，但是如果它很耐用、能够满足客人的需要，游客就会去购买。因此要注重实用性。

第五，加强售后服务。旅游者常常因为旅途遥远或携带不便而舍弃了购买的愿望，因此商家加强售后服务就成为增大旅游纪念品销售的可能性。像牢固的包装、方便的运输，以及便捷的托运方式和较高的信誉度，使旅游者能够放心购物、轻松旅行，最后满载而归。笔者认为，在开发柳编旅游纪念品的时候需结合上述内容，完成开发。

### （一）柳编旅游纪念品设计的思路

#### 1.提高文化内涵，突出地方和民族特色

设计旅游纪念品时需要结合当地的文化，现在的社会是一个创造力丰富、生活方式丰富多彩的时代，设计的价值愈发重要。在设计和生产旅游纪念品时，重要的

是利用地域文化,设计出独一无二的纪念品。

加强旅游纪念品的设计与开发,并着重体现当地的文化特色,在进行生产柳编旅游纪念品的时候要把盐城的地域文化融入其中。例如,盐城是仙鹤神鹿的故乡,有绿色湿地、白色海盐、红色铁军和蓝色海港等文化元素,例如,所以生产柳编纪念品时,不要只是生产篮子,可以用柳编编织一些神鹿、仙鹤、贝壳、海鲜之类的,在所编的物体之上体现盐城文化元素。

**2.勇于创新,提高纪念品的设计水平**

品种单一,创意"贫血",类型大同小异,是旅游纪念品销售的难题。柳编旅游纪念品看起来似乎有很多,但是销售业绩平平。调查发现,旅游者游玩的地方购物消费低的原因有:纪念品大多粗制滥造,纪念品的质量不是很好,没有创新性,游客大都不喜欢。所以,纪念品在设计时需要创新。

民族特色对于旅游纪念品来说是至关重要的, 特色的内涵在于旅游纪念品所体现的地域特征。所以,在开发旅游纪念品的时候要努力地寻找新思路,进行创新。我们可以在滨海县当地政府、报刊、电视、网络的帮助下,多举办一些高水平的柳编纪念品创新设计大赛,以最大限度地激发群众创新的积极性,让设计出的优秀的新产品能够有好的市场。同时,这种由游客自己所设计出来的旅游纪念品符合游客自己的风格也是他们所喜爱的。

有新颖的旅游纪念品开发出来,但是产品知名度提升不上去,这让不少旅游纪念品商家头痛,如果要解决这个难题,无疑需要营销模式的创新。可以选择在网上销售,可以通过电商直播,可以与一些专业的旅游杂志合作。这些无疑给柳编旅游纪念品提供了一个新的销售平台。

**3.注重柳编旅游纪念品的便携性**

旅游纪念品最好能够方便游客携带,有关数据表明,在购买旅游纪念品时,便携性会影响他们的决定,所以在设计旅游纪念品时应该注意到这些方面,比如说设计时体积要小、重量要轻,要把旅游者的利益放在第一位,这样就不至于游客在游玩的途中,因纪念品不易便携而放弃购买。

## (二)柳编纪念品的旅游市场开发对策

旅游纪念品的开发涉及面是非常广泛的,每一个涉及面都是非常复杂的,需要当今社会各种方面的支持和帮助。

**1.建立统一的质量标准体系和规范的监督管理体制**

对于柳编纪念品市场,相关部门应该进行一定的监测,这样不仅能够调节纪念品的市场秩序,而且可以推动盐城整个地区旅游经济的发展。相关部门应该制定一些关于旅游纪念品的政策,指导盐城旅游纪念品的开发与创新。有关行政部门应当依照有关法律、法规,加强旅游纪念品市场的违法经营管理,联合工商、物价、税务等部门加强执法检查,整顿旅游纪念品市场秩序。加快行业协会的成立,树立旅游纪念品的生产和销售企业自觉维护共同利益的思想。

**2.建立柳编旅游纪念品生产与销售的激励机制**

盐城市有关部门应制订相应激励机制,这样有利于柳编纪念品的发展。相关部门也可以和生产柳编纪念品的企业合作,鼓励企业加强基础设施建设,若企业将柳编创新设计,相关部门应该给予实际的鼓励,以促进企业的积极性。

总之,旅游纪念品的设计与开发需要创新,需要体现民族特色以及得到相关部门的鼓励与支持。

## 四、开发旅游纪念品的意义

旅游纪念品作为传达旅游感情和信息的载体,已经越来越受到游客的欢迎,作为旅游业收入中最关键的一点,是增加经济收入的重要环节。发展我国旅游纪念品市场是我国实现经济增长的必要要求,也是传递我国民族文化的必经之路。

旅游纪念品是物质文化和精神文化的集合,具有很强的文化、娱乐、艺术、纪念性,对旅游经济的建设有一定的作用。当今社会物质文化的丰裕,对精神文化的追求越来越高,特别是随着网络的发展,人们对审美的要求也越来越高,与世界逐渐接轨,因此对纪念品的设计要求也越来越高。怎么设计出既有传统文化元素又有现代设计风格的旅游纪念品,未来必会成为人们比较关注的一个问题,且会越来越受到人们的关注。本文主要对柳编旅游纪念品设计与开发所面临问题进行分析,把盐城当地文化融入其中,同时结合相关政策,进行柳编纪念品创新设计与开发,以期给盐城本地其他非遗旅游产品的开发提供样板。

# 结 语

## 一、盐城非物质文化旅游资源的特点及开发

盐城是苏北文化旅游热点城市之一，如何有效开发盐城的非物质文化旅游资源是一个很重要的课题。研究盐城非物质文化遗产的旅游开发对于保持盐城旅游业的生命力和可持续发展具有很重要的意义，也能为同类城市的非物质文化遗产旅游开发提供参考。笔者通过研究，得出了以下一些结论：

第一，盐城非物质文化遗产单体数量多、资源级别高、流传范围广、地域特色强、传承价值高，为盐城旅游业的发展提供了丰富的资源，大多数非物质文化遗产资源适宜于旅游开发。

第二，通过对盐城非物质文化遗产旅游开发的现状进行分析，笔者发现盐城非物质文化遗产旅游开发虽然已有了一定的基础，但是开发的力度和程度都还不够，在开发中也存在一些问题，这是制约盐城旅游业进一步发展的重要因素之一。

第三，结合盐城非物质文化遗产的特点和现状，笔者对盐城主要非物质文化遗产旅游资源的开发利用提出了具体的构想。在开发中应当遵循活态保护原则、以人为本原则、整体保护原则、原真性原则和持续保护原则；要将营造盐城“非遗”旅游环境、构筑盐城“非遗”特色旅游产品和培育盐城“非遗”旅游精品等设想贯彻到整个开发的全过程。

第四，盐城非物质文化遗产旅游开发的重点应该是大力发展体验型的非物质文化遗产旅游产品上，而不是大众观光型的旅游产品。例如，开发盐城淮剧，就可以推行淮剧茶社、淮剧博物馆、淮剧文化村等。

## 二、存在不足和展望

本书围绕盐城非物质文化遗产旅游开发进行研究，虽然提出了一些可行的建议，然而由于笔者能力有限，难以获得更加全面的一手资料，本书还存在着很多不足之处，这些遗留问题需要进一步深入研究加以解决。

第一,本书主要对盐城非物质文化遗产资源本身进行旅游开发研究,缺乏对盐城非物质文化遗产旅游市场的实证调研,可操作性尚需进一步完善。

第二,本书对盐城非物质文化遗产与滨海旅游资源的组合开发着墨不多,限制了非物质文化遗产旅游开发的规模和广度。非物质文化遗产旅游开发的内容相当广泛,文中有关问题的研究不够深入,还有待于完善,希望得到各位专家的斧正。本书的撰写不仅旨在对盐城非物质文化遗产进行旅游开发研究,更重要的是,通过旅游开发的模式,推动盐城非物质文化遗产的发扬和继承,实现盐城旅游业的可持续发展。

# 参 考 文 献


## (1)专著类

[1]曹诗图,阚如良.旅游文化与审美[M].武汉:武汉大学出版社,2006.

[2]魏小安,王洁平.创造未来文化遗产[M].北京:中国人民大学出版社,2006.

[3]张放涛.中原文化旅游概览[M].北京:当代中国出版社,2003.

## (2)论文类

[1]Adobe Acrobat. Tangible and Intangible Heritage:from difference to convergence of the Intangible Culture heritage[J] . Museum International,2004,56(6):20-21.

[2]Harriet Deacon. Intangible Heritage in Conservation Management Planning [J]. International Journal of Heritage Studies,2004(5):68-70.

[3]Kenji Yoshida. The Museum and the Intangible Cultural Heritage [J]. Museum International, 2004,56(5):8-10.

[4]Rex Nettleford. Migration,Transmission and Maintenance of the Intangible Heritage [J]. Museum International,2004,40(5):178-190.

[5]Vandiver. Pamela. B. Craft knowledge as an intangible cultural property [J]. Materials Research Society Symposium Proceedings,2005,852(7):331-352.

[6]陈莉.非物质文化遗产的保护与开发利用[J].贵州民族研究,2007,27(3):97-101.

[7]陈勤建.民间文化遗产保护和开发的若干问题[J].江西社会科学,2005(2):110-120.

[8]陈勇.遗产旅游与遗产原真性——概念分析与理论引介[J].桂林旅游高等专科学校学报,2005(4):21-24.

[9]高丙中. 非物质文化遗产:作为整合型的学术概念的成型[J].河南社会科学,2007,15(2):15-17.

[10]高寿福.韩国非物质文化遗产保护工作经验之我鉴[J].延边党校学报,2008(6):62-64.

[11]葛星,李建.山东非物质文化遗产保护体系的构建[J].东岳论丛,2007(4):186-188.

[12]顾金孚,王显成. 非物质文化遗产旅游开发热下的冷思考[J].西南民族大学学报(人文社科版),2008(2):208-211.

[13]关昕.非物质文化遗产保护与博物馆发展新趋向[J].博物馆研究,2006(1):40-45.

[14]韩基灿.浅议非物质文化遗产的价值、特点及其意义[J].延边大学学报(社会科学版),2007(8):74-78.

[15]胡绍华,阚如良,曹诗图.宜昌非物质文化遗产旅游开发研究[J].特区经济,2006(9):238-240.

[16]胡绍华.三峡地区非物质文化遗产与旅游开发利用原则[J].三峡大学学报(人文社会科学版),2007(6):5-8.

[17]黄胜进.从“文化遗产”到“文化资本”——非物质文化遗产的内涵及其价值考察[J].青海民族研究,2006(9):10-12.

[18]金录明.略说非物质文化遗产保护[J].剧作家,2007(1):143-144.

[19]李荣启.浅论非物质文化遗产的分类保护[J].广西民族研究,2006(2):193-197.

[20]李晓秋,齐爱民.商业开发和非物质文化遗产的“异化”与“反异化”——以韩国“人类活的珍宝制度”设计为视角[J].电子知识产权,2007(7):38-40.

[21]李星明,张春丽.非物质文化遗产概念研究述论[J].中华文化论坛,2007(2):137-140.

[22]梁保尔,马波.非物质文化遗产旅游资源研究——概念、分类、保护、利用[J].旅游科学,2008(2):7-14.

[23]廖明君,周星.非物质文化遗产保护的日本经验[J].民族艺术,2007(1):26-35.

[24]林庆,李旭.云南少数民族非物质文化遗产保护与开发的对策[J].云南民族大学学报(哲学社会科学版),2007(2):39-43.

[25]林庆.云南非物质文化遗产的保护和开发[J].云南社会科学,2004(4):94-97.

[26]刘建平,陈姣凤,林龙飞.论旅游开发与非物质文化遗产保护[J].贵州民族研究,2007,27(3):65-69.

[27]刘魁立.非物质文化遗产及其保护的整体性原则[J].广西师范学院学报(哲学社会科学版),2004(4):1-8.

[28]刘丽华,何军.辽宁省非物质文化遗产保护与利用机制研究[J].北方经济,2007(10):48-49.

[29]刘锡诚.传承与传承人论[J].河南教育学院学报(哲学社会科学版),2006(5):24-36.

[30]刘玉清.把非物质文化遗产推向休闲市场[J].市场观察,2003(3):24-25.

[31]罗琳.少数民族口头和非物质文化遗产的价值审视[J].民族论坛,2007(8):19-20.

[32]青峥.国外保护非物质文化遗产的现状[J].文艺理论与批评,2007(7):33.

[33]宋欢.旅游开发与非物质文化遗产保护[J].沧桑,2006(4):88-89.

[34]宋瑞.非物质文化遗产的旅游之用——以武强年画为例[J].旅游时代,2007(4):48-51.

[35]宋振春,朱冠梅.世界文化遗产旅游深度开发研究—以曲阜为例[J].旅游学刊,2007(5):54-60.

[36]谭启术.政府该如何保护非物质文化遗产[J].学习月刊,2007(13):27-28.

[37]汤静.非物质文化遗产保护之法理视角[J].湖南师范大学社会科学学报,2007(5):64-68.

[38]王大为.浅谈对非物质文化遗产传承人的保护[J].黑河学刊,2007(5):51-52.

[39]王巨山.非物质文化遗产保护原则辨析——对原真性原则和整体性原则的再认识[J].社会科学辑刊,2008(3):167-170.

[40]王宁.界定:非物质文化遗产保护的第一步[J].中国民族,2003(3):12-13.

[41]王群.云南非物质文化遗产代表项目的现状及保护对策[J].民族艺术研究,2005(5):67-74.

[42]吴馨萍.无形文化遗产概念初探[J].中国博物馆,2004(1):66-70.

[43]吴源.祁门县非物质文化遗产旅游资源开发研究[J].安徽师范大学学报(自然科学版),2007(5):612-616.

[44]伍鹏.浙江非物质文化遗产保护与旅游开发刍议[J].时代经贸(下旬刊),2008(2):1-2.

[45]向云驹.论"口头和非物质遗产"的概念与范畴[J]. 民间文化论坛,2004(3):69-73.

[46]肖曾艳.略述非物质文化遗产的旅游开发[J].肇庆学院学报,2008(1):42-45.

[47]徐赣丽.非物质文化遗产的开发式保护框架[J].广西民族研究,2005(4):173-180.

[48]徐嵩龄.遗产原真性·旅游者价值观偏好·遗产旅游原真性[J].旅游学刊,2008(4):35-42.

[49]杨怡.非物质文化遗产概念的缘起、现状及相关问题[J].学术论坛,2003(2):27-31.

[50]叶舒宪.非物质经济与非物质文化遗产[J].民间文化论坛,2005(4):19-25.

[51]于静静,蒋守芬.胶东地区非物质文化遗产的保护与利用[J].桂林旅游高等专科学校学报,2006(4):505-508.

[52]苑利.非物质文化遗产传承人保护之忧[J].探索与争鸣,2007(7):66-68.

[53]翟辅东,肖曾艳.隐性旅游资源显性化的概念和应用[J].旅游学刊,2004(6):60-63.

[54]张博.非物质文化遗产的文化空间保护[J].青海社会科学,2007(1):33-36.

[55]张朝枝.原真性理解:旅游与遗产保护视角的演变与差异[J].旅游科学,2008(1):1-8.

[56]张红灵.非物质文化遗产保护与图书馆地方文献工作[J].四川图书馆学报,2007(5):67-69.

[57]张鸿雁,于晔.从赫哲族"乌日贡"大会看非物质文化遗产的价值[J].艺术研究,2008(1):50-51.

[58]张军.论无形文化遗产在旅游开发中的有形化利用论无形文化遗产在旅游开发中的有形化利用[J].中南民族大学学报(人文社会科学版),2005(3):42-45.

[59]张世均,甘爱冬.我国少数民族非物质文化遗产的类型与特点[J].重庆交通大学学报(社科版),2007(6):52-55.

[60]张婷.我国非物质文化遗产在商业开发中的保护与管理[J].连云港职业技术学院学报,2006(2):61-63.

[61]赵德利.主导·主脑·主体——非物质文化遗产保护中的角色定位[J].宝鸡文理学院学报(社会科学版),2006(2):72-74.

[62]陈传亚.盐城方言保护的现状及对策[J].宁波职业技术学院学报,2016(6):57-59.

[63]陈传亚.基于枯枝牡丹文化传承背景下的盐城节庆旅游产业研究[J].河北旅游职业学院学报,2015(4):42-44.

[64]陈传亚.非物质文化遗产传承背景下的盐城淮剧文化发展研究[J].宁波职业技术学院学报,2015(5):67-71.

[65]陈传亚,徐春成,钱文琦.盐城海盐文化旅游资源整合营销方案[J].商,2013(2):211-212.

# 附　录

## 盐城非物质文化遗产名录

（163 项）

| 序号 | 名称 | 类别 | 级别 | 区域 |
|---|---|---|---|---|
| 1 | 董永传说 | 民间文学 | 国家级 | 江苏省盐城市东台市 |
| 2 | 淮剧 | 传统戏剧 | 国家级 | 江苏省盐城市 |
| 3 | 建湖杂技 | 传统体育、游艺与杂技 | 国家级 | 江苏省盐城市建湖县 |
| 4 | 发绣（东台发绣） | 传统美术 | 国家级 | 江苏省盐城市东台市 |
| 5 | 瓷刻（大丰瓷刻） | 传统美术 | 国家级 | 江苏省盐城市大丰区 |
| 6 | 董永传说 | 民间文学 | 省级 | 江苏省盐城市东台市 |
| 7 | 淮剧 | 传统戏剧 | 省级 | 江苏省盐城市 |
| 8 | 建湖“十八团”杂技 | 传统体育、游艺与杂技 | 省级 | 江苏省盐城市建湖县 |
| 9 | 盐城老虎鞋 | 传统美术 | 省级 | 江苏省盐城市盐都区 |
| 10 | 施耐庵与《水浒》传说 | 民间文学 | 省级 | 江苏省盐城市大丰区 |
| 11 | 沈拱山传说 | 民间文学 | 省级 | 江苏省盐城市盐都区 |
| 12 | 苏绣 扩展（东台发绣） | 传统美术 | 省级 | 江苏省盐城市东台市 |
| 13 | 麦秆剪贴（大丰麦秆剪贴） | 传统美术 | 省级 | 江苏省盐城市大丰区 |
| 14 | 八桅立式大风车制作技艺 | 传统技艺 | 省级 | 江苏省盐城市盐都区 |
| 15 | 晒盐技艺（盐城海盐晒制技艺） | 传统技艺 | 省级 | 江苏省盐城市 |
| 16 | 配制酒酿造技艺<br>（东台陈皮酒酿造技艺） | 传统技艺 | 省级 | 江苏省盐城市东台市 |
| 17 | 张士诚传说 | 民间文学 | 省级 | 江苏省盐城市大丰区 |
| 18 | 渔民号子（弶港渔民号子）扩展 | 传统音乐 | 省级 | 江苏省盐城市东台市 |
| 19 | 五大宫调（响水五大宫调）扩展 | 传统音乐 | 省级 | 江苏省盐城市响水县 |
| 20 | 工鼓锣 扩展 | 曲艺 | 省级 | 江苏省盐城市响水县 |
| 21 | 剪纸（溱湖刻纸、金湖剪纸）扩展 | 传统美术 | 省级 | 江苏省盐城市东台市 |
| 22 | 建湖花炮制作技艺 | 传统技艺 | 省级 | 江苏省盐城市建湖县 |
| 23 | 合成昌醉螺制作技艺 | 传统技艺 | 省级 | 江苏省盐城市亭湖区 |
| 24 | 九龙口传说 | 民间文学 | 省级 | 江苏省盐城市建湖县 |
| 25 | 民歌（牛歌）扩展 | 传统音乐 | 省级 | 江苏省盐城市阜宁县 |
| 26 | 农民画（射阳农民画） | 传统美术 | 省级 | 江苏省盐城市射阳县 |

| | | | | |
|---|---|---|---|---|
| 27 | 面塑(阜宁面塑) | 传统美术 | 省级 | 江苏省盐城市阜宁县 |
| 28 | 瓷刻(大丰瓷刻) | 传统美术 | 省级 | 江苏省盐城市大丰区 |
| 29 | 柳编(盐都柳编)扩展 | 传统技艺 | 省级 | 江苏省盐城市盐都区 |
| 30 | 糕点制作技艺(阜宁大糕制作技艺)扩展 | 传统技艺 | 省级 | 江苏省盐城市阜宁县 |
| 31 | 汤面制作技艺(东台鱼汤面制作技艺)扩展 | 传统技艺 | 省级 | 江苏省盐城市东台市 |
| 32 | 草编(射阳草编技艺) | 传统技艺 | 省级 | 江苏省盐城市射阳县 |
| 33 | 何首乌粉制作技艺 | 传统技艺 | 省级 | 江苏省盐城市滨海县 |
| 34 | 膏药制作技艺 扩展(吴氏膏药) | 传统医药 | 省级 | 江苏省盐城市亭湖区 |
| 35 | 枯枝牡丹传说 | 民间文学 | 市级 | 江苏省盐城市亭湖区 |
| 36 | 义丰龙舞 | 传统舞蹈 | 市级 | 江苏省盐城市盐都区 |
| 37 | 藕粉圆制作技艺 | 传统技艺 | 市级 | 江苏省盐城市盐都区 |
| 38 | 马良传说 | 民间文学 | 市级 | 江苏省盐城市阜宁县 |
| 39 | 九狮图 | 传统舞蹈 | 市级 | 江苏省盐城市建湖县 |
| 40 | 打莲湘 | 传统舞蹈 | 市级 | 江苏省盐城市盐都区 |
| 41 | 三人花鼓 | 传统舞蹈 | 市级 | 江苏省盐城市盐都区 |
| 42 | 剪纸 | 传统美术 | 市级 | 江苏省盐城市盐都区 |
| 43 | 齐老太花样鞋 | 传统美术 | 市级 | 江苏省盐城市亭湖区 |
| 44 | 朦胧塔传说 | 民间文学 | 市级 | 江苏省盐城市建湖县 |
| 45 | 古云梯关传说 | 民间文学 | 市级 | 江苏省盐城市响水县 |
| 46 | 凤凰墩-停翅港传说 | 民间文学 | 市级 | 江苏省盐城市阜宁县 |
| 47 | 张謇与棉花状元县故事 | 民间文学 | 市级 | 江苏省盐城市射阳县 |
| 48 | 盐城龙舞(东沟龙舞) | 传统舞蹈 | 市级 | 江苏省盐城市阜宁县 |
| 49 | 盐城龙舞(恒济龙舞) | 传统舞蹈 | 市级 | 江苏省盐城市建湖县 |
| 50 | 跑旱马 | 传统舞蹈 | 市级 | 江苏省盐城市盐都区 |
| 51 | 花担舞 | 传统舞蹈 | 市级 | 江苏省盐城市盐都区 |
| 52 | 南派淮海戏 | 传统戏剧 | 市级 | 江苏省盐城市响水县 |
| 53 | 五大宫曲(滨海五大宫曲)扩展 | 曲艺 | 市级 | 江苏省盐城市滨海县 |
| 54 | 许河杂技 | 传统体育、游艺与杂技 | 市级 | 江苏省盐城市东台市 |
| 55 | 时堰木雕 | 传统美术 | 市级 | 江苏省盐城市东台市 |
| 56 | 草堰木刻 | 传统美术 | 市级 | 江苏省盐城市大丰区 |
| 57 | 盐城风鹅制作技艺 | 传统技艺 | 市级 | 江苏省盐城市盐都区 |
| 58 | 大纵湖醉蟹 | 传统技艺 | 市级 | 江苏省盐城市盐都区 |
| 59 | 益林酱油制作技艺 | 传统技艺 | 市级 | 江苏省盐城市阜宁县 |
| 60 | 硕集姜氏卜页制作技艺 | 传统技艺 | 市级 | 江苏省盐城市阜宁县 |
| 61 | 步凤麦酒制作技艺 | 传统技艺 | 市级 | 江苏省盐城市亭湖区 |
| 62 | 盐城新兴场膏药(徐氏膏药) | 传统医药 | 市级 | 江苏省盐城市亭湖区 |
| 63 | 里下河渔民婚俗礼仪 | 民俗 | 市级 | 江苏省盐城市盐都区 |
| 64 | 射河传说 | 民间文学 | 市级 | 江苏省盐城市阜宁县 |

| | | | | |
|---|---|---|---|---|
| 65 | 斗龙港的传说 | 民间文学 | 市级 | 江苏省盐城市大丰区 |
| 66 | 施维贤筑圩传说 | 民间文学 | 市级 | 江苏省盐城市亭湖区 |
| 67 | 江淮口哨 | 传统音乐 | 市级 | 江苏省盐城市盐都区 |
| 68 | 打莲湘(东台打莲湘)扩展 | 传统舞蹈 | 市级 | 江苏省盐城市东台市 |
| 69 | 利民木兰龙舞 | 传统舞蹈 | 市级 | 江苏省盐城市大丰区 |
| 70 | 秦南青狮舞 | 传统舞蹈 | 市级 | 江苏省盐城市盐都区 |
| 71 | 淮剧(建湖淮剧)扩展 | 传统戏剧 | 市级 | 江苏省盐城市建湖县 |
| 72 | 建湖方言 | 曲艺 | 市级 | 江苏省盐城市建湖县 |
| 73 | 盐城方言快板 | 曲艺 | 市级 | 江苏省盐城市盐都区 |
| 74 | 杂技(射阳杂技)扩展 | 传统体育、游艺与杂技 | 市级 | 江苏省盐城市射阳县 |
| 75 | 抖空竹 | 传统体育、游艺与杂技 | 市级 | 江苏省盐城市大丰区 |
| 76 | 面塑(龙冈面塑)扩展 | 传统美术 | 市级 | 江苏省盐城市盐都区 |
| 77 | 钮氏剪纸扩展 | 传统美术 | 市级 | 江苏省盐城市亭湖区 |
| 78 | 冈西剪纸扩展 | 传统美术 | 市级 | 江苏省盐城市建湖县 |
| 79 | 彩绘葫芦 | 传统美术 | 市级 | 江苏省盐城市东台市 |
| 80 | 安丰麦秆画 | 传统美术 | 市级 | 江苏省盐城市东台市 |
| 81 | 陈正彪木雕 | 传统美术 | 市级 | 江苏省盐城市滨海县 |
| 82 | 钱氏木雕 | 传统美术 | 市级 | 江苏省盐城市亭湖区 |
| 83 | 水泥雕塑 | 传统美术 | 市级 | 江苏省盐城市盐都区 |
| 84 | 弶港排斧 | 传统技艺 | 市级 | 江苏省盐城市东台市 |
| 85 | 后港王宜茶干制作技艺 | 传统技艺 | 市级 | 江苏省盐城市东台市 |
| 86 | 富安酥儿饼制作工艺 | 传统技艺 | 市级 | 江苏省盐城市东台市 |
| 87 | 里下河糖塑 | 传统技艺 | 市级 | 江苏省盐城市东台市 |
| 88 | 制秤工艺 | 传统技艺 | 市级 | 江苏省盐城市射阳县 |
| 89 | 臧家豆腐制作工艺 | 传统技艺 | 市级 | 江苏省盐城市射阳县 |
| 90 | 纹银制作工艺 | 传统技艺 | 市级 | 江苏省盐城市射阳县 |
| 91 | 滨海香肠制作技艺 | 传统技艺 | 市级 | 江苏省盐城市滨海县 |
| 92 | 允大糟坊白酒制作技艺 | 传统技艺 | 市级 | 江苏省盐城市滨海县 |
| 93 | 粉丝制作技艺(陈涛老祁粉丝制作技艺) | 传统技艺 | 市级 | 江苏省盐城市滨海县 |
| 94 | 粉丝制作技艺(响水粉丝制作技艺) | 传统技艺 | 市级 | 江苏省盐城市响水县 |
| 95 | 梁字五粮粥制作技艺 | 传统技艺 | 市级 | 江苏省盐城市滨海县 |
| 96 | 刻挂廊技艺 | 传统技艺 | 市级 | 江苏省盐城市响水 |
| 97 | 白驹三腊菜 | 传统技艺 | 市级 | 江苏省盐城市大丰区 |
| 98 | 何家笛萧制作技艺 | 传统技艺 | 市级 | 江苏省盐城市盐都区 |
| 99 | 糖麻花制作技艺 | 传统技艺 | 市级 | 江苏省盐城市盐都区 |
| 100 | 梅氏骨科 | 传统医药 | 市级 | 江苏省盐城市东台市 |
| 101 | 戚氏膏药 | 传统医药 | 市级 | 江苏省盐城市建湖县 |
| 102 | 张接骨膏药制作技艺 | 传统医药 | 市级 | 江苏省盐城市阜宁县 |
| 103 | 单氏耳灸技艺 | 传统医药 | 市级 | 江苏省盐城市响水县 |
| 104 | 赵风赵氏正骨 | 传统医药 | 市级 | 江苏省盐城市亭湖区 |

| | | | | |
|---|---|---|---|---|
| 105 | 富安民间故事 | 民间文学 | 市级 | 江苏省盐城市东台市 |
| 106 | 弶港海边故事 | 民间文学 | 市级 | 江苏省盐城市东台市 |
| 107 | 安丰民间传说 | 民间文学 | 市级 | 江苏省盐城市东台市 |
| 108 | 马躲寺的传说 | 民间文学 | 市级 | 江苏省盐城市阜宁县 |
| 109 | 燕子街的传说 | 民间文学 | 市级 | 江苏省盐城市阜宁县 |
| 110 | 渔鼓道情 | 传统音乐 | 市级 | 江苏省盐城市东台市 |
| 111 | 富安狮舞 | 传统舞蹈 | 市级 | 江苏省盐城市东台市 |
| 112 | 里下河龙舞 | 传统舞蹈 | 市级 | 江苏省盐城市东台市 |
| 113 | 淮剧(阜宁淮剧)扩展 | 传统戏剧 | 市级 | 江苏省盐城市阜宁县 |
| 114 | 射阳评书 | 曲艺 | 市级 | 江苏省盐城市射阳县 |
| 115 | 杂技(阜宁杂技)扩展 | 传统体育、游艺与杂技 | 市级 | 江苏省盐城市阜宁县 |
| 116 | 面塑(学富面塑)扩展 | 传统美术 | 市级 | 江苏省盐城市盐都区 |
| 117 | 刘氏泥塑 | 传统美术 | 市级 | 江苏省盐城市亭湖区 |
| 118 | 万盈根雕 | 传统美术 | 市级 | 江苏省盐城市大丰区 |
| 119 | 烙画 | 传统美术 | 市级 | 江苏省盐城市东台市 |
| 120 | 马群棕编 | 传统美术 | 市级 | 江苏省盐城市建湖县 |
| 121 | 印石微雕 | 传统美术 | 市级 | 江苏省盐城市滨海县 |
| 122 | 鸟书桃符 | 传统美术 | 市级 | 江苏省盐城市滨海县 |
| 123 | 景泰蓝掐丝珐琅画 | 传统美术 | 市级 | 江苏省盐城市响水县 |
| 124 | 藕粉圆制作技艺(建湖藕粉圆制作技艺)扩展 | 传统技艺 | 市级 | 江苏省盐城市建湖县 |
| 125 | 醉螺制作技艺(巴斗黄泥螺制作技艺)扩展 | 传统技艺 | 市级 | 江苏省盐城市东台市 |
| 126 | 里下河糖塑(阜宁糖画)扩展 | 传统技艺 | 市级 | 江苏省盐城市阜宁县 |
| 127 | 葛武嫩姜片 | 传统技艺 | 市级 | 江苏省盐城市盐都区 |
| 128 | 大冈脆饼 | 传统技艺 | 市级 | 江苏省盐城市盐都区 |
| 129 | 盐城八大碗制作技艺 | 传统技艺 | 市级 | 江苏省盐城市亭湖区 |
| 130 | 松花蛋制作技艺(翔鸿松花蛋制作技艺) | 传统技艺 | 市级 | 江苏省盐城市大丰区 |
| 131 | 松花蛋制作技艺(堤西松花蛋制作技艺) | 传统技艺 | 市级 | 江苏省盐城市东台市 |
| 132 | 小海香肚 | 传统技艺 | 市级 | 江苏省盐城市大丰区 |
| 133 | 白驹桂森果子制作技艺 | 传统技艺 | 市级 | 江苏省盐城市大丰区 |
| 134 | 真丝地毯织造技艺 | 传统技艺 | 市级 | 江苏省盐城市东台市 |
| 135 | 溱东古砖古瓦制作技艺 | 传统技艺 | 市级 | 江苏省盐城市东台市 |
| 136 | 东台书画(发绣)装裱技艺 | 传统技艺 | 市级 | 江苏省盐城市东台市 |
| 137 | 许河猪头肉制作技艺 | 传统技艺 | 市级 | 江苏省盐城市东台市 |
| 138 | 东台“六大碗”烹制技艺 | 传统技艺 | 市级 | 江苏省盐城市东台市 |
| 139 | 蚕丝被制作技艺 | 传统技艺 | 市级 | 江苏省盐城市东台市 |
| 140 | 弶港近海扳坞 | 传统技艺 | 市级 | 江苏省盐城市东台市 |
| 141 | 唐氏酥糖制作技艺 | 传统技艺 | 市级 | 江苏省盐城市东台市 |
| 142 | 溱东老鹅烹制技艺 | 传统技艺 | 市级 | 江苏省盐城市东台市 |

| | | | | |
|---|---|---|---|---|
| 143 | 堤西咸鸭蛋制作技艺 | 传统技艺 | 市级 | 江苏省盐城市东台市 |
| 144 | 花灯制作技艺 | 传统技艺 | 市级 | 江苏省盐城市东台市 |
| 145 | 裕德昌八珍糕制作技艺 | 传统技艺 | 市级 | 江苏省盐城市东台市 |
| 146 | 溱东丫须笼制作技艺 | 传统技艺 | 市级 | 江苏省盐城市东台市 |
| 147 | 恒济大鱼圆制作技艺 | 传统技艺 | 市级 | 江苏省盐城市建湖县 |
| 148 | 周庵冶铁技艺 | 传统技艺 | 市级 | 江苏省盐城市建湖县 |
| 149 | 何老大酱油、土酱酿制技艺 | 传统技艺 | 市级 | 江苏省盐城市建湖县 |
| 150 | 陆师傅古法小榨油技艺 | 传统技艺 | 市级 | 江苏省盐城市射阳县 |
| 151 | 豆铁坊蒲包茶干制作技艺 | 传统技艺 | 市级 | 江苏省盐城市阜宁县 |
| 152 | 五醍浆酒酿造技艺 | 传统技艺 | 市级 | 江苏省盐城市滨海县 |
| 153 | 二胡制作技艺 | 传统技艺 | 市级 | 江苏省盐城市滨海县 |
| 154 | 滨海捆蹄制作技艺 | 传统技艺 | 市级 | 江苏省盐城市滨海县 |
| 155 | 山芋团子制作技艺 | 传统技艺 | 市级 | 江苏省盐城市滨海县 |
| 156 | 大套无名梨梨膏糖制作技艺 | 传统技艺 | 市级 | 江苏省盐城市滨海县 |
| 157 | 蔡氏玻璃工艺 | 传统技艺 | 市级 | 江苏省盐城市响水县 |
| 158 | 学富戚氏膏药 | 传统医药 | 市级 | 江苏省盐城市盐都区 |
| 159 | 徐氏太极神贴膏药 | 传统医药 | 市级 | 江苏省盐城市建湖县 |
| 160 | 杨氏膏药 | 传统医药 | 市级 | 江苏省盐城市射阳县 |
| 161 | 顾氏接骨散 | 传统医药 | 市级 | 江苏省盐城市响水县 |
| 162 | 时堰庙会 | 民俗 | 市级 | 江苏省盐城市东台市 |
| 163 | 打春牛 | 民俗 | 市级 | 江苏省盐城市阜宁县 |

数据统计截至 2021 年 8 月 18 日，素材来源于：http://www.jsfybh.com/#/homePage（江苏非物质文化遗产网站）。

# 江苏非物质文化遗产名录(国家级)

（162 项）

| 序号 | 名称 | 类别 | 级别 | 区域 |
|---|---|---|---|---|
| 1 | 白蛇传传说 | 民间文学 | 国家级 | 江苏省镇江市 |
| 2 | 梁祝传说 | 民间文学 | 国家级 | 江苏省无锡市宜兴市 |
| 3 | 董永传说 | 民间文学 | 国家级 | 江苏省盐城市东台市 |
| 4 | 吴歌 | 民间文学 | 国家级 | 江苏省苏州市 |
| 5 | 江南丝竹 | 传统音乐 | 国家级 | 江苏省苏州市太仓市 |
| 6 | 海州五大宫调 | 传统音乐 | 国家级 | 江苏省连云港市 |
| 7 | 苏州玄妙观道教音乐 | 传统音乐 | 国家级 | 江苏省苏州市 |
| 8 | 昆曲 | 传统戏剧 | 国家级 | 江苏省省直单位省演艺集团 |
| 9 | 昆曲 | 传统戏剧 | 国家级 | 江苏省苏州市 |
| 10 | 苏剧 | 传统戏剧 | 国家级 | 江苏省苏州市 |
| 11 | 扬剧 | 传统戏剧 | 国家级 | 江苏省扬州市 |
| 12 | 苏州评弹(苏州评话、苏州弹词) | 曲艺 | 国家级 | 江苏省苏州市 |
| 13 | 扬州评话 | 曲艺 | 国家级 | 江苏省扬州市 |
| 14 | 扬州清曲 | 曲艺 | 国家级 | 江苏省扬州市 |
| 15 | 桃花坞木版年画 | 传统美术 | 国家级 | 江苏省苏州市 |
| 16 | 剪纸(扬州剪纸) | 传统美术 | 国家级 | 江苏省扬州市 |
| 17 | 苏绣 | 传统美术 | 国家级 | 江苏省苏州市 |
| 18 | 扬州玉雕 | 传统美术 | 国家级 | 江苏省扬州市 |
| 19 | 泥塑(惠山泥人) | 传统美术 | 国家级 | 江苏省无锡市 |
| 20 | 宜兴紫砂陶制作技艺 | 传统技艺 | 国家级 | 江苏省无锡市宜兴市 |
| 21 | 南京云锦木机妆花手工织造技艺 | 传统技艺 | 国家级 | 江苏省南京市 |
| 22 | 宋锦织造技艺 | 传统技艺 | 国家级 | 江苏省苏州市 |
| 23 | 苏州缂丝织造技艺 | 传统技艺 | 国家级 | 江苏省苏州市 |
| 24 | 南通蓝印花布印染技艺 | 传统技艺 | 国家级 | 江苏省南通市 |
| 25 | 香山帮传统建筑营造技艺 | 传统技艺 | 国家级 | 江苏省苏州市 |
| 26 | 苏州御窑金砖制作技艺 | 传统技艺 | 国家级 | 江苏省苏州市 |
| 27 | 南京金箔锻制技艺 | 传统技艺 | 国家级 | 江苏省南京市 |
| 28 | 明式家具制作技艺 | 传统技艺 | 国家级 | 江苏省苏州市 |
| 29 | 扬州漆器髹饰技艺 | 传统技艺 | 国家级 | 江苏省扬州市 |
| 30 | 镇江恒顺香醋酿制技艺 | 传统技艺 | 国家级 | 江苏省镇江市 |
| 31 | 雕版印刷技艺 | 传统技艺 | 国家级 | 江苏省扬州市 |
| 32 | 金陵刻经印刷技艺 | 传统技艺 | 国家级 | 江苏省南京市 |
| 33 | 制扇技艺 | 传统技艺 | 国家级 | 江苏省苏州市 |
| 34 | 剧装戏具制作技艺 | 传统技艺 | 国家级 | 江苏省苏州市 |

| | | | | |
|---|---|---|---|---|
| 35 | 风筝制作技艺(南通板鹞风筝) | 传统技艺 | 国家级 | 江苏省南通市 |
| 36 | 端午节(苏州端午习俗) | 民俗 | 国家级 | 江苏省苏州市 |
| 37 | 秦淮灯会 | 民俗 | 国家级 | 江苏省南京市 |
| 38 | 苏州角直水乡妇女服饰 | 民俗 | 国家级 | 江苏省苏州市 |
| 39 | 董永传说 扩展 | 民间文学 | 国家级 | 江苏省常州市金坛区 |
| 40 | 靖江宝卷 扩展 | 民间文学 | 国家级 | 江苏省泰州市靖江市 |
| 41 | 吴歌 扩展 | 民间文学 | 国家级 | 江苏省无锡市 |
| 42 | 古琴艺术 扩展(虞山琴派) | 传统音乐 | 国家级 | 江苏省苏州市常熟市 |
| 43 | 古琴艺术 扩展(广陵琴派) | 传统音乐 | 国家级 | 江苏省扬州市 |
| 44 | 古琴艺术 扩展(金陵琴派) | 传统音乐 | 国家级 | 江苏省南京市 |
| 45 | 古琴艺术 扩展(梅庵琴派) | 传统音乐 | 国家级 | 江苏省南通市 |
| 46 | 古琴艺术 扩展(梅庵琴派) | 传统音乐 | 国家级 | 江苏省镇江市 |
| 47 | 十番音乐 扩展(楚州十番锣鼓) | 传统音乐 | 国家级 | 江苏省淮安市淮安区 |
| 48 | 十番音乐 扩展(邵伯锣鼓小牌子) | 传统音乐 | 国家级 | 江苏省扬州市江都区 |
| 49 | 高邮民歌 | 传统音乐 | 国家级 | 江苏省扬州市高邮市 |
| 50 | 海门山歌 | 传统音乐 | 国家级 | 江苏省南通市海门市 |
| 51 | 吟诵调(常州吟诵) | 传统音乐 | 国家级 | 江苏省常州市 |
| 52 | 佛教音乐(天宁寺梵呗唱诵) | 传统音乐 | 国家级 | 江苏省常州市天宁区 |
| 53 | 道教音乐(无锡道教音乐) | 传统音乐 | 国家级 | 江苏省无锡市 |
| 54 | 龙舞 扩展(骆山大龙) | 传统舞蹈 | 国家级 | 江苏省南京市 |
| 55 | 竹马(东坝大马灯) | 传统舞蹈 | 国家级 | 江苏省南京市高淳区 |
| 56 | 竹马(邳州跑竹马) | 传统舞蹈 | 国家级 | 江苏省徐州市邳州市 |
| 57 | 扬剧 扩展 | 传统戏剧 | 国家级 | 江苏省省直单位省演艺集团 |
| 58 | 扬剧 扩展 | 传统戏剧 | 国家级 | 江苏省镇江市 |
| 59 | 柳琴戏 扩展 | 传统戏剧 | 国家级 | 江苏省徐州市 |
| 60 | 木偶戏 扩展(杖头木偶戏) | 传统戏剧 | 国家级 | 江苏省扬州市 |
| 61 | 淮剧 | 传统戏剧 | 国家级 | 江苏省盐城市 |
| 62 | 锡剧 | 传统戏剧 | 国家级 | 江苏省省直单位省演艺集团 |
| 63 | 锡剧 | 传统戏剧 | 国家级 | 江苏省无锡市 |
| 64 | 锡剧 | 传统戏剧 | 国家级 | 江苏省常州市 |
| 65 | 淮海戏 | 传统戏剧 | 国家级 | 江苏省淮安市 |
| 66 | 淮海戏 | 传统戏剧 | 国家级 | 江苏省连云港市 |
| 67 | 童子戏 | 传统戏剧 | 国家级 | 江苏省南通市通州区 |
| 68 | 徐州梆子 | 传统戏剧 | 国家级 | 江苏省徐州市 |
| 69 | 扬州弹词 | 曲艺 | 国家级 | 江苏省扬州市 |
| 70 | 徐州琴书 | 曲艺 | 国家级 | 江苏省徐州市 |
| 71 | 南京白局 | 曲艺 | 国家级 | 江苏省南京市 |
| 72 | 建湖杂技 | 传统体育、游艺与杂技 | 国家级 | 江苏省盐城市建湖县 |
| 73 | 剪纸 扩展(南京剪纸) | 传统美术 | 国家级 | 江苏省南京市 |
| 74 | 剪纸 扩展(徐州剪纸) | 传统美术 | 国家级 | 江苏省徐州市 |

| | | | | |
|---|---|---|---|---|
| 75 | 剪纸 扩展(金坛刻纸) | 传统美术 | 国家级 | 江苏省常州市金坛区 |
| 76 | 苏绣 扩展(无锡精微绣) | 传统美术 | 国家级 | 江苏省无锡市 |
| 77 | 苏绣 扩展(南通仿真绣) | 传统美术 | 国家级 | 江苏省南通市 |
| 78 | 香包 扩展(徐州香包) | 传统美术 | 国家级 | 江苏省徐州市 |
| 79 | 竹刻 扩展(无锡留青竹刻) | 传统美术 | 国家级 | 江苏省无锡市 |
| 80 | 竹刻 扩展(常州留青竹刻) | 传统美术 | 国家级 | 江苏省常州市 |
| 81 | 泥塑 扩展(苏州泥塑) | 传统美术 | 国家级 | 江苏省苏州市 |
| 82 | 灯彩 扩展(秦淮灯彩) | 传统美术 | 国家级 | 江苏省镇江市句容市 |
| 83 | 灯彩 扩展(苏州灯彩) | 传统美术 | 国家级 | 江苏省苏州市 |
| 84 | 苏州玉雕 | 传统美术 | 国家级 | 江苏省苏州市 |
| 85 | 核雕(光福核雕) | 传统美术 | 国家级 | 江苏省苏州市 |
| 86 | 彩扎(邳州纸塑狮子头) | 传统美术 | 国家级 | 江苏省徐州市邳州市 |
| 87 | 常州梳篦 | 传统美术 | 国家级 | 江苏省常州市 |
| 88 | 糖塑(丰县糖人贡) | 传统美术 | 国家级 | 江苏省徐州市丰县 |
| 89 | 盆景技艺(扬派盆景技艺) | 传统美术 | 国家级 | 江苏省扬州市 |
| 90 | 盆景技艺(扬派盆景技艺) | 传统技艺 | 国家级 | 江苏省泰州市 |
| 91 | 金银细工制作技艺(江都金银细工制作技艺) | 传统技艺 | 国家级 | 江苏省扬州市江都区 |
| 92 | 金银细工制作技艺(南京宝庆银楼) | 传统技艺 | 国家级 | 江苏省南京市 |
| 93 | 苏州民族乐器制作技艺 | 传统技艺 | 国家级 | 江苏省苏州市 |
| 94 | 兴化传统木船制作技艺 | 传统技艺 | 国家级 | 江苏省泰州市兴化市 |
| 95 | 丹阳封缸酒传统酿造技艺 | 传统技艺 | 国家级 | 江苏省镇江市丹阳市 |
| 96 | 金坛封缸酒传统酿造技艺 | 传统技艺 | 国家级 | 江苏省常州市金坛区 |
| 97 | 富春茶点制作技艺 | 传统技艺 | 国家级 | 江苏省扬州市 |
| 98 | 中医传统制剂方法 扩展(雷允上六神丸) | 传统医药 | 国家级 | 江苏省苏州市 |
| 99 | 清明节 扩展(溱潼会船) | 民俗 | 国家级 | 江苏省泰州市姜堰区 |
| 100 | 金坛抬阁 | 民俗 | 国家级 | 江苏省常州市金坛区 |
| 101 | 董永传说 扩展 | 民间文学 | 国家级 | 江苏省镇江市丹阳市 |
| 102 | 徐福传说 扩展 | 民间文学 | 国家级 | 江苏省连云港市赣榆区 |
| 103 | 唢呐艺术(徐州鼓吹乐) 扩展 | 传统音乐 | 国家级 | 江苏省徐州市 |
| 104 | 茅山号子 | 传统音乐 | 国家级 | 江苏省泰州市兴化市 |
| 105 | 龙舞(直溪巨龙)扩展 | 传统舞蹈 | 国家级 | 江苏省常州市金坛区 |
| 106 | 竹马(蒋塘马灯舞)扩展 | 传统舞蹈 | 国家级 | 江苏省常州市溧阳市 |
| 107 | 跳马伕 | 传统舞蹈 | 国家级 | 江苏省南通市如东县 |
| 108 | 京剧 扩展 | 传统戏剧 | 国家级 | 江苏省省直单位省演艺集团 |
| 109 | 京剧 扩展 | 传统戏剧 | 国家级 | 江苏省淮安市 |
| 110 | 泗州戏 扩展 | 传统戏剧 | 国家级 | 江苏省宿迁市泗洪县 |
| 111 | 木偶戏(杖头木偶戏) 扩展 | 传统戏剧 | 国家级 | 江苏省省直单位省演艺集团 |
| 112 | 淮剧 扩展 | 传统戏剧 | 国家级 | 江苏省淮安市 |
| 113 | 淮剧 扩展 | 传统戏剧 | 国家级 | 江苏省泰州市 |
| 114 | 滑稽戏 | 传统戏剧 | 国家级 | 江苏省苏州市 |

| | | | | |
|---|---|---|---|---|
| 115 | 苏州评弹(苏州评话、苏州弹词) 扩展 | 曲艺 | 国家级 | 江苏省省直单位省演艺集团 |
| 116 | 扬州评话 扩展 | 曲艺 | 国家级 | 江苏省省直单位省演艺集团 |
| 117 | 小热昏 扩展 | 曲艺 | 国家级 | 江苏省常州市 |
| 118 | 南京云锦木机妆花手工织造技艺 扩展 | 传统技艺 | 国家级 | 江苏省 |
| 119 | 家具制作技艺 扩展(精细木作技艺) | 传统技艺 | 国家级 | 江苏省 |
| 120 | 盆景技艺 扩展(苏派盆景技艺) | 传统技艺 | 国家级 | 江苏省苏州市 |
| 121 | 传统棉纺织技艺 扩展(南通色织土布技艺) | 传统技艺 | 国家级 | 江苏省南通市 |
| 122 | 装裱修复技艺 扩展(苏州书画装裱修复) | 传统技艺 | 国家级 | 江苏省苏州市 |
| 123 | 绿茶制作技艺 扩展(苏州洞庭山碧螺春) | 传统技艺 | 国家级 | 江苏省苏州市 |
| 124 | 国画颜料制作技艺(姜思序堂) | 传统技艺 | 国家级 | 江苏省苏州市 |
| 125 | 毛笔制作技艺(扬州毛笔制作技艺) | 传统技艺 | 国家级 | 江苏省扬州市江都区 |
| 126 | 中医传统制剂方法 扩展(致和堂膏滋药) | 传统医药 | 国家级 | 江苏省无锡市江阴市 |
| 127 | 中医传统制剂方法 扩展(季德胜蛇药) | 传统医药 | 国家级 | 江苏省南通市 |
| 128 | 宝卷 扩展(吴地宝卷) | 民间文学 | 国家级 | 江苏省苏州市 |
| 129 | 东海孝妇传说 | 民间文学 | 国家级 | 江苏省连云港市 |
| 130 | 薅草锣鼓 扩展(金湖秧歌) | 传统音乐 | 国家级 | 江苏省淮安市金湖县 |
| 131 | 佛教音乐 扩展(金山寺水陆法会仪式音乐) | 传统音乐 | 国家级 | 江苏省镇江市 |
| 132 | 道教音乐 扩展(茅山道教音乐) | 传统音乐 | 国家级 | 江苏省镇江市句容市 |
| 133 | 洪泽湖渔鼓 | 传统舞蹈 | 国家级 | 江苏省宿迁市泗洪县 |
| 134 | 洪泽湖渔鼓 | 传统舞蹈 | 国家级 | 江苏省淮安市洪泽区 |
| 135 | 苏绣 扩展(扬州刺绣) | 传统美术 | 国家级 | 江苏省扬州市 |
| 136 | 象牙雕刻 扩展(常州象牙浅刻) | 传统美术 | 国家级 | 江苏省常州市武进区 |
| 137 | 盆景技艺 扩展(扬派盆景技艺) | 传统美术 | 国家级 | 江苏省南通市如皋市 |
| 138 | 陶器烧制技艺 扩展(宜兴均陶制作技艺) | 传统技艺 | 国家级 | 江苏省无锡市宜兴市 |
| 139 | 制盐技艺 扩展(淮盐制作技艺) | 传统技艺 | 国家级 | 江苏省连云港市 |
| 140 | 传统造园技艺(扬州园林营造技艺) | 传统技艺 | 国家级 | 江苏省扬州市 |
| 141 | 中医诊疗法 扩展(丁氏痔科医术) | 传统医药 | 国家级 | 江苏省南京市秦淮区 |
| 142 | 中医诊疗法 扩展(扬州传统修脚术) | 传统医药 | 国家级 | 江苏省扬州市 |
| 143 | 清明节 扩展(茅山会船) | 民俗 | 国家级 | 江苏省泰州市兴化市 |
| 144 | 庙会 扩展(泰伯庙会) | 民俗 | 国家级 | 江苏省无锡市 |
| 145 | 庙会 扩展(苏州轧神仙庙会) | 民俗 | 国家级 | 江苏省苏州市姑苏区 |
| 146 | 庙会 扩展(金村庙会) | 民俗 | 国家级 | 江苏省苏州市张家港市 |
| 147 | 南闸民歌 | 传统音乐 | 国家级 | 江苏省淮安市淮安区 |
| 148 | 泰兴花鼓 | 传统舞蹈 | 国家级 | 江苏省泰州市泰兴市 |
| 149 | 苏北大鼓 | 曲艺 | 国家级 | 江苏省宿迁市宿城区 |
| 150 | 撂石锁 扩展(海陵撂石锁) | 传统体育、游艺与杂技 | 国家级 | 江苏省泰州市海陵区 |
| 151 | 发绣(东台发绣) | 传统美术 | 国家级 | 江苏省盐城市东台市 |
| 152 | 水晶雕刻(东海水晶雕刻) | 传统美术 | 国家级 | 江苏省连云港市东海县 |
| 153 | 瓷刻(大丰瓷刻) | 传统美术 | 国家级 | 江苏省盐城市大丰区 |

| | | | | |
|---|---|---|---|---|
| 154 | 苏绣 扩展(常州乱针绣) | 传统美术 | 国家级 | 江苏省常州市 |
| 155 | 地毯织造技艺 扩展(如皋丝毯织造技艺) | 传统技艺 | 国家级 | 江苏省南通市如皋市 |
| 156 | 蒸馏酒传统酿造技艺 扩展(洋河酒酿造技艺) | 传统技艺 | 国家级 | 江苏省宿迁市 |
| 157 | 绿茶制作技艺 扩展(雨花茶制作技艺) | 传统技艺 | 国家级 | 江苏省南京市 |
| 158 | 素食制作技艺 扩展(绿柳居素食烹制技艺) | 传统技艺 | 国家级 | 江苏省南京市 |
| 159 | 脂粉制作技艺(谢馥春脂粉制作技艺) | 传统技艺 | 国家级 | 江苏省扬州市 |
| 160 | 中医传统制剂方法 扩展(王氏保赤丸制作技艺) | 传统医药 | 国家级 | 江苏省南通市 |
| 161 | 徐州伏羊食俗 | 民俗 | 国家级 | 江苏省徐州市 |
| 162 | 庙会 扩展(圣堂庙会) | 民俗 | 国家级 | 江苏省苏州市相城区 |

数据统计截至 2021 年 8 月 18 日，素材来源于：http://www.jsfybh.com/#/homePage(江苏非物质文化遗产网站)。

# 江苏非物质文化遗产名录(省级)

(745 项)

| 序号 | 名称 | 类别 | 级别 | 区域 |
| --- | --- | --- | --- | --- |
| 1 | 白蛇传传说 | 民间文学 | 省级 | 江苏省镇江市 |
| 2 | 梁祝传说 | 民间文学 | 省级 | 江苏省无锡市宜兴市 |
| 3 | 董永传说 | 民间文学 | 省级 | 江苏省盐城市东台市 |
| 4 | 董永传说 | 民间文学 | 省级 | 江苏省镇江市丹徒区 |
| 5 | 董永传说 | 民间文学 | 省级 | 江苏省镇江市丹阳市 |
| 6 | 董永传说 | 民间文学 | 省级 | 江苏省常州市金坛区 |
| 7 | 《华山畿》和华山畿传说 | 民间文学 | 省级 | 江苏省镇江市 |
| 8 | 韩信传说 | 民间文学 | 省级 | 江苏省淮安市淮阴区 |
| 9 | 吴歌 | 民间文学 | 省级 | 江苏省苏州市 |
| 10 | 吴歌 | 民间文学 | 省级 | 江苏省无锡市锡山区 |
| 11 | 吴歌 | 民间文学 | 省级 | 江苏省无锡市惠山区 |
| 12 | 靖江讲经宝卷 | 民间文学 | 省级 | 江苏省泰州市靖江 |
| 13 | 常州吟诵 | 传统音乐 | 省级 | 江苏省常州市 |
| 14 | 南乡田歌 | 传统音乐 | 省级 | 江苏省镇江市丹徒区 |
| 15 | 海门山歌 | 传统音乐 | 省级 | 江苏省南通市海门市 |
| 16 | 高邮民歌 | 传统音乐 | 省级 | 江苏省扬州市高邮市 |
| 17 | 金湖秧歌 | 传统音乐 | 省级 | 江苏省淮安市金湖县 |
| 18 | 邵伯秧号子 | 传统音乐 | 省级 | 江苏省扬州市江都区 |
| 19 | 吕四渔民号子 | 传统音乐 | 省级 | 江苏省南通市启东市 |
| 20 | 古琴艺术 | 传统音乐 | 省级 | 江苏省苏州市常熟市 |
| 21 | 古琴艺术 | 传统音乐 | 省级 | 江苏省扬州市 |
| 22 | 古琴艺术 | 传统音乐 | 省级 | 江苏省南京市秦淮区 |
| 23 | 古琴艺术 | 传统音乐 | 省级 | 江苏省南通市崇川区 |
| 24 | 古琴艺术 | 传统音乐 | 省级 | 江苏省镇江市 |
| 25 | 江南丝竹 | 传统音乐 | 省级 | 江苏省苏州市太仓市 |
| 26 | 海州五大宫调 | 传统音乐 | 省级 | 江苏省连云港市 |
| 27 | 苏州玄妙观道教音乐 | 传统音乐 | 省级 | 江苏省苏州市 |
| 28 | 无锡道教音乐 | 传统音乐 | 省级 | 江苏省无锡市 |
| 29 | 天宁寺梵呗唱诵 | 传统音乐 | 省级 | 江苏省常州市 |
| 30 | 楚州十番锣鼓 | 传统音乐 | 省级 | 江苏省淮安市淮安区 |
| 31 | 留左吹打乐 | 传统音乐 | 省级 | 江苏省南京市六合区 |
| 32 | 邵伯锣鼓小牌子 | 传统音乐 | 省级 | 江苏省扬州市江都区 |
| 33 | 睢宁落子舞 | 传统舞蹈 | 省级 | 江苏省徐州市睢宁县 |
| 34 | 男欢女喜 | 传统舞蹈 | 省级 | 江苏省无锡市宜兴市 |

| | | | | |
|---|---|---|---|---|
| 35 | 钟馗戏蝠 | 传统舞蹈 | 省级 | 江苏省南通市如东县 |
| 36 | 傩舞(跳幡神、跳娘娘、跳马伕) | 传统舞蹈 | 省级 | 江苏省常州市溧阳市 |
| 37 | 傩舞(跳幡神、跳娘娘、跳马伕) | 传统舞蹈 | 省级 | 江苏省扬州市邗江区 |
| 38 | 傩舞(跳幡神、跳娘娘、跳马伕) | 传统舞蹈 | 省级 | 江苏省南通市如东县 |
| 39 | 麻雀蹦 | 传统舞蹈 | 省级 | 江苏省南京市江宁区 |
| 40 | 东坝大马灯 | 传统舞蹈 | 省级 | 江苏省南京市高淳区 |
| 41 | 邳州跑竹马 | 传统舞蹈 | 省级 | 江苏省徐州市邳州市 |
| 42 | 骆山大龙 | 传统舞蹈 | 省级 | 江苏省南京市溧水区 |
| 43 | 二龙戏珠 | 传统舞蹈 | 省级 | 江苏省镇江市句容市 |
| 44 | 凤羽龙 | 传统舞蹈 | 省级 | 江苏省无锡市惠山区 |
| 45 | 江浦手狮 | 传统舞蹈 | 省级 | 江苏省南京市浦口区 |
| 46 | 滚灯 | 传统舞蹈 | 省级 | 江苏省苏州市太仓市 |
| 47 | 谈庄秧歌灯 | 传统舞蹈 | 省级 | 江苏省常州市金坛区 |
| 48 | 花鼓(海安花鼓、浒澪花鼓) | 传统舞蹈 | 省级 | 江苏省南通市海安市 |
| 49 | 花鼓(海安花鼓、浒澪花鼓) | 传统舞蹈 | 省级 | 江苏省南通市如东县 |
| 50 | 昆曲 | 传统戏剧 | 省级 | 江苏省 |
| 51 | 苏剧 | 传统戏剧 | 省级 | 江苏省苏州市 |
| 52 | 扬剧 | 传统戏剧 | 省级 | 江苏省扬州市 |
| 53 | 扬剧 | 传统戏剧 | 省级 | 江苏省镇江市 |
| 54 | 扬剧 | 传统戏剧 | 省级 | 江苏省省直单位省演艺集团 |
| 55 | 锡剧 | 传统戏剧 | 省级 | 江苏省无锡市 |
| 56 | 锡剧 | 传统戏剧 | 省级 | 江苏省常州市 |
| 57 | 锡剧 | 传统戏剧 | 省级 | 江苏省省直单位省演艺集团 |
| 58 | 淮剧 | 传统戏剧 | 省级 | 江苏省盐城市 |
| 59 | 江苏柳琴戏 | 传统戏剧 | 省级 | 江苏省徐州市 |
| 60 | 江苏柳琴戏 | 传统戏剧 | 省级 | 江苏省宿迁市宿豫区 |
| 61 | 江苏柳琴戏 | 传统戏剧 | 省级 | 江苏省宿迁市泗洪县 |
| 62 | 徐州梆子戏 | 传统戏剧 | 省级 | 江苏省徐州市 |
| 63 | 淮海戏 | 传统戏剧 | 省级 | 江苏省淮安市 |
| 64 | 淮海戏 | 传统戏剧 | 省级 | 江苏省连云港市 |
| 65 | 淮海戏 | 传统戏剧 | 省级 | 江苏省宿迁市沭阳县 |
| 66 | 童子戏 | 传统戏剧 | 省级 | 江苏省南通市通州区 |
| 67 | 童子戏 | 传统戏剧 | 省级 | 江苏省连云港市新浦区 |
| 68 | 阳腔目连戏 | 传统戏剧 | 省级 | 江苏省南京市高淳区 |
| 69 | 杖头木偶戏 | 传统戏剧 | 省级 | 江苏省扬州市 |
| 70 | 杖头木偶戏 | 传统戏剧 | 省级 | 江苏省泰州市泰兴市 |
| 71 | 杖头木偶戏 | 传统戏剧 | 省级 | 江苏省南通市如皋市 |
| 72 | 苏州评弹(苏州评话、苏州弹词) | 曲艺 | 省级 | 江苏省苏州市 |
| 73 | 扬州评话 | 曲艺 | 省级 | 江苏省扬州市 |

| | | | | |
|---|---|---|---|---|
| 74 | 扬州弹词 | 曲艺 | 省级 | 江苏省扬州市 |
| 75 | 扬州清曲 | 曲艺 | 省级 | 江苏省扬州市 |
| 76 | 南京白局 | 曲艺 | 省级 | 江苏省南京市秦淮区 |
| 77 | 徐州琴书 | 曲艺 | 省级 | 江苏省徐州市 |
| 78 | 工鼓锣 | 曲艺 | 省级 | 江苏省淮安市涟水县 |
| 79 | 工鼓锣 | 曲艺 | 省级 | 江苏省宿迁市沭阳县 |
| 80 | 工鼓锣 | 曲艺 | 省级 | 江苏省连云港市灌云县 |
| 81 | 苏北大鼓 | 曲艺 | 省级 | 江苏省宿迁市宿城区 |
| 82 | 金坛抬阁 | 传统体育、游艺与杂技 | 省级 | 江苏省常州市金坛区 |
| 83 | 沛县武术 | 传统体育、游艺与杂技 | 省级 | 江苏省徐州市沛县 |
| 84 | 建湖"十八团"杂技 | 传统体育、游艺与杂技 | 省级 | 江苏省盐城市建湖县 |
| 85 | 桃花坞木版年画 | 传统美术 | 省级 | 江苏省苏州市 |
| 86 | 玻璃雕绘画 | 传统美术 | 省级 | 江苏省镇江市 |
| 87 | 邳州年画 | 传统美术 | 省级 | 江苏省徐州市邳州市 |
| 88 | 江都漆画 | 传统美术 | 省级 | 江苏省扬州市江都区 |
| 89 | 剪纸 | 传统美术 | 省级 | 江苏省扬州市 |
| 90 | 剪纸 | 传统美术 | 省级 | 江苏省南京市 |
| 91 | 剪纸 | 传统美术 | 省级 | 江苏省常州市金坛区 |
| 92 | 剪纸 | 传统美术 | 省级 | 江苏省无锡市宜兴市 |
| 93 | 剪纸 | 传统美术 | 省级 | 江苏省徐州市 |
| 94 | 无锡纸马 | 传统美术 | 省级 | 江苏省无锡市 |
| 95 | 苏绣 | 传统美术 | 省级 | 江苏省苏州市 |
| 96 | 平绣 | 传统美术 | 省级 | 江苏省无锡市 |
| 97 | 平绣 | 传统美术 | 省级 | 江苏省扬州市 |
| 98 | 平绣 | 传统美术 | 省级 | 江苏省南通市崇川区 |
| 99 | 乱针绣 | 传统美术 | 省级 | 江苏省常州市钟楼区 |
| 100 | 乱针绣 | 传统美术 | 省级 | 江苏省镇江市丹阳市 |
| 101 | 上党挑花 | 传统美术 | 省级 | 江苏省镇江市丹徒区 |
| 102 | 徐州香包工艺 | 传统美术 | 省级 | 江苏省徐州市 |
| 103 | 盐城老虎鞋 | 传统美术 | 省级 | 江苏省盐城市盐都区 |
| 104 | 南京十竹斋饾彩拱花技艺 | 传统美术 | 省级 | 江苏省南京市 |
| 105 | 扬州玉雕 | 传统美术 | 省级 | 江苏省扬州市 |
| 106 | 苏州玉雕 | 传统美术 | 省级 | 江苏省苏州市 |
| 107 | 苏州石雕(金山石雕) | 传统美术 | 省级 | 江苏省苏州市吴中区 |
| 108 | 苏州石雕(藏书澄泥石刻) | 传统美术 | 省级 | 江苏省苏州市吴中区 |
| 109 | 光福核雕 | 传统美术 | 省级 | 江苏省苏州市吴中区 |
| 110 | 竹刻(无锡竹刻、常州竹刻) | 传统美术 | 省级 | 江苏省无锡市 |
| 111 | 竹刻(无锡竹刻、常州竹刻) | 传统美术 | 省级 | 江苏省常州市天宁区 |
| 112 | 常州梳篦 | 传统美术 | 省级 | 江苏省常州市 |

| | | | | |
|---|---|---|---|---|
| 113 | 泥塑 | 传统美术 | 省级 | 江苏省无锡市 |
| 114 | 泥塑 | 传统美术 | 省级 | 江苏省苏州市 |
| 115 | 泥塑 | 传统美术 | 省级 | 江苏省徐州市沛县 |
| 116 | 丰县糖人贡 | 传统美术 | 省级 | 江苏省徐州市丰县 |
| 117 | 灯彩 | 传统美术 | 省级 | 江苏省苏州市 |
| 118 | 灯彩 | 传统美术 | 省级 | 江苏省扬州市 |
| 119 | 灯彩 | 传统美术 | 省级 | 江苏省南京市秦淮区 |
| 120 | 灯彩 | 传统美术 | 省级 | 江苏省镇江市句容市 |
| 121 | 邳州纸塑狮子头 | 传统美术 | 省级 | 江苏省徐州市邳州市 |
| 122 | 扬中竹编 | 传统美术 | 省级 | 江苏省镇江市扬中市 |
| 123 | 宜兴紫砂陶制作技艺 | 传统技艺 | 省级 | 江苏省无锡市宜兴市 |
| 124 | 南京云锦木机妆花手工织造技艺 | 传统技艺 | 省级 | 江苏省南京市 |
| 125 | 宋锦织造技艺 | 传统技艺 | 省级 | 江苏省苏州市 |
| 126 | 苏州缂丝织造技艺 | 传统技艺 | 省级 | 江苏省苏州市 |
| 127 | 南通蓝印花布印染技艺 | 传统技艺 | 省级 | 江苏省南通市 |
| 128 | 香山帮传统建筑营造技艺 | 传统技艺 | 省级 | 江苏省苏州市 |
| 129 | 苏州御窑金砖制作技艺 | 传统技艺 | 省级 | 江苏省苏州市 |
| 130 | 南京金箔锻制技艺 | 传统技艺 | 省级 | 江苏省南京市 |
| 131 | 明式家具制作技艺 | 传统技艺 | 省级 | 江苏省苏州市 |
| 132 | 扬州漆器髹饰技艺 | 传统技艺 | 省级 | 江苏省扬州市 |
| 133 | 雕版印刷技艺 | 传统技艺 | 省级 | 江苏省扬州市 |
| 134 | 金陵刻经印刷技艺 | 传统技艺 | 省级 | 江苏省南京市 |
| 135 | 制扇技艺 | 传统技艺 | 省级 | 江苏省苏州市 |
| 136 | 剧装戏具制作技艺 | 传统技艺 | 省级 | 江苏省苏州市 |
| 137 | 风筝制作技艺(南通板鹞风筝) | 传统技艺 | 省级 | 江苏省南通市 |
| 138 | 精细木作工艺 | 传统技艺 | 省级 | 江苏省 |
| 139 | 传统金银饰品工艺 | 传统技艺 | 省级 | 江苏省南京市 |
| 140 | 传统金银饰品工艺 | 传统技艺 | 省级 | 江苏省扬州市江都区 |
| 141 | 苏州民族乐器制作技艺 | 传统技艺 | 省级 | 江苏省苏州市 |
| 142 | 苏州碑刻技艺 | 传统技艺 | 省级 | 江苏省苏州市 |
| 143 | 绒花制作技艺 | 传统技艺 | 省级 | 江苏省南京市 |
| 144 | 绒花制作技艺 | 传统技艺 | 省级 | 江苏省扬州市 |
| 145 | 天鹅绒织造技艺 | 传统技艺 | 省级 | 江苏省南京市 |
| 146 | 天鹅绒织造技艺 | 传统技艺 | 省级 | 江苏省镇江市丹阳市 |
| 147 | 常熟花边制作技艺 | 传统技艺 | 省级 | 江苏省苏州市 |
| 148 | 兴化木船制造工艺 | 传统技艺 | 省级 | 江苏省泰州市兴化市 |
| 149 | 扬州通草花制作技艺 | 传统技艺 | 省级 | 江苏省扬州市 |
| 150 | 扬派盆景技艺 | 传统技艺 | 省级 | 江苏省扬州市 |
| 151 | 扬派盆景技艺 | 传统技艺 | 省级 | 江苏省泰州市 |

| | | | | |
|---|---|---|---|---|
| 152 | 扬州富春茶点制作技艺 | 传统技艺 | 省级 | 江苏省扬州市 |
| 153 | 镇江恒顺香醋酿制技艺 | 传统技艺 | 省级 | 江苏省镇江市 |
| 154 | 封缸酒酿造技艺 | 传统技艺 | 省级 | 江苏省镇江市丹阳市 |
| 155 | 封缸酒酿造技艺 | 传统技艺 | 省级 | 江苏省常州市金坛区 |
| 156 | 汤沟酒酿造技艺 | 传统技艺 | 省级 | 江苏省连云港市灌南县 |
| 157 | 南京板鸭、盐水鸭制作技艺 | 传统技艺 | 省级 | 江苏省南京市江宁区 |
| 158 | 三凤桥酱排骨烹制技艺 | 传统技艺 | 省级 | 江苏省无锡市 |
| 159 | 苏州雷允上六神丸制药技艺 | 传统医药 | 省级 | 江苏省苏州市 |
| 160 | 唐老一正斋膏药制作技艺 | 传统医药 | 省级 | 江苏省镇江市 |
| 161 | 端午节(苏州端午习俗) | 民俗 | 省级 | 江苏省苏州市 |
| 162 | 秦淮灯会 | 民俗 | 省级 | 江苏省南京市 |
| 163 | 苏州甪直水乡妇女服饰 | 民俗 | 省级 | 江苏省苏州市 |
| 164 | 妈祖庙会 | 民俗 | 省级 | 江苏省南京市下关区 |
| 165 | 金山寺水陆法会 | 民俗 | 省级 | 江苏省镇江市 |
| 166 | 溱潼会船 | 民俗 | 省级 | 江苏省泰州市姜堰区 |
| 167 | 扬州“三把刀” | 民俗 | 省级 | 江苏省扬州市 |
| 168 | 吴歌 扩展(河阳山歌) | 民间文学 | 省级 | 江苏省苏州市张家港市 |
| 169 | 吴歌 扩展(白茆山歌) | 民间文学 | 省级 | 江苏省苏州市常熟市 |
| 170 | 吴歌 扩展(芦墟山歌) | 民间文学 | 省级 | 江苏省苏州市吴江市 |
| 171 | 吴歌 扩展(双凤山歌) | 民间文学 | 省级 | 江苏省苏州市太仓市 |
| 172 | 吴歌 扩展(胜浦山歌) | 民间文学 | 省级 | 江苏省苏州市苏州工业园区 |
| 173 | 宝卷 扩展(同里宣卷) | 民间文学 | 省级 | 江苏省苏州市吴江市 |
| 174 | 宝卷 扩展(锦溪宣卷) | 民间文学 | 省级 | 江苏省苏州市昆山市 |
| 175 | 宝卷 扩展(河阳宝卷) | 民间文学 | 省级 | 江苏省苏州市张家港市 |
| 176 | 宝卷 扩展(胜浦宣卷) | 民间文学 | 省级 | 江苏省苏州市苏州工业园区 |
| 177 | 宝卷 扩展(常州宣卷) | 民间文学 | 省级 | 江苏省常州市天宁区 |
| 178 | 寒山拾得传说 | 民间文学 | 省级 | 江苏省苏州市 |
| 179 | 花果山传说 | 民间文学 | 省级 | 江苏省连云港市 |
| 180 | 九里山古战场传说 | 民间文学 | 省级 | 江苏省徐州市九里区 |
| 181 | 巫支祁传说 | 民间文学 | 省级 | 江苏省淮安市洪泽区 |
| 182 | 水漫泗州城传说 | 民间文学 | 省级 | 江苏省淮安市洪泽区 |
| 183 | 水漫泗州城传说 | 民间文学 | 省级 | 江苏省淮安市盱眙县 |
| 184 | 隋炀帝传说 | 民间文学 | 省级 | 江苏省扬州市邗江区 |
| 185 | 彭祖传说 | 民间文学 | 省级 | 江苏省徐州市 |
| 186 | 徐福传说 | 民间文学 | 省级 | 江苏省连云港市赣榆区 |
| 187 | 张道陵传说 | 民间文学 | 省级 | 江苏省徐州市丰县 |
| 188 | 施耐庵与《水浒》传说 | 民间文学 | 省级 | 江苏省泰州市兴化市 |
| 189 | 施耐庵与《水浒》传说 | 民间文学 | 省级 | 江苏省盐城市大丰区 |
| 190 | 达摩传说 | 民间文学 | 省级 | 江苏省南京市六合区 |

| | | | | |
|---|---|---|---|---|
| 191 | 刘邦传说 | 民间文学 | 省级 | 江苏省徐州市丰县 |
| 192 | 刘邦传说 | 民间文学 | 省级 | 江苏省徐州市沛县 |
| 193 | 卞和献玉传说 | 民间文学 | 省级 | 江苏省南京市高淳区 |
| 194 | 东海孝妇传说 | 民间文学 | 省级 | 江苏省连云港市 |
| 195 | 露筋娘娘传说 | 民间文学 | 省级 | 江苏省扬州市江都区 |
| 196 | 沈拱山传说 | 民间文学 | 省级 | 江苏省盐城市盐都区 |
| 197 | 伍子胥故事 | 民间文学 | 省级 | 江苏省南京市高淳区 |
| 198 | 项羽故事 | 民间文学 | 省级 | 江苏省南京市浦口区 |
| 199 | 崔致远与双女坟的故事 | 民间文学 | 省级 | 江苏省南京市高淳区 |
| 200 | 姐儿溜(歌谣) | 民间文学 | 省级 | 江苏省连云港市东海县 |
| 201 | 谜语 (竹西谜语) | 民间文学 | 省级 | 江苏省扬州市 |
| 202 | 谜语(海虞谜语) | 民间文学 | 省级 | 江苏省苏州市常熟市 |
| 203 | 扬州民歌 扩展(胥浦农歌) | 传统音乐 | 省级 | 江苏省扬州市 |
| 204 | 扬州民歌 扩展(胥浦民歌) | 传统音乐 | 省级 | 江苏省扬州市仪征市 |
| 205 | 江南丝竹 扩展 | 传统音乐 | 省级 | 江苏省 |
| 206 | 江南丝竹 扩展 | 传统音乐 | 省级 | 江苏省无锡市江阴市 |
| 207 | 道教音乐 扩展(泰州道教音乐) | 传统音乐 | 省级 | 江苏省泰州市 |
| 208 | 道教音乐 扩展(茅山道教音乐) | 传统音乐 | 省级 | 江苏省镇江市句容市 |
| 209 | 道教音乐 扩展(乾元观道教音乐) | 传统音乐 | 省级 | 江苏省常州市金坛区 |
| 210 | 十番音乐 扩展(辛庄十番音乐) | 传统音乐 | 省级 | 江苏省苏州市常熟市 |
| 211 | 高淳民歌 | 传统音乐 | 省级 | 江苏省南京市高淳区 |
| 212 | 南闸民歌 | 传统音乐 | 省级 | 江苏省淮安市淮安区 |
| 213 | 茅山号子 | 传统音乐 | 省级 | 江苏省泰州市兴化市 |
| 214 | 泓口丝弦 | 传统音乐 | 省级 | 江苏省常州市溧阳市 |
| 215 | 鼓吹乐(徐州鼓吹乐) | 传统音乐 | 省级 | 江苏省徐州市 |
| 216 | 鼓吹乐(海州鼓吹乐) | 传统音乐 | 省级 | 江苏省连云港市 |
| 217 | 锣鼓乐(陆家锣鼓) | 传统音乐 | 省级 | 江苏省南通市港闸区 |
| 218 | 锣鼓乐(戴埠太平锣鼓) | 传统音乐 | 省级 | 江苏省常州市溧阳市 |
| 219 | 锣鼓乐(天岗锣鼓) | 传统音乐 | 省级 | 江苏省宿迁市泗洪县 |
| 220 | 傩舞 扩展(高淳跳五猖) | 传统舞蹈 | 省级 | 江苏省南京市高淳区 |
| 221 | 竹马 扩展(淮阴马头灯舞) | 传统舞蹈 | 省级 | 江苏省淮安市淮阴区 |
| 222 | 竹马 扩展(湾北小马灯舞) | 传统舞蹈 | 省级 | 江苏省南京市六合区 |
| 223 | 竹马 扩展(南辰跑马灯舞) | 传统舞蹈 | 省级 | 江苏省连云港市东海县 |
| 224 | 竹马 扩展(蒋塘马灯舞) | 传统舞蹈 | 省级 | 江苏省常州市溧阳市 |
| 225 | 龙舞 扩展(栖霞龙舞) | 传统舞蹈 | 省级 | 江苏省南京市栖霞区 |
| 226 | 龙舞 扩展(长芦抬龙) | 传统舞蹈 | 省级 | 江苏省南京市高淳区 |
| 227 | 龙舞 扩展(直溪巨龙) | 传统舞蹈 | 省级 | 江苏省常州市金坛区 |
| 228 | 龙舞 扩展(段龙舞) | 传统舞蹈 | 省级 | 江苏省无锡市江阴市 |
| 229 | 龙舞 扩展(沙沟板凳龙舞) | 传统舞蹈 | 省级 | 江苏省泰州市兴化市 |

| | | | | |
|---|---|---|---|---|
| 230 | 龙舞 扩展(太平龙灯) | 传统舞蹈 | 省级 | 江苏省常州市新北区 |
| 231 | 狮舞 扩展(铜山高台狮子舞) | 传统舞蹈 | 省级 | 江苏省南京市江宁区 |
| 232 | 狮舞 扩展(丹阳九狮舞) | 传统舞蹈 | 省级 | 江苏省镇江市丹阳市 |
| 233 | 花鼓 扩展(浒浦花鼓) | 传统舞蹈 | 省级 | 江苏省苏州市常熟市 |
| 234 | 花鼓 扩展(泰兴花鼓) | 传统舞蹈 | 省级 | 江苏省泰州市泰兴市 |
| 235 | 睢宁龙虎斗 | 传统舞蹈 | 省级 | 江苏省徐州市睢宁县 |
| 236 | 花船舞(大兴旱船) | 传统舞蹈 | 省级 | 江苏省宿迁市宿豫区 |
| 237 | 花船舞(灌云花船) | 传统舞蹈 | 省级 | 江苏省连云港市灌云县 |
| 238 | 莲湘(姜堰滚莲湘) | 传统舞蹈 | 省级 | 江苏省泰州市姜堰区 |
| 239 | 莲湘(如皋莲湘) | 传统舞蹈 | 省级 | 江苏省南通市如皋市 |
| 240 | 莲湘(洪武花棍舞) | 传统舞蹈 | 省级 | 江苏省宿迁市泗洪县 |
| 241 | 高跷(沛桥高跷) | 传统舞蹈 | 省级 | 江苏省南京市高淳区 |
| 242 | 宝堰双推车 | 传统舞蹈 | 省级 | 江苏省镇江市丹徒区 |
| 243 | 龙吟车 | 传统舞蹈 | 省级 | 江苏省南京市高淳区 |
| 244 | 柘塘打社火 | 传统舞蹈 | 省级 | 江苏省南京市溧水区 |
| 245 | 跳当当 | 传统舞蹈 | 省级 | 江苏省南京市溧水区 |
| 246 | 茶花担舞 | 传统舞蹈 | 省级 | 江苏省无锡市江阴市 |
| 247 | 睢宁云牌舞 | 传统舞蹈 | 省级 | 江苏省徐州市睢宁县 |
| 248 | 灯舞(万绥猴灯) | 传统舞蹈 | 省级 | 江苏省常州市新北区 |
| 249 | 灯舞(指前鱼灯) | 传统舞蹈 | 省级 | 江苏省常州市金坛区 |
| 250 | 灯舞(新沂七巧灯) | 传统舞蹈 | 省级 | 江苏省徐州市新沂市 |
| 251 | 千灯跳板茶 | 传统舞蹈 | 省级 | 江苏省苏州市昆山市 |
| 252 | 渔篮虾鼓舞 | 传统舞蹈 | 省级 | 江苏省无锡市江阴市 |
| 253 | 洪泽湖渔鼓 | 传统舞蹈 | 省级 | 江苏省宿迁市泗洪县 |
| 254 | 洪泽湖渔鼓 | 传统舞蹈 | 省级 | 江苏省淮安市洪泽区 |
| 255 | 荷花盘子舞 | 传统舞蹈 | 省级 | 江苏省南通市通州区 |
| 256 | 抬判 | 传统舞蹈 | 省级 | 江苏省南通市通州区 |
| 257 | 倒花篮 | 传统舞蹈 | 省级 | 江苏省南通市如皋市 |
| 258 | 淮剧 扩展 | 传统戏剧 | 省级 | 江苏省淮安市 |
| 259 | 淮剧 扩展 | 传统戏剧 | 省级 | 江苏省泰州市 |
| 260 | 杖头木偶戏(扩展) | 传统戏剧 | 省级 | 江苏省省直单位省演艺集团 |
| 261 | 京剧 | 传统戏剧 | 省级 | 江苏省省直单位省演艺集团 |
| 262 | 京剧 | 传统戏剧 | 省级 | 江苏省淮安市 |
| 263 | 滑稽戏(苏州滑稽戏) | 传统戏剧 | 省级 | 江苏省苏州市 |
| 264 | 泗州戏 | 传统戏剧 | 省级 | 江苏省宿迁市泗洪县 |
| 265 | 丰县四平调 | 传统戏剧 | 省级 | 江苏省徐州市丰县 |
| 266 | 香火戏(金湖香火戏) | 传统戏剧 | 省级 | 江苏省淮安市金湖县 |
| 267 | 苏州评弹 (苏州评话、苏州弹词)扩展 | 曲艺 | 省级 | 江苏省省直单位省演艺集团 |
| 268 | 扬州评话 扩展 | 曲艺 | 省级 | 江苏省 |

| | | | | |
|---|---|---|---|---|
| 269 | 扬州评话 扩展 | 曲艺 | 省级 | 江苏省镇江市 |
| 270 | 扬州清曲 扩展 | 曲艺 | 省级 | 江苏省镇江市 |
| 271 | 徐州琴书 扩展 | 曲艺 | 省级 | 江苏省宿迁市宿城区 |
| 272 | 徐州琴书 扩展 | 曲艺 | 省级 | 江苏省淮安市涟水县 |
| 273 | 苏北大鼓 扩展 | 曲艺 | 省级 | 江苏省连云港市赣榆区 |
| 274 | 苏北大鼓 扩展 | 曲艺 | 省级 | 江苏省徐州市睢宁县 |
| 275 | 南京评话 | 曲艺 | 省级 | 江苏省南京市秦淮区 |
| 276 | 扬州道情 | 曲艺 | 省级 | 江苏省扬州市 |
| 277 | 丹阳啷当 | 曲艺 | 省级 | 江苏省镇江市丹阳市 |
| 278 | 徐州坠子 | 曲艺 | 省级 | 江苏省徐州市丰县 |
| 279 | 小热昏 | 曲艺 | 省级 | 江苏省常州市 |
| 280 | 抬阁 扩展(东山台阁) | 传统体育、游艺与杂技 | 省级 | 江苏省苏州市吴中区 |
| 281 | 殷巷石锁赛力 | 传统体育、游艺与杂技 | 省级 | 江苏省南京市江宁区 |
| 282 | 阳湖拳 | 传统体育、游艺与杂技 | 省级 | 江苏省常州市武进区 |
| 283 | 彭祖导引养生术 | 传统体育、游艺与杂技 | 省级 | 江苏省徐州市 |
| 284 | 苏绣 扩展(东台发绣) | 传统美术 | 省级 | 江苏省盐城市东台市 |
| 285 | 民间绣活 扩展(邳州绣花鞋) | 传统美术 | 省级 | 江苏省徐州市邳州市 |
| 286 | 石雕 扩展(铜山石刻) | 传统美术 | 省级 | 江苏省徐州市铜山县 |
| 287 | 核雕 扩展(云渡桃雕) | 传统美术 | 省级 | 江苏省宿迁市泗阳县 |
| 288 | 竹刻 扩展(金陵竹刻) | 传统美术 | 省级 | 江苏省南京市 |
| 289 | 竹刻 扩展(扬州竹刻) | 传统美术 | 省级 | 江苏省扬州市 |
| 290 | 泥塑 扩展(徐州泥塑) | 传统美术 | 省级 | 江苏省徐州市 |
| 291 | 灯彩 扩展(徐州花灯) | 传统美术 | 省级 | 江苏省徐州市鼓楼区 |
| 292 | 麦秆剪贴(大丰麦秆剪贴) | 传统美术 | 省级 | 江苏省盐城市大丰区 |
| 293 | 常州掐丝珐琅画 | 传统美术 | 省级 | 江苏省常州市武进区 |
| 294 | 戏剧脸谱 | 传统美术 | 省级 | 江苏省南京市白下区 |
| 295 | 丰县吹糖人 | 传统美术 | 省级 | 江苏省徐州市丰县 |
| 296 | 象牙雕刻(南京仿古牙雕) | 传统美术 | 省级 | 江苏省南京市 |
| 297 | 象牙雕刻(扬州牙刻) | 传统美术 | 省级 | 江苏省扬州市 |
| 298 | 象牙雕刻(常州象牙浅刻) | 传统美术 | 省级 | 江苏省常州市武进区 |
| 299 | 虞山派篆刻艺术 | 传统美术 | 省级 | 江苏省苏州市常熟市 |
| 300 | 南京云锦木机妆花手工织造技艺 扩展 | 传统技艺 | 省级 | 江苏省南京市 |
| 301 | 蓝印花布印染技艺 扩展(邳州蓝印花布) | 传统技艺 | 省级 | 江苏省徐州市邳州市 |
| 302 | 传统建筑营造技艺 扩展(扬州园林) | 传统技艺 | 省级 | 江苏省扬州市 |

| | | | | |
|---|---|---|---|---|
| 303 | 制扇技艺 扩展(金陵折扇制作技艺) | 传统技艺 | 省级 | 江苏省南京市栖霞区 |
| 304 | 制扇技艺 扩展(高淳羽毛扇制作技艺) | 传统技艺 | 省级 | 江苏省南京市高淳区 |
| 305 | 风筝制作技艺 扩展(徐州风筝) | 传统技艺 | 省级 | 江苏省徐州市 |
| 306 | 风筝制作技艺 扩展(沙洲风筝) | 传统技艺 | 省级 | 江苏省苏州市张家港市 |
| 307 | 传统木船制造技艺 扩展(洪泽湖木船) | 传统技艺 | 省级 | 江苏省淮安市洪泽区 |
| 308 | 盆景技艺 扩展(苏派盆景技艺) | 传统技艺 | 省级 | 江苏省苏州市 |
| 309 | 盆景技艺 扩展(如皋盆景技艺) | 传统技艺 | 省级 | 江苏省南通市如皋市 |
| 310 | 酿醋技艺 扩展(汪恕有滴醋酿制技艺) | 传统技艺 | 省级 | 江苏省连云港市 |
| 311 | 酿造酒酿造技艺 扩展(玉祁双套酒) | 传统技艺 | 省级 | 江苏省无锡市 |
| 312 | 蒸馏酒酿造技艺 扩展(洋河酒酿造技艺) | 传统技艺 | 省级 | 江苏省宿迁市 |
| 313 | 蒸馏酒酿造技艺 扩展(双沟大曲酒酿造技艺) | 传统技艺 | 省级 | 江苏省宿迁市 |
| 314 | 蒸馏酒酿造技艺 扩展(高沟酒酿造技艺) | 传统技艺 | 省级 | 江苏省淮安市涟水县 |
| 315 | 宜兴陶堆花技艺 | 传统技艺 | 省级 | 江苏省无锡市宜兴市 |
| 316 | 溱潼砖瓦制作技艺 | 传统技艺 | 省级 | 江苏省泰州市姜堰区 |
| 317 | 真金线制作技艺 | 传统技艺 | 省级 | 江苏省南京市 |
| 318 | 色织土布技艺(南通色织土布技艺) | 传统技艺 | 省级 | 江苏省南通市 |
| 319 | 色织土布技艺(沛县色织土布技艺) | 传统技艺 | 省级 | 江苏省徐州市沛县 |
| 320 | 八桅立式大风车制作技艺 | 传统技艺 | 省级 | 江苏省盐城市盐都区 |
| 321 | 蔡集手抄草纸制作技艺 | 传统技艺 | 省级 | 江苏省宿迁市宿豫区 |
| 322 | 常州龙泉印泥制作技艺 | 传统技艺 | 省级 | 江苏省常州市 |
| 323 | 扬州毛笔制作技艺 | 传统技艺 | 省级 | 江苏省扬州市江都区 |
| 324 | 姜思序堂国画颜料制作技艺 | 传统技艺 | 省级 | 江苏省苏州市 |
| 325 | 装裱技艺(苏州装裱技艺) | 传统技艺 | 省级 | 江苏省苏州市 |
| 326 | 装裱技艺(扬州装裱技艺) | 传统技艺 | 省级 | 江苏省扬州市 |
| 327 | 陆慕蟋蟀盆制作技艺 | 传统技艺 | 省级 | 江苏省苏州市相城区 |
| 328 | 朴席制作技艺 | 传统技艺 | 省级 | 江苏省扬州市 |
| 329 | 朴席制作技艺 | 传统技艺 | 省级 | 江苏省扬州市仪征市 |
| 330 | 柳编技艺 | 传统技艺 | 省级 | 江苏省连云港市赣榆区 |
| 331 | 洪泽湖渔具制作技艺 | 传统技艺 | 省级 | 江苏省淮安市洪泽区 |
| 332 | 晒盐技艺(盐城海盐晒制技艺) | 传统技艺 | 省级 | 江苏省盐城市 |
| 333 | 晒盐技艺(连云港淮盐晒制技艺) | 传统技艺 | 省级 | 江苏省连云港市 |
| 334 | 配制酒酿造技艺 (东台陈皮酒酿造技艺) | 传统技艺 | 省级 | 江苏省盐城市东台市 |
| 335 | 绿茶制作技艺(苏州洞庭碧螺春制作技艺) | 传统技艺 | 省级 | 江苏省苏州市吴中区 |
| 336 | 绿茶制作技艺(连云港云雾茶制作技艺) | 传统技艺 | 省级 | 江苏省连云港市连云区 |
| 337 | 绿茶制作技艺(南京雨花茶制作技艺) | 传统技艺 | 省级 | 江苏省南京市江宁区 |
| 338 | 糕团制作技艺(黄天源苏式糕团制作技艺) | 传统技艺 | 省级 | 江苏省苏州市 |
| 339 | 糕点制作技艺(稻香村苏式月饼制作技艺) | 传统技艺 | 省级 | 江苏省苏州市 |
| 340 | 糕点制作技艺(叶受和苏式糕点制作技艺) | 传统技艺 | 省级 | 江苏省苏州市 |

| | | | | |
|---|---|---|---|---|
| 341 | 糕点制作技艺(西亭脆饼制作技艺) | 传统技艺 | 省级 | 江苏省南通市通州区 |
| 342 | 黄桥烧饼制作技艺 | 传统技艺 | 省级 | 江苏省泰州市泰兴市 |
| 343 | 常州梨膏糖制作技艺 | 传统技艺 | 省级 | 江苏省常州市 |
| 344 | 采芝斋苏式糖果制作技艺 | 传统技艺 | 省级 | 江苏省苏州市 |
| 345 | 宝应捶藕和鹅毛雪片制作技艺 | 传统技艺 | 省级 | 江苏省扬州市宝应县 |
| 346 | 董糖制作技艺(如皋董糖制作技艺) | 传统技艺 | 省级 | 江苏省南通市如皋市 |
| 347 | 董糖制作技艺(秦邮董糖制作技艺) | 传统技艺 | 省级 | 江苏省扬州市高邮市 |
| 348 | 素食烹制技艺 (绿柳居素食烹制技艺) | 传统技艺 | 省级 | 江苏省南京市 |
| 349 | 清真菜烹制技艺 (马祥兴清真菜烹制技艺) | 传统技艺 | 省级 | 江苏省南京市鼓楼区 |
| 350 | 陆稿荐苏式卤菜制作技艺 | 传统技艺 | 省级 | 江苏省苏州市 |
| 351 | 豆腐制品制作技艺 苏式卤汁豆腐干制作技艺 | 传统技艺 | 省级 | 江苏省苏州市 |
| 352 | 豆腐制品制作技艺(界首茶干制作技艺) | 传统技艺 | 省级 | 江苏省扬州市高邮市 |
| 353 | 豆腐制品制作技艺(横山桥百叶制作技艺) | 传统技艺 | 省级 | 江苏省常州市武进区 |
| 354 | 酱菜制作技艺(三和四美酱菜制作技艺) | 传统技艺 | 省级 | 江苏省扬州市 |
| 355 | 酱菜制作技艺(常州萝卜干腌制技艺) | 传统技艺 | 省级 | 江苏省常州市钟楼区 |
| 356 | 淮安茶馓制作技艺 | 传统技艺 | 省级 | 江苏省淮安市 |
| 357 | 靖江肉脯制作技艺 | 传统技艺 | 省级 | 江苏省泰州市靖江市 |
| 358 | 常熟叫化鸡制作技艺 | 传统技艺 | 省级 | 江苏省苏州市常熟市 |
| 359 | 沛县鼋汁狗肉烹制技艺 | 传统技艺 | 省级 | 江苏省徐州市沛县 |
| 360 | 镇江肴肉制作技艺 | 传统技艺 | 省级 | 江苏省镇江市 |
| 361 | 刘长兴面点制作技艺 | 传统技艺 | 省级 | 江苏省南京市 |
| 362 | 汤面制作技艺(昆山奥灶面制作技艺) | 传统技艺 | 省级 | 江苏省苏州市昆山市 |
| 363 | 汤面制作技艺(镇江锅盖面制作技艺) | 传统技艺 | 省级 | 江苏省镇江市 |
| 364 | 汤包制作技艺(楚州文楼汤包制作技艺) | 传统技艺 | 省级 | 江苏省淮安市淮安区 |
| 365 | 汤包制作技艺(靖江蟹黄汤包制作技艺) | 传统技艺 | 省级 | 江苏省泰州市靖江市 |
| 366 | 扬州炒饭制作技艺 | 传统技艺 | 省级 | 江苏省扬州市 |
| 367 | 平桥豆腐制作技艺 | 传统技艺 | 省级 | 江苏省淮安市淮安区 |
| 368 | 致和堂膏滋药制作方法 | 传统医药 | 省级 | 江苏省无锡市江阴市 |
| 369 | 季德胜蛇药制药技艺 | 传统医药 | 省级 | 江苏省南通市 |
| 370 | 王氏保赤丸制作技艺 | 传统医药 | 省级 | 江苏省南通市 |
| 371 | 五妙水仙膏制作技艺 | 传统医药 | 省级 | 江苏省连云港市灌南县 |
| 372 | 灯会 扩展(古胥门元宵灯会) | 民俗 | 省级 | 江苏省苏州市沧浪区 |
| 373 | 水乡妇女服饰 扩展(胜浦水乡妇女服饰) | 民俗 | 省级 | 江苏省苏州市苏州工业园区 |
| 374 | 庙会 扩展(苏州“轧神仙”庙会) | 民俗 | 省级 | 江苏省苏州市金阊区 |
| 375 | 庙会 扩展(泰伯庙会) | 民俗 | 省级 | 江苏省无锡市 |
| 376 | 庙会 扩展(惠山庙会) | 民俗 | 省级 | 江苏省无锡市惠山区 |
| 377 | 庙会 扩展(皂河龙王庙会) | 民俗 | 省级 | 江苏省宿迁市宿豫区 |

| | | | | |
|---|---|---|---|---|
| 378 | 庙会 扩展(子房山庙会) | 民俗 | 省级 | 江苏省徐州市云龙区 |
| 379 | 庙会 扩展(华山庙会) | 民俗 | 省级 | 江苏省镇江市 |
| 380 | 庙会 扩展(九里季子庙会) | 民俗 | 省级 | 江苏省镇江市丹阳市 |
| 381 | 庙会 扩展(薛城花台会) | 民俗 | 省级 | 江苏省南京市高淳区 |
| 382 | 庙会 扩展(南京祠山庙会) | 民俗 | 省级 | 江苏省南京市溧水区 |
| 383 | 七夕节(太仓七夕习俗) | 民俗 | 省级 | 江苏省苏州市太仓市 |
| 384 | 柚山放灯节 | 民俗 | 省级 | 江苏省常州市金坛区 |
| 385 | 宜兴观蝶节 | 民俗 | 省级 | 江苏省无锡市宜兴市 |
| 386 | 海州湾渔俗 | 民俗 | 省级 | 江苏省连云港市 |
| 387 | 洪泽湖渔家婚嫁礼俗 | 民俗 | 省级 | 江苏省淮安市洪泽区 |
| 388 | 南通范氏世家诗文 | 其他 | 省级 | 江苏省南通市 |
| 389 | 水漫泗州城传说 扩展 | 民间文学 | 省级 | 江苏省宿迁市泗洪县 |
| 390 | 项羽传说 扩展 | 民间文学 | 省级 | 江苏省宿迁市宿豫区 |
| 391 | 焦尾琴传说 | 民间文学 | 省级 | 江苏省常州市溧阳市 |
| 392 | 虞姬传说 | 民间文学 | 省级 | 江苏省宿迁市沭阳县 |
| 393 | 汉王拔剑泉和马扒泉传说 | 民间文学 | 省级 | 江苏省徐州市铜山县 |
| 394 | 张士诚传说 | 民间文学 | 省级 | 江苏省盐城市大丰区 |
| 395 | 海州智慧人物传说 | 民间文学 | 省级 | 江苏省连云港市海州区 |
| 396 | 曹瘦脸儿故事 | 民间文学 | 省级 | 江苏省南通市如东县 |
| 397 | 蒋乔镇的民间故事 | 民间文学 | 省级 | 江苏省镇江市润州区 |
| 398 | 花子街 | 民间文学 | 省级 | 江苏省南通市港闸区 |
| 399 | 二郎神传说 | 民间文学 | 省级 | 江苏省连云港市灌南县 |
| 400 | 渔民号子(弶港渔民号子) 扩展 | 传统音乐 | 省级 | 江苏省盐城市东台市 |
| 401 | 江南丝竹 扩展 | 传统音乐 | 省级 | 江苏省苏州市 |
| 402 | 五大宫调(响水五大宫调)扩展 | 传统音乐 | 省级 | 江苏省盐城市响水县 |
| 403 | 通州民歌 | 传统音乐 | 省级 | 江苏省南通市通州区 |
| 404 | 二胡艺术 | 传统音乐 | 省级 | 江苏省无锡市 |
| 405 | 板桥道情 | 传统音乐 | 省级 | 江苏省泰州市兴化市 |
| 406 | 龙舞(玉祈龙舞)扩展 | 传统舞蹈 | 省级 | 江苏省无锡市惠山区 |
| 407 | 龙舞(海安苍龙舞)扩展 | 传统舞蹈 | 省级 | 江苏省南通市海安市 |
| 408 | 龙舞(海安罗汉龙)扩展 | 传统舞蹈 | 省级 | 江苏省南通市海安市 |
| 409 | 龙舞(丁伙龙舞)扩展 | 传统舞蹈 | 省级 | 江苏省扬州市江都区 |
| 410 | 狮舞(邳州舞狮)扩展 | 传统舞蹈 | 省级 | 江苏省徐州市邳州市 |
| 411 | 莲湘(闵桥莲湘) | 传统舞蹈 | 省级 | 江苏省淮安市金湖县 |
| 412 | 灯舞(马灯阵舞) 扩展 | 传统舞蹈 | 省级 | 江苏省镇江市丹阳市 |
| 413 | 打罗汉 | 传统舞蹈 | 省级 | 江苏省南京市高淳区 |
| 414 | 渔舟剑桨 | 传统舞蹈 | 省级 | 江苏省无锡市滨湖区 |
| 415 | 睢宁鲤鱼戏花篮 | 传统舞蹈 | 省级 | 江苏省徐州市睢宁县 |
| 416 | 跑驴(丁嘴跑驴) | 传统舞蹈 | 省级 | 江苏省宿迁市宿豫区 |

| | | | | |
|---|---|---|---|---|
| 417 | 锡剧 扩展 | 传统戏剧 | 省级 | 江苏省苏州市 |
| 418 | 淮剧 扩展 | 传统戏剧 | 省级 | 江苏省扬州市宝应县 |
| 419 | 柳琴戏 扩展 | 传统戏剧 | 省级 | 江苏省徐州市新沂市 |
| 420 | 淮海戏 扩展 | 传统戏剧 | 省级 | 江苏省宿迁市泗阳县 |
| 421 | 京剧 扩展 | 传统戏剧 | 省级 | 江苏省 |
| 422 | 肩担木偶戏 | 传统戏剧 | 省级 | 江苏省扬州市高邮市 |
| 423 | 吕剧 | 传统戏剧 | 省级 | 江苏省连云港市东海县 |
| 424 | 苏北琴书 扩展 | 曲艺 | 省级 | 江苏省宿迁市泗阳县 |
| 425 | 苏北琴书 扩展 | 曲艺 | 省级 | 江苏省宿迁市泗洪县 |
| 426 | 工鼓锣 扩展 | 曲艺 | 省级 | 江苏省宿迁市泗阳县 |
| 427 | 工鼓锣 扩展 | 曲艺 | 省级 | 江苏省盐城市响水县 |
| 428 | 无锡评曲 | 曲艺 | 省级 | 江苏省无锡市滨湖区 |
| 429 | 唱春(常州唱春) | 曲艺 | 省级 | 江苏省常州市新北区 |
| 430 | 铜山北派少林拳 | 传统体育、游艺与杂技 | 省级 | 江苏省徐州市铜山县 |
| 431 | 剪纸(溱湖刻纸、金湖剪纸) 扩展 | 传统美术 | 省级 | 江苏省盐城市东台市 |
| 432 | 剪纸(溱湖刻纸、金湖剪纸) 扩展 | 传统美术 | 省级 | 江苏省淮安市金湖县 |
| 433 | 苏绣(南通彩锦绣) 扩展 | 传统美术 | 省级 | 江苏省南通市 |
| 434 | 竹编(后塍竹编) 扩展 | 传统美术 | 省级 | 江苏省苏州市张家港市 |
| 435 | 邳州喜床画 | 传统美术 | 省级 | 江苏省徐州市邳州市 |
| 436 | 木雕(南京仿古木雕) | 传统美术 | 省级 | 江苏省南京市玄武区 |
| 437 | 木雕(扬州木雕) | 传统美术 | 省级 | 江苏省扬州市 |
| 438 | 木雕(南通红木雕刻) | 传统美术 | 省级 | 江苏省南通市崇川区 |
| 439 | 木雕(南通红木雕刻) | 传统美术 | 省级 | 江苏省南通市如皋市 |
| 440 | 苏州砖雕 | 传统美术 | 省级 | 江苏省苏州市相城区 |
| 441 | 泰兴麻将雕刻 | 传统美术 | 省级 | 江苏省泰州市泰兴市 |
| 442 | 东海水晶雕刻 | 传统美术 | 省级 | 江苏省连云港市东海县 |
| 443 | 连云港锻铜技艺 | 传统美术 | 省级 | 江苏省连云港市 |
| 444 | 草编(薛桥草编) | 传统美术 | 省级 | 江苏省徐州市铜山县 |
| 445 | 风筝制作技艺(如皋风筝制作技艺)扩展 | 传统技艺 | 省级 | 江苏省南通市如皋市 |
| 446 | 精细木作技艺(柞榛家具制作技艺)扩展 | 传统技艺 | 省级 | 江苏省南通市 |
| 447 | 彰锻织造技艺(苏州彰锻织造技艺)扩展 | 传统技艺 | 省级 | 江苏省苏州市 |
| 448 | 传统木船制作技艺 扩展 | 传统技艺 | 省级 | 江苏省连云港市赣榆区 |
| 449 | 酿造酒酿造技艺 (铜罗黄酒) 扩展 | 传统技艺 | 省级 | 江苏省苏州市吴江市 |
| 450 | 酿造酒酿造技艺 (后塍黄酒) 扩展 | 传统技艺 | 省级 | 江苏省苏州市张家港市 |
| 451 | 酿造酒酿造技艺 (海门颐生酒)扩展 | 传统技艺 | 省级 | 江苏省南通市海门市 |
| 452 | 酿造酒酿造技艺 (王四桂花酒) 扩展 | 传统技艺 | 省级 | 江苏省苏州市常熟市 |
| 453 | 色织土布技艺(南通色织土布技艺) 扩展 | 传统技艺 | 省级 | 江苏省南通市启东市 |
| 454 | 装裱技艺(苏派装裱技艺) 扩展 | 传统技艺 | 省级 | 江苏省 |
| 455 | 柳编技艺(草桥柳编) 扩展 | 传统技艺 | 省级 | 江苏省徐州市新沂市 |

| | | | | |
|---|---|---|---|---|
| 456 | 渔具制作技艺(兴化渔具制作技艺)扩展 | 传统技艺 | 省级 | 江苏省泰州市兴化市 |
| 457 | 糕点制作技艺(乾生元枣泥麻饼)扩展 | 传统技艺 | 省级 | 江苏省苏州市吴中区 |
| 458 | 糕点制作技艺(常州大麻糕)扩展 | 传统技艺 | 省级 | 江苏省常州市武进区 |
| 459 | 糕点制作技艺(常州芝麻糖)扩展 | 传统技艺 | 省级 | 江苏省常州市钟楼区 |
| 460 | 豆腐制品制作技艺(白蒲茶干)扩展 | 传统技艺 | 省级 | 江苏省南通市如皋市 |
| 461 | 如皋丝毯织造技艺 | 传统技艺 | 省级 | 江苏省南通市如皋市 |
| 462 | 南通扎染技艺 | 传统技艺 | 省级 | 江苏省南通市海安市 |
| 463 | 南通勾针技艺 | 传统技艺 | 省级 | 江苏省南通市海安市 |
| 464 | 青铜器修复与仿古技艺 | 传统技艺 | 省级 | 江苏省 |
| 465 | 南通铜香炉浇铸技艺 | 传统技艺 | 省级 | 江苏省南通市崇川区 |
| 466 | 谢馥春"香、粉、油"制作技艺 | 传统技艺 | 省级 | 江苏省扬州市 |
| 467 | 建湖花炮制作技艺 | 传统技艺 | 省级 | 江苏省盐城市建湖县 |
| 468 | 兴化水车制作技艺 | 传统技艺 | 省级 | 江苏省泰州市兴化市 |
| 469 | 宜兴青瓷制作技艺 | 传统技艺 | 省级 | 江苏省无锡市宜兴市 |
| 470 | 制陶技艺(宜兴均陶制作技艺) | 传统技艺 | 省级 | 江苏省无锡市宜兴市 |
| 471 | 制陶技艺(宜兴彩陶装饰技艺) | 传统技艺 | 省级 | 江苏省无锡市宜兴市 |
| 472 | 制陶技艺(黑陶制作技艺) | 传统技艺 | 省级 | 江苏省连云港市 |
| 473 | 拓印技艺 | 传统技艺 | 省级 | 江苏省 |
| 474 | 太仓糟油制作技艺 | 传统技艺 | 省级 | 江苏省苏州市太仓市 |
| 475 | 太仓肉松制作技艺 | 传统技艺 | 省级 | 江苏省苏州市太仓市 |
| 476 | 钦工肉圆制作技艺 | 传统技艺 | 省级 | 江苏省淮安市淮安区 |
| 477 | 石港腐乳酿制技艺 | 传统技艺 | 省级 | 江苏省南通市通州区 |
| 478 | 合成昌醉螺制作技艺 | 传统技艺 | 省级 | 江苏省盐城市亭湖区 |
| 479 | 木渎石家鲃肺汤制作技艺 | 传统技艺 | 省级 | 江苏省苏州市吴中区 |
| 480 | 徐州饣它汤工艺 | 传统技艺 | 省级 | 江苏省徐州市 |
| 481 | 秦淮(夫子庙)传统风味小吃制作技艺 | 传统技艺 | 省级 | 江苏省南京市秦淮区 |
| 482 | 苏州织造官府菜制作技艺 | 传统技艺 | 省级 | 江苏省苏州市平江区 |
| 483 | 丁氏痔科医术 | 传统医药 | 省级 | 江苏省南京市秦淮区 |
| 484 | 雅妙河戴氏中医喉科疗法 | 传统医药 | 省级 | 江苏省泰州市 |
| 485 | 闵氏伤科疗法 | 传统医药 | 省级 | 江苏省苏州市 |
| 486 | 闵氏伤科疗法 | 传统医药 | 省级 | 江苏省苏州市昆山市 |
| 487 | 郑氏妇科疗法 | 传统医药 | 省级 | 江苏省苏州市昆山市 |
| 488 | 金坛儒林树德堂妇科疗法 | 传统医药 | 省级 | 江苏省常州市金坛区 |
| 489 | 常州钱氏中医儿科疗法 | 传统医药 | 省级 | 江苏省常州市 |
| 490 | 臣字门儿科中医术 | 传统医药 | 省级 | 江苏省扬州市仪征市 |
| 491 | 金坛老人山程氏骨伤疗法 | 传统医药 | 省级 | 江苏省常州市金坛区 |
| 492 | 许氏正骨疗法 | 传统医药 | 省级 | 江苏省泰州市 |
| 493 | 曹氏中药热敷接骨疗法 | 传统医药 | 省级 | 江苏省连云港市灌南县 |
| 494 | 戴晓觉膏药制作技艺 | 传统医药 | 省级 | 江苏省连云港市新浦区 |

| | | | | |
|---|---|---|---|---|
| 495 | 阙氏膏药制作技艺 | 传统医药 | 省级 | 江苏省淮安市淮安区 |
| 496 | 庙会(祠山庙会) 扩展 | 民俗 | 省级 | 江苏省常州市溧阳市 |
| 497 | 庙会(金村庙会) 扩展 | 民俗 | 省级 | 江苏省苏州市张家港市 |
| 498 | 清明节(茅山会船) 扩展 | 民俗 | 省级 | 江苏省泰州市兴化市 |
| 499 | 抖空竹 | 民俗 | 省级 | 江苏省南京市秦淮区 |
| 500 | 苏南水乡婚俗 | 民俗 | 省级 | 江苏省苏州市常熟市 |
| 501 | 湖甸龙舟会 | 民俗 | 省级 | 江苏省苏州市常熟市 |
| 502 | 梁祝传说 扩展 | 民间文学 | 省级 | 江苏省南京市高淳区 |
| 503 | 吴歌(白洋湾山歌) 扩展 | 民间文学 | 省级 | 江苏省苏州市姑苏区 |
| 504 | 吴歌(阳澄渔歌) 扩展 | 民间文学 | 省级 | 江苏省苏州市相城区 |
| 505 | 吴歌(昆北民歌) 扩展 | 民间文学 | 省级 | 江苏省苏州市昆山市 |
| 506 | 吴歌(石湾山歌) 扩展 | 民间文学 | 省级 | 江苏省苏州市常熟市 |
| 507 | 宝卷(吴地宝卷) 扩展 | 民间文学 | 省级 | 江苏省苏州市常熟市 |
| 508 | 宝卷(吴地宝卷) 扩展 | 民间文学 | 省级 | 江苏省苏州市张家港市 |
| 509 | 谜语(无锡灯谜) 扩展 | 民间文学 | 省级 | 江苏省无锡市 |
| 510 | 谜语(淮安灯谜) 扩展 | 民间文学 | 省级 | 江苏省淮安市 |
| 511 | 谜语(平望灯谜) 扩展 | 民间文学 | 省级 | 江苏省苏州市吴江市 |
| 512 | 谜语(南通灯谜) 扩展 | 民间文学 | 省级 | 江苏省南通市 |
| 513 | 苏东坡传说 | 民间文学 | 省级 | 江苏省常州市天宁区 |
| 514 | 朱元璋传说 | 民间文学 | 省级 | 江苏省淮安市盱眙县 |
| 515 | 镜花缘传说 | 民间文学 | 省级 | 江苏省连云港市 |
| 516 | 丁兰刻木传说 | 民间文学 | 省级 | 江苏省徐州市丰县 |
| 517 | 周七猴子传说 | 民间文学 | 省级 | 江苏省徐州市邳州市 |
| 518 | 周七猴子传说 | 民间文学 | 省级 | 江苏省徐州市新沂市 |
| 519 | 九龙口传说 | 民间文学 | 省级 | 江苏省盐城市建湖县 |
| 520 | 秦淮传说故事 | 民间文学 | 省级 | 江苏省南京市秦淮区 |
| 521 | 孟郊与游子吟的故事 | 民间文学 | 省级 | 江苏省常州市溧阳市 |
| 522 | 吟诵调(苏州吟诵、苏州吟诵) 扩展 | 传统音乐 | 省级 | 江苏省苏州市 |
| 523 | 吟诵调(苏州吟诵、苏州吟诵) 扩展 | 传统音乐 | 省级 | 江苏省苏州市太仓市 |
| 524 | 民歌(六合民歌) 扩展 | 传统音乐 | 省级 | 江苏省南京市六合区 |
| 525 | 民歌(兴化民歌) 扩展 | 传统音乐 | 省级 | 江苏省泰州市兴化市 |
| 526 | 民歌(通东民歌) 扩展 | 传统音乐 | 省级 | 江苏省南通市海门市 |
| 527 | 民歌(牛歌) 扩展 | 传统音乐 | 省级 | 江苏省盐城市阜宁县 |
| 528 | 江南丝竹 扩展 | 传统音乐 | 省级 | 江苏省苏州市昆山市 |
| 529 | 十番音乐(十番锣鼓、木渎十番) 扩展 | 传统音乐 | 省级 | 江苏省无锡市宜兴市 |
| 530 | 十番音乐(十番锣鼓、木渎十番) 扩展 | 传统音乐 | 省级 | 江苏省苏州市吴中区 |
| 531 | 宜兴丝弦 扩展 | 传统音乐 | 省级 | 江苏省无锡市宜兴市 |
| 532 | 锣鼓乐(东浦丝弦锣鼓) 扩展 | 传统音乐 | 省级 | 江苏省常州市金坛区 |
| 533 | 锣鼓乐(洋渚圣旨锣鼓) 扩展 | 传统音乐 | 省级 | 江苏省常州市溧阳市 |

| | | | | |
|---|---|---|---|---|
| 534 | 锣鼓乐(新沂锣鼓) 扩展 | 传统音乐 | 省级 | 江苏省徐州市新沂市 |
| 535 | 古筝艺术 | 传统音乐 | 省级 | 江苏省扬州市 |
| 536 | 龙舞(陆家段龙舞) 扩展 | 传统舞蹈 | 省级 | 江苏省苏州市昆山市 |
| 537 | 渔篮花鼓 扩展 | 传统舞蹈 | 省级 | 江苏省无锡市锡山区 |
| 538 | 花船舞(三河花船) 扩展 | 传统舞蹈 | 省级 | 江苏省淮安市洪泽区 |
| 539 | 莲湘(用直连厢) 扩展 | 传统舞蹈 | 省级 | 江苏省苏州市吴中区 |
| 540 | 高跷(竹镇高跷) 扩展 | 传统舞蹈 | 省级 | 江苏省南京市六合区 |
| 541 | 高跷(临泽高跷) 扩展 | 传统舞蹈 | 省级 | 江苏省扬州市高邮市 |
| 542 | 灯舞(常熟滚灯) 扩展 | 传统舞蹈 | 省级 | 江苏省苏州市常熟市 |
| 543 | 灯舞(春城马灯阵舞) 扩展 | 传统舞蹈 | 省级 | 江苏省镇江市句容市 |
| 544 | 灯舞(马灯阵舞) 扩展 | 传统舞蹈 | 省级 | 江苏省镇江市润州区 |
| 545 | 冻煞窠 | 传统舞蹈 | 省级 | 江苏省常州市溧阳市 |
| 546 | 黄塍跑马阵 | 传统舞蹈 | 省级 | 江苏省扬州市宝应县 |
| 547 | 盾牌舞 | 传统舞蹈 | 省级 | 江苏省无锡市宜兴市 |
| 548 | 锡剧 扩展 | 传统戏剧 | 省级 | 江苏省无锡市江阴市 |
| 549 | 锡剧 扩展 | 传统戏剧 | 省级 | 江苏省无锡市宜兴市 |
| 550 | 锡剧 扩展 | 传统戏剧 | 省级 | 江苏省苏州市张家港市 |
| 551 | 淮剧 扩展 | 传统戏剧 | 省级 | 江苏省淮安市涟水县 |
| 552 | 淮剧 扩展 | 传统戏剧 | 省级 | 江苏省泰州市兴化市 |
| 553 | 淮海戏 扩展 | 传统戏剧 | 省级 | 江苏省连云港市灌云县 |
| 554 | 童子戏 扩展 | 传统戏剧 | 省级 | 江苏省宿迁市沭阳县 |
| 555 | 常州滑稽戏 扩展 | 传统戏剧 | 省级 | 江苏省常州市 |
| 556 | 淮红戏 | 传统戏剧 | 省级 | 江苏省宿迁市宿豫区 |
| 557 | 越剧(竺派艺术) | 传统戏剧 | 省级 | 江苏省南京市 |
| 558 | 黄梅戏 | 传统戏剧 | 省级 | 江苏省淮安市盱眙县 |
| 559 | 皮影戏 | 传统戏剧 | 省级 | 江苏省南京市秦淮区 |
| 560 | 木偶戏(七都提线木偶) | 传统戏剧 | 省级 | 江苏省苏州市吴江市 |
| 561 | 苏州评弹(扩展) | 曲艺 | 省级 | 江苏省无锡市 |
| 562 | 常州评话 扩展 | 曲艺 | 省级 | 江苏省常州市 |
| 563 | 苏北琴书 扩展 | 曲艺 | 省级 | 江苏省宿迁市沭阳县 |
| 564 | 邳州大鼓 扩展 | 曲艺 | 省级 | 江苏省徐州市邳州市 |
| 565 | 小热昏 扩展 | 曲艺 | 省级 | 江苏省无锡市梁溪区 |
| 566 | 小热昏 扩展 | 曲艺 | 省级 | 江苏省无锡市宜兴市 |
| 567 | 肘鼓子 | 曲艺 | 省级 | 江苏省连云港市赣榆区 |
| 568 | 洋钎说书 | 曲艺 | 省级 | 江苏省南通市启东市 |
| 569 | 淮海琴书 | 曲艺 | 省级 | 江苏省淮安市淮阴区 |
| 570 | 宣卷(无锡宣卷) | 曲艺 | 省级 | 江苏省无锡市滨湖区 |
| 571 | 兴化锣鼓书 | 曲艺 | 省级 | 江苏省泰州市兴化市 |
| 572 | 沛县荷叶落子 | 曲艺 | 省级 | 江苏省徐州市沛县 |

| | | | | |
|---|---|---|---|---|
| 573 | 莲花落 | 曲艺 | 省级 | 江苏省南通市海安市 |
| 574 | 掼石锁 扩展(无锡花样石锁) | 传统体育、游艺与杂技 | 省级 | 江苏省无锡市新吴区 |
| 575 | 掼石锁 扩展(海陵掼石锁) | 传统体育、游艺与杂技 | 省级 | 江苏省泰州市海陵区 |
| 576 | 掼石锁 扩展(姜堰掼石锁) | 传统体育、游艺与杂技 | 省级 | 江苏省泰州市姜堰区 |
| 577 | 太极拳(孙氏太极拳) | 传统体育、游艺与杂技 | 省级 | 江苏省镇江市 |
| 578 | 史式八卦掌 | 传统体育、游艺与杂技 | 省级 | 江苏省常州市溧阳市 |
| 579 | 刘氏自然拳 | 传统体育、游艺与杂技 | 省级 | 江苏省连云港市连云区 |
| 580 | 形意拳 | 传统体育、游艺与杂技 | 省级 | 江苏省连云港市灌云县 |
| 581 | 江南船拳 | 传统体育、游艺与杂技 | 省级 | 江苏省苏州市 |
| 582 | 六步架大洪拳 | 传统体育、游艺与杂技 | 省级 | 江苏省徐州市丰县 |
| 583 | 十五巧板 | 传统体育、游艺与杂技 | 省级 | 江苏省扬州市邗江区 |
| 584 | 年画(南通木版年画)扩展 | 传统美术 | 省级 | 江苏省南通市 |
| 585 | 苏绣(苏州发绣)扩展 | 传统美术 | 省级 | 江苏省苏州市姑苏区 |
| 586 | 玉雕(苏州玉雕)扩展 | 传统美术 | 省级 | 江苏省苏州市吴中区 |
| 587 | 玉雕(徐州玉雕)扩展 | 传统美术 | 省级 | 江苏省徐州市鼓楼区 |
| 588 | 玉雕(邳州玉雕)扩展 | 传统美术 | 省级 | 江苏省徐州市邳州市 |
| 589 | 竹刻(金陵竹刻)扩展 | 传统美术 | 省级 | 江苏省南京市玄武区 |
| 590 | 泥塑(孤山泥狗子)扩展 | 传统美术 | 省级 | 江苏省泰州市靖江市 |
| 591 | 泥塑(邳州泥玩具)扩展 | 传统美术 | 省级 | 江苏省徐州市邳州市 |
| 592 | 泥塑(南京泥人)扩展 | 传统美术 | 省级 | 江苏省南京市玄武区 |
| 593 | 泥塑(太平泥叫叫)扩展 | 传统美术 | 省级 | 江苏省镇江市京口区 |
| 594 | 灯彩(南通灯彩)扩展 | 传统美术 | 省级 | 江苏省南通市 |
| 595 | 象牙雕刻(仿古牙雕)扩展 | 传统美术 | 省级 | 江苏省南京市秦淮区 |
| 596 | 象牙雕刻(仿古牙雕)扩展 | 传统美术 | 省级 | 江苏省南京市江宁区 |
| 597 | 木雕(苏州红木雕刻)扩展 | 传统美术 | 省级 | 江苏省苏州市 |
| 598 | 木雕(佛像雕刻)扩展 | 传统美术 | 省级 | 江苏省苏州市吴中区 |
| 599 | 木雕(常州红木浅刻)扩展 | 传统美术 | 省级 | 江苏省常州市武进区 |
| 600 | 木雕(泰州木雕)扩展 | 传统美术 | 省级 | 江苏省泰州市高港区 |
| 601 | 常州烙画 | 传统美术 | 省级 | 江苏省常州市武进区 |
| 602 | 农民画(六合农民画) | 传统美术 | 省级 | 江苏省南京市六合区 |
| 603 | 农民画(邳州农民画) | 传统美术 | 省级 | 江苏省徐州市邳州市 |
| 604 | 农民画(射阳农民画) | 传统美术 | 省级 | 江苏省盐城市射阳县 |
| 605 | 沙地灶头画 | 传统美术 | 省级 | 江苏省南通市启东市 |
| 606 | 连云港贝雕 | 传统美术 | 省级 | 江苏省连云港市赣榆区 |
| 607 | 盆景技艺(孟河斧劈石盆景) | 传统美术 | 省级 | 江苏省常州市新北区 |
| 608 | 盆景技艺(苏派盆景) | 传统美术 | 省级 | 江苏省苏州市常熟市 |
| 609 | 面塑(姜堰面塑) | 传统美术 | 省级 | 江苏省泰州市姜堰区 |
| 610 | 面塑(阜宁面塑) | 传统美术 | 省级 | 江苏省盐城市阜宁县 |
| 611 | 瓷刻(南京瓷刻) | 传统美术 | 省级 | 江苏省南京市玄武区 |

| | | | | |
|---|---|---|---|---|
| 612 | 瓷刻(大丰瓷刻) | 传统美术 | 省级 | 江苏省盐城市大丰区 |
| 613 | 缂丝织造技艺(苏州缂丝织造技艺) 扩展 | 传统技艺 | 省级 | 江苏省苏州市相城区 |
| 614 | 缂丝织造技艺(南通缂丝织造技艺) 扩展 | 传统技艺 | 省级 | 江苏省南通市 |
| 615 | 传统建筑营造技艺(香山帮传统建筑) 扩展 | 传统技艺 | 省级 | 江苏省苏州市常熟市 |
| 616 | 传统建筑营造技艺(徐州民居) 扩展 | 传统技艺 | 省级 | 江苏省徐州市云龙区 |
| 617 | 传统砖瓦制作技艺 扩展 | 传统技艺 | 省级 | 江苏省苏州市昆山市 |
| 618 | 传统砖瓦制作技艺 扩展 | 传统技艺 | 省级 | 江苏省苏州市相城区 |
| 619 | 南京金箔锻制技艺 扩展 | 传统技艺 | 省级 | 江苏省南京市江宁区 |
| 620 | 家具制作技艺 扩展 | 传统技艺 | 省级 | 江苏省常州市 |
| 621 | 家具制作技艺 扩展 | 传统技艺 | 省级 | 江苏省苏州市吴中区 |
| 622 | 家具制作技艺 扩展 | 传统技艺 | 省级 | 江苏省南通市 |
| 623 | 家具制作技艺 扩展 | 传统技艺 | 省级 | 江苏省南通市崇川区 |
| 624 | 家具制作技艺 扩展 | 传统技艺 | 省级 | 江苏省镇江市句容市 |
| 625 | 家具制作技艺 扩展 | 传统技艺 | 省级 | 江苏省扬州市广陵区 |
| 626 | 家具制作技艺 扩展 | 传统技艺 | 省级 | 江苏省无锡市江阴市 |
| 627 | 苏州漆器制作技艺 扩展 | 传统技艺 | 省级 | 江苏省苏州市 |
| 628 | 民族乐器制作技艺(扬中箫笛) 扩展 | 传统技艺 | 省级 | 江苏省镇江市扬中市 |
| 629 | 民族乐器制作技艺(赵氏二胡) 扩展 | 传统技艺 | 省级 | 江苏省镇江市丹阳市 |
| 630 | 民族乐器制作技艺(柳琴制作技艺) 扩展 | 传统技艺 | 省级 | 江苏省徐州市 |
| 631 | 传统木船制作技艺(七桅古船) 扩展 | 传统技艺 | 省级 | 江苏省苏州市吴中区 |
| 632 | 传统木船制作技艺(古船制作技艺) 扩展 | 传统技艺 | 省级 | 江苏省苏州市常熟市 |
| 633 | 酿醋技艺(恒升香醋酿造技艺) 扩展 | 传统技艺 | 省级 | 江苏省镇江市丹阳市 |
| 634 | 酿造酒酿造技艺(樱桃酒酿造技艺) 扩展 | 传统技艺 | 省级 | 江苏省连云港市 |
| 635 | 酿造酒酿造技艺(糯米陈酒酿制技艺) 扩展 | 传统技艺 | 省级 | 江苏省南通市海安市 |
| 636 | 酿造酒酿造技艺(黑杜酒酿造技艺) 扩展 | 传统技艺 | 省级 | 江苏省无锡市江阴市 |
| 637 | 蒸馏酒酿造技艺(泰州白酒酿造技艺) 扩展 | 传统技艺 | 省级 | 江苏省泰州市高港区 |
| 638 | 蒸馏酒酿造技艺(丰县泥池酒) 扩展 | 传统技艺 | 省级 | 江苏省徐州市丰县 |
| 639 | 蒸馏酒酿造技艺(沛县酿酒技艺) 扩展 | 传统技艺 | 省级 | 江苏省徐州市沛县 |
| 640 | 南京板鸭盐水鸭制作技艺 扩展 | 传统技艺 | 省级 | 江苏省南京市 |
| 641 | 传统棉纺织技艺(雷沟大布制作技艺) 扩展 | 传统技艺 | 省级 | 江苏省苏州市张家港市 |
| 642 | 传统棉纺织技艺(丰县棉纺织技艺) 扩展 | 传统技艺 | 省级 | 江苏省徐州市丰县 |
| 643 | 毛笔制作技艺(徐氏毛笔制作技艺) 扩展 | 传统技艺 | 省级 | 江苏省南京市浦口区 |
| 644 | 柳编(盐都柳编) 扩展 | 传统技艺 | 省级 | 江苏省盐城市盐都区 |
| 645 | 配制酒制作技艺(窑湾绿豆烧) 扩展 | 传统技艺 | 省级 | 江苏省徐州市新沂市 |
| 646 | 绿茶制作技艺(雨花茶制作技艺) 扩展 | 传统技艺 | 省级 | 江苏省南京市玄武区 |
| 647 | 糕点制作技艺(阜宁大糕制作技艺) 扩展 | 传统技艺 | 省级 | 江苏省盐城市阜宁县 |
| 648 | 糕点制作技艺(惠山油酥制作技艺) 扩展 | 传统技艺 | 省级 | 江苏省无锡市梁溪区 |
| 649 | 素食制作技艺(鸡鸣寺素食制作技艺) 扩展 | 传统技艺 | 省级 | 江苏省南京市玄武区 |
| 650 | 酱菜制作技艺(甪直萝卜制作技艺) 扩展 | 传统技艺 | 省级 | 江苏省苏州市吴中区 |

| | | | | |
|---|---|---|---|---|
| 651 | 汤面制作技艺(东台鱼汤面制作技艺) 扩展 | 传统技艺 | 省级 | 江苏省盐城市东台市 |
| 652 | 传统绳带编制技艺 | 传统技艺 | 省级 | 江苏省泰州市高港区 |
| 653 | 吴罗织造技艺(四经绞罗织造技艺) | 传统技艺 | 省级 | 江苏省苏州市苏州工业园区 |
| 654 | 吴罗织造技艺(纱罗织造技艺) | 传统技艺 | 省级 | 江苏省苏州市吴中区 |
| 655 | 传统鸟笼制作技艺(扬派雀笼传统制作技艺) | 传统技艺 | 省级 | 江苏省扬州市 |
| 656 | 传统鸟笼制作技艺(苏派鸟笼制作技艺) | 传统技艺 | 省级 | 江苏省苏州市姑苏区 |
| 657 | 古籍修复技艺 | 传统技艺 | 省级 | 江苏省 |
| 658 | 高港宫灯制作技艺 | 传统技艺 | 省级 | 江苏省泰州市高港区 |
| 659 | 皮毛制作技艺 | 传统技艺 | 省级 | 江苏省南京市江宁区 |
| 660 | 宜兴龙窑烧制技艺 | 传统技艺 | 省级 | 江苏省无锡市宜兴市 |
| 661 | 宜兴陶传统仓储技艺 | 传统技艺 | 省级 | 江苏省无锡市宜兴市 |
| 662 | 青铜失蜡铸造技艺 | 传统技艺 | 省级 | 江苏省苏州市相城区 |
| 663 | 青铜失蜡铸造技艺 | 传统技艺 | 省级 | 江苏省苏州市姑苏区 |
| 664 | 青铜失蜡铸造技艺 | 传统技艺 | 省级 | 江苏省苏州市 |
| 665 | 草编(下邳蒲扇编织技艺) | 传统技艺 | 省级 | 江苏省徐州市睢宁县 |
| 666 | 草编(新沂蓑衣编织技艺) | 传统技艺 | 省级 | 江苏省徐州市新沂市 |
| 667 | 草编(射阳草编技艺) | 传统技艺 | 省级 | 江苏省盐城市射阳县 |
| 668 | 锡帮菜烹制技艺 | 传统技艺 | 省级 | 江苏省无锡市 |
| 669 | 苏帮菜烹制技艺 | 传统技艺 | 省级 | 江苏省苏州市 |
| 670 | 淮帮菜烹制技艺 | 传统技艺 | 省级 | 江苏省淮安市 |
| 671 | 京苏大菜烹制技艺 | 传统技艺 | 省级 | 江苏省南京市鼓楼区 |
| 672 | 淮安全鳝席烹制技艺 | 传统技艺 | 省级 | 江苏省淮安市 |
| 673 | 太湖船菜 | 传统技艺 | 省级 | 江苏省无锡市 |
| 674 | 太湖船点 | 传统技艺 | 省级 | 江苏省无锡市梁溪区 |
| 675 | 清水油面筋 | 传统技艺 | 省级 | 江苏省无锡市新吴区 |
| 676 | 何首乌粉制作技艺 | 传统技艺 | 省级 | 江苏省盐城市滨海县 |
| 677 | 高邮咸鸭蛋制作技艺 | 传统技艺 | 省级 | 江苏省扬州市高邮市 |
| 678 | 羊肉烹制技艺(藏书羊肉制作技艺) | 传统技艺 | 省级 | 江苏省苏州市吴中区 |
| 679 | 羊肉烹制技艺(码头汤羊肉烹饪技艺) | 传统技艺 | 省级 | 江苏省淮安市淮阴区 |
| 680 | 酱油酿造技艺(浦楼白汤酱油酿造技艺) | 传统技艺 | 省级 | 江苏省淮安市清江浦区 |
| 681 | 酱油酿造技艺(华士冰油酿造技艺) | 传统技艺 | 省级 | 江苏省无锡市江阴市 |
| 682 | 永和园面点制作技艺 | 传统技艺 | 省级 | 江苏省南京市秦淮区 |
| 683 | 安乐园清真小吃制作技艺 | 传统技艺 | 省级 | 江苏省南京市秦淮区 |
| 684 | 王兴记小吃 | 传统技艺 | 省级 | 江苏省无锡市梁溪区 |
| 685 | 共和春小吃制作技艺 | 传统技艺 | 省级 | 江苏省扬州市广陵区 |
| 686 | 膏药制作技艺(蒋氏骨伤膏药) 扩展 | 传统医药 | 省级 | 江苏省淮安市涟水县 |
| 687 | 膏药制作技艺 扩展(邱氏烫伤膏制作) | 传统医药 | 省级 | 江苏省泰州市兴化市 |
| 688 | 膏药制作技艺(徐州祛腐生肌膏) 扩展 | 传统医药 | 省级 | 江苏省徐州市 |
| 689 | 膏药制作技艺 扩展(吴氏膏药) | 传统医药 | 省级 | 江苏省盐城市亭湖区 |

| | | | | |
|---|---|---|---|---|
| 690 | 丁氏痔科医术(无锡丁氏痔科疗法) 扩展 | 传统医药 | 省级 | 江苏省无锡市 |
| 691 | 黄氏喉科疗法 扩展 | 传统医药 | 省级 | 江苏省无锡市 |
| 692 | 周氏妇科疗法 扩展 | 传统医药 | 省级 | 江苏省无锡市江阴市 |
| 693 | 儿科疗法 扩展(塘桥陆氏中医儿科) | 传统医药 | 省级 | 江苏省苏州市张家港市 |
| 694 | 儿科疗法 扩展(谦字门儿科中医术) | 传统医药 | 省级 | 江苏省扬州市 |
| 695 | 儿科疗法 扩展(兴化史氏中医幼科疗法) | 传统医药 | 省级 | 江苏省泰州市兴化市 |
| 696 | 骨伤疗法 扩展(常州朱氏伤骨科疗法) | 传统医药 | 省级 | 江苏省常州市天宁区 |
| 697 | 骨伤疗法 扩展(刘氏骨伤疗法) | 传统医药 | 省级 | 江苏省无锡市 |
| 698 | 正骨疗法 扩展(谢氏正骨疗法) | 传统医药 | 省级 | 江苏省无锡市江阴市 |
| 699 | 正骨疗法 扩展(许氏正骨疗法) | 传统医药 | 省级 | 江苏省泰州市姜堰区 |
| 700 | 接骨术(张氏接骨) 扩展 | 传统医药 | 省级 | 江苏省南京市浦口区 |
| 701 | 常州屠氏中医内科疗法 | 传统医药 | 省级 | 江苏省常州市钟楼区 |
| 702 | 然字门内科中医术 | 传统医药 | 省级 | 江苏省扬州市 |
| 703 | 春字门内科中医术 | 传统医药 | 省级 | 江苏省扬州市 |
| 704 | 龙砂医学诊疗方法 | 传统医药 | 省级 | 江苏省无锡市 |
| 705 | 张简斋中医温病医术 | 传统医药 | 省级 | 江苏省南京市秦淮区 |
| 706 | 万寿堂胃病疗法 | 传统医药 | 省级 | 江苏省连云港市灌南县 |
| 707 | 中医肝病疗法(肝胆疾病中医外治法) | 传统医药 | 省级 | 江苏省无锡市江阴市 |
| 708 | 中医肝病疗法(汤氏肝病疗法) | 传统医药 | 省级 | 江苏省无锡市宜兴市 |
| 709 | 朱氏诊法(咽喉诊 脐腹诊) | 传统医药 | 省级 | 江苏省无锡市江阴市 |
| 710 | 金陵洪氏眼科 | 传统医药 | 省级 | 江苏省南京市秦淮区 |
| 711 | 吴氏疔科 | 传统医药 | 省级 | 江苏省苏州市吴中区 |
| 712 | 金陵中医推拿术 | 传统医药 | 省级 | 江苏省南京市秦淮区 |
| 713 | 针灸(陈氏针灸) | 传统医药 | 省级 | 江苏省泰州市姜堰区 |
| 714 | 针灸(朱氏针灸疗法) | 传统医药 | 省级 | 江苏省扬州市 |
| 715 | 针灸(宋氏耳针) | 传统医药 | 省级 | 江苏省苏州市姑苏区 |
| 716 | 金陵杨氏中药炮制技艺 | 传统医药 | 省级 | 江苏省南京市秦淮区 |
| 717 | 骨康外敷药酒炮制技艺 | 传统医药 | 省级 | 江苏省淮安市清江浦区 |
| 718 | 黄氏玉容丸制作技艺 | 传统医药 | 省级 | 江苏省南通市如皋市 |
| 719 | 传统中医膏方制作技艺 | 传统医药 | 省级 | 江苏省苏州市 |
| 720 | 益肾蠲痹法治疗风湿病技术 | 传统医药 | 省级 | 江苏省南通市 |
| 721 | 梨膏糖制作技艺 | 传统医药 | 省级 | 江苏省无锡市梁溪区 |
| 722 | 元宵节 扩展(新安灯会) | 民俗 | 省级 | 江苏省连云港市灌南县 |
| 723 | 元宵节 扩展(马庄灯俗) | 民俗 | 省级 | 江苏省徐州市贾汪区 |
| 724 | 元宵节 扩展(方巷走北习俗) | 民俗 | 省级 | 江苏省南京市六合区 |
| 725 | 元宵节 扩展(沙沟游走灯会) | 民俗 | 省级 | 江苏省泰州市兴化市 |
| 726 | 庙会 扩展(妈祖祭) | 民俗 | 省级 | 江苏省苏州市太仓市 |
| 727 | 庙会 扩展(杨桥庙会) | 民俗 | 省级 | 江苏省常州市武进区 |
| 728 | 庙会 扩展(圣堂庙会) | 民俗 | 省级 | 江苏省苏州市相城区 |

| | | | | |
|---|---|---|---|---|
| 729 | 庙会 扩展(茅山东岳庙会) | 民俗 | 省级 | 江苏省泰州市兴化市 |
| 730 | 庙会 扩展(彭祖庙会) | 民俗 | 省级 | 江苏省徐州市铜山县 |
| 731 | 庙会 扩展(泰山庙会) | 民俗 | 省级 | 江苏省徐州市泉山区 |
| 732 | 海州湾渔俗 扩展 | 民俗 | 省级 | 江苏省连云港市 |
| 733 | 中秋节(扬州中秋拜月) | 民俗 | 省级 | 江苏省扬州市 |
| 734 | 虞山三月三报娘恩 | 民俗 | 省级 | 江苏省苏州市常熟市 |
| 735 | 邓尉探梅 | 民俗 | 省级 | 江苏省苏州市吴中区 |
| 736 | 吴桥社火 | 民俗 | 省级 | 江苏省扬州市江都区 |
| 737 | 渔沟花鼓会 | 民俗 | 省级 | 江苏省淮安市淮阴区 |
| 738 | 上鹞灯 | 民俗 | 省级 | 江苏省苏州市常熟市 |
| 739 | 雨花石鉴赏习俗 | 民俗 | 省级 | 江苏省南京市 |
| 740 | 雨花石鉴赏习俗 | 民俗 | 省级 | 江苏省南京市六合区 |
| 741 | 淮北盐民习俗 | 民俗 | 省级 | 江苏省连云港市 |
| 742 | 江苏省菱塘回回习俗 | 民俗 | 省级 | 江苏省扬州市高邮市 |
| 743 | 扬中河豚食俗 | 民俗 | 省级 | 江苏省镇江市扬中市 |
| 744 | 徐州伏羊食俗 | 民俗 | 省级 | 江苏省徐州市 |
| 745 | 沛县汉宴十大碗食俗 | 民俗 | 省级 | 江苏省徐州市沛县 |

数据统计截至 2021 年 8 月 18 日，素材来源于：http://www.jsfybh.com/#/homePage(江苏非物质文化遗产网站)。

# 后　记

21世纪之初,我们对保护非物质文化遗产缺乏足够的认识。经过近二十年的发展,中国现在是进入联合国人类非物质文化遗产代表作名录最多的国家。非物质文化遗产保护和非物质文化遗产这个概念,在最近十年,尤其是最近五六年,从一个陌生的名词逐渐成为社会关注的焦点。在这个过程中,从政府到学者到普通群众,都对中国的非物质文化遗产抱有相当大的热情。

在肯定"非物质文化遗产"时代的到来为各旅游区带来经济效益和社会效益的同时,我们发现非物质文化遗产的保护和开发尚有提升空间,这些由于非物质文化遗产开发体系不健全所带来的严峻问题是制约非物质文化遗产更好、更快发展的瓶颈,也是当前旅游资源开发、建设中不得不考虑的"硬伤"。

作为一名出生在盐城、工作在盐城、成长在盐城的旅游教育工作者,我有必要担负起这个责任,为家乡旅游经济建设建言献策,为家乡"非遗"文化做好保护与传承,为助力乡村振兴贡献自己的绵薄之力。

在本书即将完成之际,我的心情无法平静,从开始选题到文章的顺利完成,有我的家人以及很多可敬的师长、同事、朋友给了我无私的帮助,尤其是在"非遗"个案研究版块中的水浒文化传承和开发方面,我的同事朱飞给予了许多支持,在这里请接受我诚挚的谢意!"虚心竹有低头叶,傲骨梅无仰面花。"在以后的人生路上我会一如既往地认真学习、潜心研究。

陈传亚

2021年9月10日于串场河畔